CRIANDO e EDUCANDO FILHOS

CRIANDO e EDUCANDO FILHOS

Robert Brooks, Ph.D. e

Sam Goldstein, Ph.D.

M.BOOKS

M.BOOKS DO BRASIL EDITORA LTDA.

Av. Brigadeiro Faria Lima, 1993 – 5° andar – Cj. 51
01452-001 – São Paulo – SP – Telefones: (11) 3168-8242 / (11) 3168-9420
Fax: (11) 3079-3147 – e-mail: vendas@mbooks.com.br

Dados de Catalogação na Publicação

Brooks, Robert B.; Goldstein, Sam
Criando e Educando Filhos / Robert Brooks, Ph.D. e Sam Goldstein, Ph.D.
2005 — São Paulo — M. Books do Brasil Editora Ltda.
1. Pais e filhos 2. Parenting 3. Psicologia

ISBN: 85-89384-64-0

Do original: Nurturing resilience in our children:
answers to the most important parenting questions.

EDITOR
MILTON MIRA DE ASSUMPÇÃO FILHO

Produção Editorial
Salete Del Guerra

Tradução
Andréa Nastri

Revisão
Lucrécia Barros de Freitas
Vera Lúcia Ayres da Costa

Capa
Douglas Lucas

Coordenação gráfica
Silas Camargo

Editoração e Fotolitos
All Print

2005
1ª edição

Para minha esposa, Janet. Para meus filhos, Allyson e Ryan, cujas águas da resiliência correm profundas e fortes.

S.G.

À minha esposa, Marilyn, aos meus filhos, Richard e Douglas; e a suas adoráveis esposas, Cybèle e Suzanne. Seu otimismo e resiliência serviram como uma fonte maravilhosa de forças para mim e para muitos outros.

R.B.

Novamente obrigado a Kathleen Gardner, por sua orientação e ajuda editorial na preparação deste livro. Agradecemos também ao nosso agente, James Levine, e ao nosso editor, Matthew Carnicelli.

S.G.

R.B.

Sumário

Prefácio

Em nosso primeiro livro, *Criando Filhos Seguros e Confiantes,* nós sintetizamos e apresentamos de um modo prático um volume grande de pesquisa sobre as qualidades da confiança e da segurança e as habilidades de algumas crianças para enfrentar e superar grandes adversidades. Enfatizamos como é importante que os pais desenvolvam uma mentalidade confiante e segura nas crianças desde o nascimento; uma mentalidade que as ajude a lidar mais efetivamente com os muitos desafios que elas virão a enfrentar. Caracterizamos as crianças resilientes (crianças seguras e confiantes) como capazes de lidar com o estresse e a tensão, além de, efetivamente, lidar com os desafios cotidianos. Elas são otimistas e conseguem superar bem as decepções, as adversidades ou os traumas sofridos. São capazes de desenvolver metas claras e realistas. Elas aprenderam a resolver problemas com suas próprias habilidades de resolução de problemas, e acreditam que a paciência e a persistência as conduzirão a resultados prósperos. As crianças confiantes e seguras se relacionam bem umas com as outras, tratam a si mesmas e aos outros com respeito, e, além disso, apesar de sentirem um senso de controle sobre suas vidas, elas não têm necessidade de dirigir, controlar ou manipular a vida das outras pessoas.

Após a publicação de *Criando Filhos Seguros e Confiantes,* começamos a receber um número cada vez maior de perguntas sobre resiliência enviadas por pais, pedagogos e outros profissionais, particularmente em nossos workshops e em nossos sites da Web. Assim, reunimos todas essas perguntas e acabamos refletindo sobre as questões que envolviam o tema resiliência recebidas no passado. Percebemos que, embora vários dos tópicos dessas perguntas já tivessem sido discutidos em nosso primeiro livro, em muitos casos, as perguntas requeriam respostas mais específicas, tais como as qualidades da confiança e da segurança, a mentalidade dos pais capaz de nutrir a resiliência e o impacto das atitudes e habilidades das crianças confiantes e seguras em uma variedade de experiências de vida cotidianas, na família, na comunidade e na escola. As muitas perguntas que nós recebemos foram o incentivo para escrever este livro.

Escrevemos este livro em um estilo que lhe permite ler e reler nossas palavras de modos diferentes. Em cada capítulo, fornecemos um conjunto de perguntas que representa temas comuns nas indagações que os pais fizeram sobre o nosso trabalho com as famílias e sobre as qualidades da resiliência. Tentamos agrupar as perguntas em uma estrutura lógica de forma que, ao final de cada capítulo, os indicadores, os obstáculos e as estratégias mais importantes para cada qualidade da confiança e da confiança tenham sido apresentados e discutidos.

As crianças vêm a esse mundo com seu próprio temperamento, que é único. A atual pesquisa indicou que as qualidades das crianças e as qualidades entre as crianças e seus ambientes, como também as características do ambiente geral, desempenham, todas, um papel na modelagem de uma mentalidade confiante e segura. Nosso foco é examinar primariamente o conjunto médio de fatores, isto é, aquele entre a criança e os pais, entre a criança e o professor, e entre as crianças e o mundo ao seu redor. Os pais e outros responsáveis podem influenciar fortemente o desenvolvimento das características e da mentalidade associadas à confiança e à segurança em seus filhos ou deixar que eles se tornem oprimidos pela baixa auto-estima, pela insegurança e pela pouca esperança. Desenvolver uma mentalidade resiliente não é um luxo, mas um componente essencial de um futuro próspero para nossas crianças, nossa cultura e nosso mundo. Nós esperamos que as idéias oferecidas neste livro façam uma diferença positiva em sua vida e na vida de seus filhos.

Recentes estudos continuam a confirmar a importância de um conjunto relativamente pequeno de fatores globais associado à confiança e à segurança. Esses incluem os vínculos com adultos competentes e atenciosos na família e na comunidade, as habilidades cognitivas e de auto-regulação, visões positivas de si mesmo e motivação para ser efetivo em seu ambiente.

ANN S. MASTEN

Criar crianças... é identificar e nutrir suas qualidades mais fortes, tudo em que são melhores e as ajudar a encontrar os nichos nos quais possam expressar melhor tais potencialidades.

MARTIN SELIGMAN

Todos nós estamos ligados pela confiança e pela segurança; essa habilidade inata e evolucionária que nos permite viver, crescer e amar apesar de todas as singularidades.

J. NOZIPO MARAIRE

1

Os Sonhos e Desejos dos Pais

Tecendo os Caminhos da Confiança e da Segurança (Resiliência)

PERGUNTA

As pessoas sempre parecem falar sobre os "bons velhos tempos". Quando eu assisto a antigos filmes ou seriados na TV, parece que, anos atrás, ser pai e mãe era mais fácil. Eu sei que são apenas programas de TV e que provavelmente fazem as coisas parecerem muito mais simples. Porém, gostaria de saber se realmente ser pai e mãe é mais difícil hoje do que na época dos meus pais ou de meus avós.

Resposta

Embora esses antigos seriados ou novelas não tivessem mesmo muita pretensão em educar e, sim, divertir as pessoas, eles acabaram retratando uma época menos complicada ou complexa da criação dos filhos. Muito provavelmente, os sonhos e os desejos daqueles pais anos atrás eram os mesmos que os nossos hoje, mas há o senso de que, atualmente, é mais difícil ser pai e mãe de maneira efetiva. E, ainda, não nos sentimos confiantes e seguros de que nossos atos de educação cotidianos terão êxito, alcançando as metas que tanto queremos para nossos filhos. Tanto hoje quanto há 50 anos, todos os pais esperam que seus filhos sejam felizes e prósperos e que estejam preparados para entrar no mundo dos adultos com a força interna necessária para enfrentar os desafios e as demandas diários que venham a encontrar pela frente. Além dos desafios e das pressões que o próprio crescimento impõe às crianças, acreditamos que hoje há muito mais desafios no caminho das crianças do que 50 anos atrás. Em nosso mundo acelerado e repleto de pressão, o número de crianças que enfrentam adversidades e o número de adversidades que elas enfrentam continuam a aumentar drasticamente. Nenhuma criança está imune. Até mesmo as mais felizardas, que não encontram grandes adversidades em suas vidas, ou aquelas que passam por intensa tensão experimentam a ansiedade e as pressões ao seu redor e as expectativas colocadas sobre elas.

Além dos desafios e das pressões que o próprio crescimento impõe às crianças, acreditamos que hoje há muito mais desafios no caminho das crianças do que 50 anos atrás.

À medida que uma cultura se torna tecnologicamente mais complexa, um fardo ainda maior é colocado sobre as crianças, assim como também sobre os pais, para que se adaptem e lidem com tais sistemas. De certo modo é uma bênção — com alguns itens duvidosos. Nossas crianças, hoje, têm muito mais tecnologia na ponta de seus dedos, desde recursos de informação até apoio médico. Nesse ponto, elas são melhores do que as crianças de gerações passadas. Porém, há um preço a pagar. Acreditamos que esse preço seja a tensão e a pressão aumentadas, além de uma maior necessidade das crianças pequenas desenvolverem estratégias para lidar e vencer essas tensões em suas vidas.

Alguns poderiam argumentar que a solução seria tornar o mundo um lugar mais simples para nossas crianças. Porém, apesar de fazer mudanças importantes no ambiente de nossos filhos não deixe de ser uma meta admirável, ela tem limitações significativas, sem contar com as muitas forças que agem sobre as crianças e que estão além do controle dos pais. O que parece fazer mais sentido é o fato de os pais se concentrarem nos aspectos sobre os quais eles têm algum controle, isto é, ajudar as crianças a desenvolverem as habilidades para lidar e, quem sabe, mudar da melhor maneira o mundo que nós criamos. O ponto central dessas habilidades é a resiliência. Se queremos criar crianças confiantes e seguras, temos que evitar gastar toda a nossa energia tentando mudar o mundo, e, em vez disso, precisamos começar a mudar o que fazemos com os nossos filhos. Não podemos mais assumir que, caso nossos filhos não enfrentem forte tensão, eles venham a se sentir mais aliviados com a transição para a vida adulta.

Sim, as crianças de hoje estão crescendo em uma época mais complexa e incerta que as gerações passadas. Porém, somos otimistas e acreditamos que essas grandes complexidades não levarão os pais a jogarem suas mãos para cima, frustrados, imaginando o que fazer. Em vez disso, eles serão incitados a procurar indicadores para desenvolver uma mentalidade confiante e segura em seus filhos. Tal mentalidade fará o bem a essas crianças em qualquer ambiente.

PERGUNTA

Parece que eu estou ouvindo cada vez mais a palavra resiliência Até um comentarista de futebol recorreu ao termo para citar um time da segunda divisão que, apesar de ter sofrido várias baixas, ainda tinha grandes chances de ser o vencedor do campeonato. Depois ouvi um apresentador de telejornal chamar um país de resiliente após um terremoto ter destruído muitos de seus edifícios e ter feito milhares de vítimas. Também vi uma notícia falando sobre um menino que lutava contra um câncer. O repórter disse que ele era uma criança resiliente. Afinal, o que significa exatamente o termo resiliência?

Resposta

Parece que a palavra *resiliência* é cada vez mais usada, mesmo. De fato, o termo foi originalmente empregado para se aplicar às propriedades físicas dos materiais, e é definido no dicionário como "resistência ao choque; uma capacidade de rápida recuperação".

Assim, resiliência, em física, é a propriedade de algum tipo de material que o faz voltar a sua forma ou posição original depois de ter sido curvado, comprimido ou esticado. Nos últimos 20 a 25 anos, e mais recentemente ainda no Brasil, o significado de *resiliência* foi ampliado para incluir uma dimensão psicológica, ou seja, para descrever as pessoas que têm a capacidade de superar as adversidades das experiências da vida, de combater com garra e determinação os obstáculos, de tirar proveito das dificuldades para crescer, se transformar, ir sempre em frente, atingindo seus objetivos e suas metas. Uma *pessoa resiliente* aprende com os obstáculos, com seus sofrimentos, e consegue dar a volta por cima de uma maneira positiva. Ela é uma pessoa segura e confiante. Todos os exemplos que você mencionou na sua pergunta capturam situações adversas nas quais as pessoas responderam de um modo positivo — apesar da tensão, do dano ou da adversidade.

A resiliência deve ser entendida como um ingrediente vital no processo de educação dos filhos, um processo que guia nossas interações à medida que fortalecemos a habilidade das crianças para conhecer e enfrentar os desafios e pressões da vida com confiança e perseverança.

Os pesquisadores que estudaram a resiliência se voltaram para crianças que sofreram grande risco, como o menino com câncer que você mencionou. Eles examinaram muitos outros fatores de risco, como crianças que são expostas a abusos, negligência, pobreza ou doença mental em um dos pais. Todas essas áreas são merecedoras de estudo. Porém, acreditamos que o conceito de resiliência deve ser ampliado não apenas para abranger as crianças que experimentam esses e outros sofrimentos, mas, sim, para todas as crianças, e que ele deveria definir um processo de educação essencial se desejamos preparar nossos filhos para o sucesso em suas vidas futuras. A resiliência deve ser entendida como um ingrediente vital no processo de educação dos filhos; um processo que guia nossas interações à medida que fortalecemos a habilidade de nossos filhos para conhecer e enfrentar os desafios e as pressões da vida com confiança e perseverança. Os princípios envolvidos na criação de crianças resilientes podem servir como indicadores para ensinarmos às crianças sobre amizades, escola, comunidade e sobre como lidar com desafios e erros, além de suas responsabilidades.

Algumas pessoas podem argumentar que nossa aplicação do conceito de resiliência é tão ampla que abrange quase todos os aspectos da educação de uma criança. Não discordamos por completo, mas vemos tal definição de maneira mais abrangente mesmo, como um fenômeno positivo e não como um esvaziamento de um conceito importante. O desenvolvimento da resiliência em nossas crianças é uma das tarefas mais importantes da educação dos filhos.

PERGUNTA

Em suas palestras vocês falam sobre a importância de desenvolver uma mentalidade resiliente nas crianças. O que significa realmente mentalidade e quais são as principais características de uma mentalidade confiante e segura? Que impacto efetivamente tem uma mentalidade sobre o real comportamento de uma criança?

Resposta

Parece que, assim como a palavra *resiliente* está sendo cada vez mais usada pelas pessoas, o mesmo está acontecendo com a palavra *mentalidade*. Quando falamos de mentalidade, estamos nos referindo a um conjunto de idéias, convicções, atitudes, habilidades e suposições, tudo o que orienta nosso comportamento quanto a um assunto específico. Nesse caso, estamos nos referindo a essas qualidades relacionadas à resiliência. Freqüentemente, não atentamos ou refletimos sobre os componentes de nossa mentalidade ou como nossa mentalidade realmente influencia nosso comportamento. Ainda, como psicólogos, acreditamos fortemente que nossos pensamentos, sentimentos e atitudes são combinados entre si como poderosos indicadores na determinação de como nós nos comportamos e lidamos com a vida cotidiana. Em nossa experiência, não é incomum encontrarmos muitos pais que não refletiram sobre suas suposições (ou as desafiaram) quanto à educação e ao comportamento de seus filhos.

Como um exemplo, citamos uma mãe com quem trabalhamos, que tinha uma filha de 5 anos cujo temperamento era difícil de administrar. O pensamento dessa mãe era o de que a filha estava agindo dessa maneira difícil de propósito, e a mãe nos contou que a convenceram de que, por alguma razão, a menina estava tentando enfurecê-la. Dada essa visão, a mãe reagia cada vez mais punitivamente, incitando a menina a se sentir desamada e ressentida. Não surpreendentemente, o resultado foi o estabelecimento de um ciclo negativo entre essa mãe e sua filha.

Quando entrevistamos a menina, ela achava que a mãe era injusta e não a amava. Esse quadro se manteve até que conseguimos ajudar a mudar tais suposições da mãe sobre sua filha, discutindo os diferentes temperamentos das crianças e afirmando que a menina não fora colocada neste planeta para tornar sua vida miserável (uma convicção que a mãe tinha expressado em um momento de frustração). Sem perceber isso, a suposição dessa mãe sobre o comportamento de sua filha a estava incitando a reagir de uma maneira que piorava a relação delas e diminuía a capacidade da filha para ser, de fato, uma criança confiante e segura. Assim que a mentalidade dessa mãe e os subseqüentes comportamentos mudaram, o comportamento da filha também mudou de um modo positivo.

Outra ilustração que se relaciona diretamente à mentalidade de indivíduos confiantes e seguros é o jeito como as crianças entendem as razões dos erros que cometem. Aquelas que acreditam que um erro é um sinal de fracasso ou inadequação, sendo algo difícil de corrigir, têm mais chances de querer evitar os erros a todo custo ou de ficar cada vez mais desamparadas e infelizes com uma falha. Tais crianças podem tentar mascarar seus sentimentos de fracasso, dizendo que a tarefa é estúpida e logo desistindo dela ou se tornando os palhaços ou os tiranos da classe. Em contraste, outra criança que lida com os mesmos erros e desafios pode possuir uma mentalidade decididamente diferente, acreditando que os erros estão ali para serem superados em vez de serem falhas a evitar. A mentalidade dessa criança irá guiá-la em busca da ajuda de outras pessoas e da descoberta de maneiras para resolver os problemas.

Uma criança resiliente é emocionalmente saudável, preparada para confrontar desafios e superar reveses com sucesso.

As crianças resilientes possuem uma mentalidade que é notavelmente diferente da mentalidade das crianças não-resilientes e que não tiveram êxito ou não foram capazes de superar adversidades. À medida que os pais entendem as características dessa mentalidade, eles podem ajudar a criá-la e a reforçá-la em seus filhos. Uma mentalidade confiante e segura é o que nós desejamos a todas as crianças. Uma criança resiliente é emocionalmente saudável, preparada para confrontar desafios e superar reveses com sucesso. Como nós discutiremos em nossas respostas nos capítulos subseqüentes, as crianças que possuem uma mentalidade confiante e segura se sentem especiais e valorizadas. Elas aprenderam a definir metas e expectativas realistas. Desenvolveram uma habilidade para resolver problemas e ter confiança em suas decisões. Isso as leva a enxergar os erros ou obstáculos como desafios e não como tensões. As crianças que possuem uma mentalidade resiliente acreditam em estratégias produtivas para enfrentar problemas. A sua auto-imagem está repleta com imagens de força e competência. Elas desenvolveram habilidades interpessoais efetivas em suas relações com as outras crianças e com os adultos. Além disso, sentem-se bem procurando ajuda, e acreditam que há adultos em sua vida que se preocupam e estão disponíveis para elas.

Nosso foco foi voltado para como os pais, através de suas interações com seus filhos, podem desenvolver e reforçar esse “produto” que nós chamamos de mentalidade resiliente. Quanto mais os pais estiverem atentos ao poder dessa mentalidade em suas próprias vidas e na vida de seus filhos, mais eles poderão fazer mudanças apropriadas, tornando-se pais mais efetivos.

PERGUNTA

Eu ouvi vocês em um workshop sobre educação de filhos e fiquei intrigada ao saber que, como pais, nossa mentalidade tem um amplo papel na criação e no desenvolvimento da resiliência em nossas crianças. Isso é algo sobre o qual eu nunca tinha realmente pensado antes, mas até entendo a importância desse conceito. Quais são as características da mentalidade dos pais que têm mais chances de desenvolver a resiliência em seus filhos? E isso é algo que pode ser aprendido? Um dos problemas que eu vejo é que, se começar a pensar muito sobre isso, posso passar a querer analisar toda suposição ou comportamento meu ou dos meus filhos. Eu tenho medo de, se começar a pensar muito sobre a educação que dou, ficar paralisada em minhas interações com meus filhos. Porém, quero aumentar minhas habilidades de entendimento sobre a minha mentalidade e a das crianças.

Resposta

Você levanta algumas questões importantes. Como nós dissemos, muitos pais atenciosos e bem-intencionados não pensam sobre como nossas suposições, incluindo como nós nos vemos, nossas habilidades educacionais e os comportamentos de nossas crianças realmente determinam a qualidade da relação entre pais e filhos. Acreditamos que, com consciência e prática, as mentalidades podem ser mudadas sem que cada comportamento que se apresente em nossa casa seja analisado. Nós certamente não queremos que os pais se tornem pseudopsicólogos interpretando todo comentário ou gesto de seus filhos — uma situação que poderia dar origem a uma comédia (ou tragédia) de Woody Allen. Se os pais entenderem as características básicas de uma mentalidade confiante e segura, então acreditamos que eles estarão mais bem preparados para aprender a interagir com seus filhos de um modo mais natural e menos artificial à medida que vão reforçando essa mentalidade nas crianças.

Em essência, pais que se ocupam do processo de desenvolvimento de filhos confiantes e seguros possuem uma compreensão do que eles podem fazer para criar uma mentalidade confiante e segura. Esse é um processo que, até agora, não tinha sido ensinado diretamente aos pais. Alguns pais fazem isso intuitivamente e são mais eficazes que outros. Porém, todos os pais são capazes de aprender e de apreciar os componentes da resiliência. Embora itens específicos do nosso relacionamento com cada criança sejam diferentes — dados seus diferentes temperamentos —, o processo de desenvolvimento da confiança e da segurança pode ser guiado por um conjunto estabelecido de indicadores e princípios que se aplicam a todas as crianças. Lembre-se de que a vida das crianças é moldada por meio de múltiplos fatores, incluindo seu temperamento, histórico familiar, valores, experiências educacionais e a cultura na qual elas crescem. Os indicadores para desenvolver a resiliência nas crianças fornecem princípios e idéias aplicáveis a todas elas.

A mentalidade de um pai capaz de nutrir a confiança e a segurança nos filhos é moldada e direcionada por 10 principais indicadores que nós já descrevemos em nosso livro *Criando Filhos Seguros e Confiantes*. Esses indicadores formam a base para ajudar a reforçar a mentalidade de uma juventude confiante e segura. Embora alguns indicadores possam parecer atividades ou idéias óbvias e de senso comum, que a maioria dos pais razoáveis seguiria sem dificuldade, aprendemos que o que parece óbvio requer análise e reflexão contínuos, de modo a não perder de vista o que é verdadeiramente importante. Os dez indicadores embutidos na mente dos pais que desenvolvem a resiliência em seus filhos, que serão abordados com mais detalhes em nossas respostas nos capítulos subseqüentes, incluem:

1. *Ser empático.* Na relação de educação, a empatia é a capacidade dos pais de se colocarem no lugar de seus filhos e ver o mundo através de seus olhos. Lembre-se, a empatia não significa que você concorda com tudo o que seus filhos fazem, mas que você tenta apreciar e validar o ponto de vista deles. Você aprende a questionar algo como: "Eu gostaria que alguém dissesse ou fizesse coisas para mim que eu estou dizendo ou fazendo para meus filhos?" ou "Como eu posso dizer e fazer coisas para que minhas crianças sejam mais receptivas e me escutem?"
2. *Comunicar-se de maneira efetiva e escutar ativamente.* Para influenciar seus filhos, os pais devem desenvolver suas habili-

dades para escutar o que suas crianças estão comunicando ativamente. Os pais precisam se lembrar de que eles têm que achar tempo para prestar atenção exclusiva a seus filhos e valorizar o que as crianças estão tentando dizer para eles, mesmo se não concordarem com as visões dos filhos.

3. *Identificar e reescrever roteiros negativos.* Pais que possuem uma mentalidade confiante e segura reconhecem que se algo que eles disseram ou fizeram durante um tempo razoável não foi efetivo, então eles devem mudar seu roteiro para que os filhos mudem o deles. Muitos pais continuam acreditando que, se eles continuarem a dizer as mesmas coisas para seus filhos, a responsabilidade de mudar fica sendo das crianças. Isso freqüentemente conduz aos mesmos comportamentos negativos que acontecem ano após ano. Como disse um pai: "Meus filhos vão me vencer pelo cansaço. É melhor pensar em modos diferentes de responder para eles!" Nós concordamos.
4. *Acreditar no valor deles.* Um indicador básico para construir confiança e segurança é a presença de pelo menos um adulto que acredite no valor da criança. Eles têm que amar suas crianças para que *as ajudem a se sentirem especiais e valorizadas.* Isso significa achar tempo para estar sozinho com cada criança, para que, assim, cada uma delas tenha nossa atenção exclusiva durante algum momento na semana.
5. *Aceitar.* Uma das tarefas mais difíceis para os pais é aceitar o temperamento único de seus filhos. Isso, é claro, significa que os pais estão bastante atentos ao impacto do temperamento no desenvolvimento e no comportamento de uma criança. Aceitando nossas crianças como elas são, podemos ajudar a definir metas e expectativas realistas para nós mesmos e para elas, resultando em uma relação pais—filhos mais satisfatória, menos tensa.
6. *Focar os pontos fortes.* Crianças confiantes e seguras não negam os problemas que enfrentam, mas reconhecem e focalizam seus pontos fortes. Pais que possuem uma mentalidade para desenvolver a resiliência ajudam seus filhos a experimentarem o sucesso, identificando e reforçando suas ilhas de competência. Toda criança possui essas áreas de pontos for-

tes. Os pais devem promover essas ilhas de competência em vez de enfatizar as fraquezas da criança.

7. *Enxergar os erros como oportunidades de aprendizado.* Crianças confiantes e seguras tendem a ver os erros como oportunidades para aprender. Quando as crianças cometem erros, os pais devem usar essas oportunidades para reforçar a mensagem que os erros são experiências com as quais podemos aprender. É importante não responder aos erros de nossos filhos com comentários humilhantes ou depreciativos. Esses só servem para corroer a base da mentalidade confiante e segura.
8. *Desenvolver um senso de responsabilidade.* Crianças confiantes e seguras possuem senso de responsabilidade. Uma importante tarefa dos pais é ajudar as crianças a desenvolver responsabilidade, compaixão e consciência social. Embora haja várias maneiras para fazer isso, uma das mais efetivas é lhes proporcionar oportunidades para que ajudem em algumas tarefas em suas casas, escolas e comunidades.
9. *Construir amor-próprio.* Crianças confiantes e seguras são aquelas com amor-próprio, que acreditam ser os mestres de seus destinos. Elas têm um senso realista das coisas sobre as quais têm controle, e se voltam para esses aspectos de suas vidas. Isso significa que elas também possuem habilidades efetivas de resolução de problemas e tomada de decisões que são cuidadosamente criadas por seus pais.
10. *Usar a disciplina para ensinar.* Finalmente, pais que possuem uma mentalidade para nutrir a resiliência entendem que um dos mais importantes papéis que eles desempenham é ser disciplinadores no verdadeiro senso da palavra. Isso significa que eles entendem que disciplina vem da palavra *discípulo,* e que é um processo pedagógico, não um processo de intimidação e humilhação. As maneiras como disciplinamos nossas crianças reforçam ou debilitam seu amor-próprio, autocontrole e capacidade para sentirem confiança e segurança.

PERGUNTA

Eu tenho um filho de 10 anos. Observando-o, eu diria que ele é resiliente. Se perde um jogo hoje, na semana seguinte ele treina com o dobro de afinco. Se não vai bem em uma prova, ele passa um tempo extra estudando para a seguinte. Mas eu também vejo que, às vezes, ele zomba de um colega que comete erros. Ele falou uma vez sobre como uma menina em sua classe era estúpida, pois nunca tinha tirado mais que 6 em uma prova. Por um lado, ele parece confiante e seguro, mas não entendo por que precisa zombar dos outros.

Resposta

Você levantou um ponto muito interessante. Se as crianças são confiantes e seguras, elas não sentem necessidade de zombar de seus semelhantes. Ser resiliente não significa se sentir superior ou melhor que os outros. De fato, em nossa visão, a confiança e a segurança estão associadas à maior empatia, preocupação e compaixão. A confiança não se compara à insensibilidade. As crianças que enfrentam e superam adversidades não ficam imunes às suas experiências. Na realidade, elas são muito afetadas. Porém, ter uma mentalidade resiliente e, em particular, com certos apoios disponíveis para elas durante os momentos de adversidade pode, sim, transformar essas experiências negativas em um resultado de vida positivo no qual elas freqüentemente são mais compreensivas e tolerantes com seus semelhantes.

Indivíduos empáticos sabem "se colocar no lugar dos outros".

Baseado em sua descrição, seu filho parece possuir muitas qualidades da resiliência. Ele enxerga os erros como desafios. Aceita que se ele não se sai bem é sua responsabilidade se esforçar mais para obter sucesso da próxima vez. Talvez seu filho também tenha desenvolvido uma autodisciplina razoavelmente boa, assim como suas ilhas de competência. Dada nossa informação relativamente limitada, não temos certeza se suas próprias expectativas são muito altas, incitando-o a colocar muita pressão sobre si mesmo para obter sucesso. Porém, o mais aparente é que, por qualquer razão, seu filho não está demonstrando um componente importante da mentalidade confiante e segura; um componente que nós esperamos que você possa ajudá-lo a desenvolver, isto é, a empatia. Indivíduos empáticos sabem "se colocar no lugar dos outros". Eles podem se identificar com os sentimentos, pensamentos e atitudes das outras pessoas e não diriam aos seus semelhantes o que não gostariam que dissessem a eles. Dados os sucessos que seu filho experimentou, acreditamos que seu foco como mãe deva ser criar empatia em seu filho.

Agora, a melhor maneira de você fazer isso é começar refletindo e tentando entender a perspectiva da criança. Não confunda ser empático com ceder, mimar ou ficar indeciso. Parece que, nesse momento, seu filho está tentando enquadrar as pessoas no padrão dele. Se o menino comete um erro ou não faz algo bem, ele reserva mais tempo extra para obter um melhor desempenho. Isso está perfeito, a menos que você sinta que ele está colocando muita pressão sobre si mesmo quanto ao sucesso. Se esse for o caso, você poderia ajudá-lo a desenvolver expectativas mais realistas e mostrar que todos nós cometemos erros, e que a melhor maneira para aprender com esses erros é não se sentir humilhado ou intimidado pelas outras pessoas. De um modo não-acusador, você pode querer saber como um colega que comete um erro ou um colega que tira um 6 em uma prova se sente e o que seu filho diria para encorajá-lo.

Às vezes, quando temos esse tipo de conversa com nossos filhos, as crianças respondem que esse é um colega que sempre teve um desempenho ruim e não consegue melhorar. Uma vez mais a empatia deve ser nosso princípio-guia. Tente ajudar sua criança a entender que, embora ela possua as habilidades para aprender com o fraco desempenho de uma prova e conseguir notas mais altas, algumas pessoas não conseguem. Lembre-se de que ensinar empatia, semelhantemente a reforçar quaisquer dos componentes de uma mentalidade resiliente, leva tempo. No próximo capítulo nós responderemos a várias perguntas sobre empatia.

PERGUNTA

Eu acho que minha esposa e eu damos às nossas crianças muito amor, uma boa educação e atividades coletivas enriquecedoras. Isso é o suficiente para garantir que nossos filhos sejam pessoas confiantes e seguras?

Resposta

Parece que você e sua esposa estão fazendo as coisas certas para desenvolver uma mentalidade resiliente em suas crianças. Porém, não há garantia alguma que crianças criadas em lares amorosos desenvolverão facilmente a confiança e a segurança. Algumas crianças podem nascer com uma maior capacidade para a resiliência. Por outro lado, outras crianças, até mesmo quando criadas com carinho, com uma boa educação e atividades coletivas, podem sofrer quando enfrentam tensão e adversidade típicas. Por exemplo, crianças confrontadas com problemas como depressão, ansiedade, transtorno de déficit de atenção e hiperatividade (TDAH) e dificuldades de aprendizagem — fatores esses com forte base biológica — enfrentarão mais dificuldade para se tornar confiantes e seguras. Não que a biologia seja um destino, mas acaba tendo um papel influente no desenvolvimento de uma criança.

Pais voltados para a criação de crianças confiantes e seguras devem apreciar como cada criança é diferente desde o nascimento, e devem desenvolver expectativas realistas para seus filhos e para eles mesmos.

Pais voltados para a criação de crianças confiantes e seguras devem apreciar como cada criança é diferente desde o nascimento, e devem desenvolver expectativas realistas para seus filhos e para eles mesmos. Isso requer que os modos por meio dos quais esses pais expressam seu amor, as atividades coletivas nas quais eles envolvem seus filhos e suas demandas para o sucesso escolar dos filhos sejam determinados por seu conhecimento da figura única com a qual cada um de seus filhos se identifica. Além disso, quando os pais entendem as diferenças de cada criança, eles se tornam mais preparados para evitar a armadilha de assumir mais responsabilidade pelo sucesso e mais culpa pelo fracasso de seus filhos do que a realidade — uma situação que normalmente conduz a mais frustração e raiva.

Desejamos enfatizar que, mesmo com essas fortes influências inatas, os pais têm um papel importante no desenvolvimento de seus filhos. Seguir as diretrizes que descrevemos para criar uma mentalidade confiante e segura assegurará que você está fazendo o melhor que pode para ajudar sua criança a se preparar para ser um adulto feliz e próspero. Mas, lembre-se, algumas crianças, particularmente aquelas com problemas emocionais, de desenvolvimento ou de comportamento, requerem mais tempo que outras nesse processo. Porém, o desenvolvimento das qualidades da confiança e da segurança é até mesmo mais importante para essas crianças à medida que elas enfrentam maior adversidade em suas vidas e, como demonstraram os pesquisadores, também em suas vidas de adolescente e de adulto.

PERGUNTA

Eu li que crianças resilientes são aquelas que superaram adversidades. Eu tenho uma filha de 5 anos de idade e um filho de 7 anos. Quando olho para eles, quero que os dois sejam confiantes e seguros, mas me dói pensar neles enfrentando adversidades. Simplesmente morro de vontade de salvá-los ou protegê-los quando estão chateados por alguma coisa para que não sofram frustração ou angústia. Minhas ações os privam da oportunidade de se tornarem resilientes? Como sei quando devo me intrometer para acalmar as coisas e quando devo deixá-los controlar a situação sozinhos?

Resposta

Sua pergunta toca em um ponto muito importante sobre quando os pais devem deixar seus filhos experimentarem um pouco de frustração e fracasso e quando devem interferir. Às vezes, dizemos em nossos workshops que ser pai ou mãe é como caminhar em uma corda bamba. É um verdadeiro ato de equilíbrio, pois você não deve se mover muito para qualquer direção para não cair da corda bamba. Alguns pais, concordando com essa metáfora, acrescentam: "E não parece haver uma rede de segurança embaixo". Porém, em geral, há, sim, uma rede de segurança na qual os pais podem se apoiar, ser mais confiantes e seguros e tentar novas abordagens.

Respondendo à pergunta de maneira mais específica, a premissa básica de nosso modelo é que as crianças não precisam sofrer para desenvolver uma mentalidade resiliente ou para adquirir as qualidades da resiliência. Porém, elas precisam experimentar os sucessos e os fracassos típicos que todas as crianças enfrentam, e, ao experimentarem tais situações, os pais devem responder de modo a reforçar uma mentalidade confiante e segura. Embora o resultado de uma questão ou problema específico seja importante, mais vitais ainda são as lições que nossas crianças aprendem do processo de manipulação de questões e problemas. Independentemente do sucesso ou do fracasso, o conhecimento obtido fornece a experiência da qual as sementes da resiliência se desenvolvem e florescem.

Assim, seu papel é assegurar o máximo possível que suas expectativas são razoáveis e que seus filhos não sejam expostos a sofrimento indevido. Quando eles são bem-sucedidos, você deve ajudá-los a creditar esse sucesso de maneira realista para construir uma área reservada à responsabilidade e à confiança. Quando eles cometem erros ou falham, evite usar um tom julgador ou acusador, e encontre maneiras de ajudá-los a ver que é possível, sim, aprender com seus fracassos. Quando eles estiverem chateados, você deve ser empático e reconhecer seus sentimentos sem rapidamente se intrometer no problema para livrá-los da situação.

Nem sempre é fácil saber quando devemos nos intrometer e quando devemos deixar as crianças lutarem um pouco. Aconselhamos os pais a confiarem em seus instintos e julgamentos e a se lembrarem do impacto que suas respostas passadas tiveram sobre seus filhos. Se você acha que, com suas tentativas para impedir seus filhos de se sentirem frustrados, eles estão se tornando cada vez menos aptos a tentar coisas novas ou perseverar em tarefas difíceis, essa é uma forte impressão de que você está superprotegendo seus filhos e impossibilitando as oportunidades para que eles aprendam sobre as coisas que são capazes de fazer. Em algumas situações, é útil comunicar às nossas crianças que estamos disponíveis se elas precisarem de nossa ajuda. Caso nos solicitem, podemos usar nosso envolvimento como uma experiência de aprendizagem para ajudá-las a separar o que podem fazer sozinhas daquilo que precisam de nossa ajuda. Se eles estiverem tendo dificuldade, mas não solicitarem nosso apoio, também podemos usar isso como um modo de comunicar a eles que admiramos sua perseverança, mas que, às vezes, é útil pedir a contribuição de outras pessoas.

E não se preocupe. Caminhar para o outro lado da corda bamba sem cair é uma experiência de aprendizagem para todos nós, pais. Quanto mais fizermos isso, melhor será nosso equilíbrio.

PERGUNTA

Pode parecer uma pergunta tola, mas eu tenho pensado muito nisso. A resiliência é herdada, pelo menos em parte?

Resposta

Sua pergunta não é tola e é levantada de vários modos por muitos pais. Nós duvidamos de que existam "genes da resiliência". Porém, como citamos em várias outras de nossas respostas, acreditamos fortemente que haja qualidades do temperamento e comportamento humanos que protegem e isolam as crianças, aumentando sua probabilidade de ser confiantes e seguras, enquanto outras serão crianças "de risco". Algumas crianças são mais fáceis de confortar desde o nascimento, enquanto outras são muito mais difíceis. Esse último grupo freqüentemente experimenta um limite emocional muito baixo e uma alta intensidade de reação. Isso quer dizer que quantias pequenas de estímulo negativo no ambiente e quantias que normalmente não resultam em muita angústia para algumas crianças as afligem demasiadamente.

Poderia ser útil imaginar que você é uma dessas crianças facilmente "estressáveis". Considere que várias vezes durante o dia as tensões secundárias que têm pequeno, se qualquer, impacto sobre a maioria das crianças é muito deprimente para você. Imagine que, ao ficar chateado, você reage principalmente por meio de ataques de fúria. Como essas reações influenciariam sua auto-imagem e a maneira como você percebe o tratamento que as outras pessoas lhe dispensam? Por causa de seu baixo limite emocional, as ações normalmente inocentes das outras pessoas são vistas por você como algo muito negativo e angustiante e, portanto, "intencional" para chateá-lo. Certamente esse tipo de temperamento funcionaria contra o desenvolvimento de uma mentalidade confiante e segura. Não estamos sugerindo que as crianças com esse estilo de temperamento sejam incapazes de desenvolver a resiliência, mas, em vez disso, que os pais precisam entender que o desenvolvimento das qualidades da confiança e da segurança pode requerer mais esforço, consistência, tolerância e apoio da parte deles.

Embora os genes da resiliência possam não existir, o que existe são as características inatas que predisporão as crianças a serem mais ou menos confiantes e seguras. Embora as crianças possam começar de um ponto diferente ao longo de um "contínuo de confiança", o ponto em que elas chegarão ao longo desse contínuo será determinado amplamente por suas interações diárias com seus pais e com outros adultos.

2

Ensinando e Transmitindo Empatia

Vendo Através dos Olhos dos Outros

PERGUNTA

Eu ouço a palavra empatia ser muito usada quando se fala em ser um pai/mãe mais efetivo. Mas eu não sei exatamente o que significa empatia ou de que maneira a empatia é tão importante. Também, a empatia é igual à simpatia? Se não, como se diferenciam?

Resposta

A habilidade para ser empático é uma das mais importantes em qualquer relação: marido—mulher, amigo—amigo, pai—criança, professor—criança. Basicamente, definimos *empatia* como a capacidade de se colocar no lugar de outra pessoa e ver o mundo através de seus olhos. Na relação pais—filhos, a empatia significa que, quando os pais interagem com seus filhos, eles acabam "treinando" a si mesmos para algumas questões do tipo: "Como seus filhos os descreveriam naquele momento?", ou "Com que intensidade as crianças estão recebendo aquilo que eles estão dizendo?" ou, ainda, "Como elas enxergam uma determinada situação?"

Desafiador, mesmo, é sermos empáticos quando estamos chateados, aborrecidos ou desapontados com nossos filhos.

A importância da empatia atinge todos os aspectos da criação de nossos filhos, e ainda é muito mais difícil de desenvolver do que pensamos. Sabemos que a maioria dos pais se considera empática. Não é incomum ouvirmos os pais dizerem: "Nós sempre tentamos entender a perspectiva de nossos filhos" ou "Claro que tentamos ver o mundo pelos olhos deles". Porém, descobrimos que é muito mais fácil sermos empáticos com pessoas cujas idéias concordam totalmente com as nossas ou com nossos filhos quando eles fazem o que lhes pedimos que façam. Desafiador, mesmo, é sermos empáticos quando estamos chateados, aborrecidos ou desapontados com nossos filhos. Por exemplo, pense na última vez em que ficou chateado com seu filho. Talvez você tenha até elevado sua voz (como a maioria dos pais faz) e gritado. Quando estava gritando, você pensou: "Puxa, desejaria saber como meu filho me descreveria nesse momento". A maioria de nós não faz essa pergunta quando está chateada, levando-se em conta que nossa meta principal é fazer a criança nos escutar. Infelizmente, como muitos de nós sabemos por experiência própria, nossos filhos têm menos chances de nos escutarem quando gritamos, mas continuamos com essa prática, já que é difícil permanecermos tranqüilos quando estamos aborrecidos.

Se quisermos que nossas crianças nos escutem e aprendam conosco, se quisermos que elas desenvolvam uma mentalidade confiante e segura, então temos que pensar sobre como nós os abordamos e como nossas palavras e ações são recebidas por eles. Por exemplo, muitos pais nos falam em nossos workshops que seus filhos são desmotivados. Uma resposta típica para essa aparente falta de motivação é os pais exortarem seus filhos a "tentar com mais afinco". O problema com esse tipo de declaração é que a maioria das crianças, se não todas, a recebe como acusadora e julgadora. Tal qual um jovem nos falou, certa vez: "Como eles sabem que eu não estou tentando com mais afinco? Alguém tem um teste para isso?" Assim, quando os pais dizem para seus filhos tentarem com mais afinco, sua meta é motivar seus filhos a se esforçarem mais. Porém, caso seus filhos percebam essa declaração como julgadora, é provável que eles se esforcem menos.

Como a empatia pode ajudar nessa situação? Pais empáticos podem se questionar: "Como eu me sentiria se alguém me dissesse para me esforçar mais e tentar com mais afinco?" É interessante notar que, quando nós perguntamos isso para os pais, a maioria recorda exemplos nos quais se chatearam. Nós até costumamos relatar em nossos workshops: "Imagine um dia duro como pai/mãe, em que nada pareceu ir bem, e você tendo uma consulta conosco na qual lhe apresentaríamos o diagnóstico do seu problema: 'Você simplesmente não está tentando com afinco'. Quantos de vocês diriam: 'Nossa, que comentário mais útil!'?"

Em essência, a empatia nos permite entender a visão de nossas crianças mais claramente e reagir de uma maneira a criar um clima no qual elas aprenderão conosco em vez de se ressentirem. Essa é uma habilidade interpessoal vital. Algumas pessoas confundem mesmo empatia com simpatia. Apesar de, às vezes, dar a impressão de que são a mesma coisa, a simpatia é um sentimento de piedade por outra pessoa. Ser empático já é entender a perspectiva das outras pessoas; colocar-se no lugar delas.

Um comentário final sobre empatia. Você pode querer fazer o exercício a seguir, que muitos pais acharam bastante útil e revelador. Divida uma folha de papel em duas partes. Em uma metade da folha escreva todas as palavras que você espera que suas crianças usariam para descrevê-lo e reflita sobre (a) por que você espera que elas usem essas palavras e (b) como você está se comportando com elas para justificar o uso dessas palavras. Então, na outra metade, escreva as palavras que você acha que eles usariam, de fato. Compare-as em ambas as metades da página. Alguns pais descobrem que as duas listas são semelhantes. Porém, muitos pais com quem trabalhamos, rapidamente reconheceram que as palavras que eles acreditavam que seus filhos usariam para descrevê-los, na verdade, estavam muito distantes das palavras que eles gostariam que eles usassem. Quanto maior a discrepância entre as palavras nas duas listas, maior devem ser nossos esforços para praticarmos a empatia.

PERGUNTA

A maioria dos pais pode aprender a ser mais empática? Em momentos mais tranqüilos, quando minhas crianças não estão por perto, eu digo a mim mesma que vou ser mais empática, que vou me colocar no lugar delas. Entretanto, quando elas não escutam o que eu digo e quando tenho que continuar a lembrá-las de fazer certas tarefas, já me pego dizendo coisas que eu não gostaria que alguém dissesse para mim. Outro dia, por exemplo, quando meu filho não tinha arrumado o quarto dele em plena 4 horas da tarde, eu lhe disse aos berros: "Será mesmo que você tem um cérebro aí dentro dessa cabeça?" Você pode imaginar que isso tornou a situação mais tensa, e eu imediatamente lamentei minha declaração. O que poderia me ajudar a não dizer tais coisas?

Resposta

A maioria dos pais certamente pode se identificar com essa situação, pois já disseram ou fizeram coisas das quais se arrependeram depois. Todos nós podemos fortalecer nossa capacidade para a empatia, mas nem sempre isso é uma tarefa fácil. Se fosse, então um breve exercício conduziria à mudança imediata. Como geralmente realçamos em nossos workshops sobre criação de filhos e como mencionamos na resposta anterior, é mais fácil ser empático com nossas crianças quando elas estão fazendo o que queremos que façam. Também é mais fácil sermos empático quando estamos tranqüilos, sem estresse. Porém, como indica sua pergunta, quando você se aborrece, é muito mais desafiador praticar a empatia. Em muitos aspectos, o verdadeiro teste para ser empático é quando estamos nos sentindo estressados, bravos ou aborrecidos. Praticar a empatia é até mesmo mais importante quando estamos estressados ou bravos, pois nesses momentos estamos propensos a dizer ou fazer coisas que provavelmente serão prejudiciais aos nossos filhos.

Praticar a empatia é até mesmo mais importante quando estamos estressados ou bravos, pois nesses momentos estamos propensos a dizer ou fazer coisas que provavelmente serão prejudiciais aos nossos filhos.

Mas há algo, sim, que podemos fazer como pais para ajudar a manter a empatia mesmo durante os momentos muito irritantes. Um primeiro passo é aceitar que, como pais, somos humanos e, até mesmo aqueles mais amorosos, às vezes, já se perguntaram por que decidiram ter filhos. Frustração e raiva são emoções normais que surgem no nosso desempenho como pais. Depois que aceitamos que tais sentimentos são normais, podemos perceber quais são os gatilhos que disparam esses sentimentos como um passo importante para aprender a lidar mais construtivamente com eles. Podemos começar a notar o que nos leva a ficar bravos e menos empáticos. Para isso, há certas perguntas como: Tais situações podem ser previstas? Elas podem ser evitadas? Essas são situações nas quais podemos achar modos mais efetivos de reagir de maneira que nossa frustração seja mantida em um patamar mínimo e possamos ajudar a desenvolver uma mentalidade resiliente em nossos filhos?

Você mencionou que a coisa que mais a frustra é você ter que os lembrar constantemente de fazerem certas tarefas, como arrumar seus quartos. De acordo com seu relato, parece que a falta de responsabilidade deles acontece com grande freqüência, quase algo previsível. Em nosso trabalho clínico, aprendemos que muitas experiências frustrantes acontecem com uma certa regularidade — uma questão que discutiremos com mais detalhes no Capítulo 4. O que poderia ser útil é você se sentar com seus filhos e discutir as tarefas e sua importância e então lhes perguntar o que poderia ajudá-los a se lembrar de cumprir essas tarefas. Fazendo isso, eles se tornam parte da solução do problema, aumentando a probabilidade de serem cooperativos e diminuindo sua frustração e raiva.

O humor também pode ajudar, desde que não seja interpretado como sarcasmo. Como eles responderiam se você lhes perguntasse: "Vocês acham que eu pego no pé de vocês e digo coisas que seria melhor se eu não dissesse?" É mais que provável que eles respondam "Sim". Algumas crianças poderiam até dizer: "Finalmente você percebeu que é um 'saco', mãe!" Independentemente do que eles disserem, não perca a calma. Você pode até lhes perguntar como eles gostariam de ser lembrados nessas 'raras' ocasiões em que se esquecem de fazer certas coisas, tal como guardar os brinquedos.

Até mesmo pais preparados enfrentam situações frustrantes e desanimadoras. Aceite que essas situações acontecerão e tenha um plano — como um para manipular sua raiva sem comprometer sua habilidade para ser empático e prestativo. Uma mãe percebeu que estava ficando cada vez mais aborrecida com a filha de 11 anos. Isso a levou a mandar a filha ir para o quarto dela, o que geralmente era recebido com um "Não vou!" Você pode imaginar quão rápido a empatia desapareceu de cena. Porém, a inutilidade de tentar enviar a filha para o quarto incitou a mãe a dizer: "Eu é que preciso de um tempo. Vou para o meu quarto." Surpreendentemente, logo depois, a garota bateu à porta da mãe e perguntou se podia entrar. A mãe informou, bastante surpresa, que elas tiveram uma conversa mais tranqüila e ela conseguiu permanecer mais empática. A mensagem aqui é: desenvolva várias estratégias para usar quando sentir que você está a ponto de ficar brava; estratégias essas que a ajudarão a manter um comportamento mais tranqüilo.

E, finalmente, quando você "perder a cabeça" e disser ou fizer coisas das quais se arrependerá, não há problemas em se desculpar desde que você não repita o mesmo comportamento e se desculpe toda hora. Ao se descontrolar, pense no que a levou a isso, e, então, considere modos diferentes para lidar com a situação no futuro.

PERGUNTA

Penso que sou um pai empático com minhas duas filhas. Elas têm 11 e 14 anos de idade. Mas, no fundo, acho que elas tiram vantagem da minha empatia. Por exemplo, certa noite, minha filha de 11 anos quis ficar acordada além de seu horário de dormir para assistir à TV. Eu lhe falei que sabia como ela se sentia, mas que a hora de dormir já tinha passado e era preciso subir para se deitar. Ela disse que se eu realmente soubesse como ela se sentia, eu a deixaria assistir ao programa. E que todos os seus amigos estavam assistindo também, e que ela ficaria por fora do assunto no dia seguinte, na escola. Eu acabei me arrependendo e cedi. Tudo isso em nome da empatia! O que mais eu poderia fazer?

Resposta

Sua pergunta foi feita por muitos outros pais. O conceito da teoria da empatia, às vezes, é confundida com ceder perante as crianças, deixá-las no controle ou, ainda, não as responsabilizar por suas ações. Parte do problema é que alguns pais acreditam, erroneamente, que, se eles forem empáticos, seus filhos sempre farão o que eles lhes pedirem e não ficarão aborrecidos com eles. Porém, quando os filhos não reagem de forma cooperativa, os pais culpam a empatia, sentindo que não estão transmitindo o senso de responsabilidade para seus filhos. Além disso, alguns pais têm dificuldade para tolerar a raiva de seus filhos e, de fato, "cedem" para assegurar o amor deles. Como uma mãe nos falou: "Eu quero que meu filho me ame e não que fique aborrecido comigo". O desejo de evitar que os filhos fiquem bravos pode incitar os pais a fazer tudo o que os filhos querem e depois amaldiçoam a empatia como se ela fosse a vilã da história. Uma mãe comparou a empatia com "não ter personalidade".

A empatia não significa necessariamente que você concorda com outra pessoa, mas, sim, que tenta entender o ponto de vista dessa pessoa.

Vamos examinar mais uma vez o significado da empatia de um jeito que possamos esclarecer o conceito errado de que a empatia leva as crianças a tirarem vantagem de nós. Como enfatizamos anteriormente, a empatia envolve a habilidade de nos colocarmos no lugar de outra pessoa e de vermos o mundo através dos olhos dessa pessoa. A empatia necessariamente não significa que você concorda com outra pessoa, mas, sim, que tenta entender o ponto de vista dessa pessoa. De fato, como pais, quanto mais conseguirmos assumir a perspectiva de nossas crianças, mais fácil será estabelecermos limites e expectativas de maneira que nossos filhos nos ouçam e reajam positivamente a nós. Um pai/mãe empático não apenas pergunta: "Ao dizer ou fazer alguma coisa com meus filhos, o que eu espero conseguir?", mas também: "Eu estou dizendo ou fazendo as coisas de maneira que meus filhos tenham mais chances de me ouvir em vez de me ignorar?"

Essa segunda pergunta pode nos guiar a valorizar o que nossas crianças estão comunicando, mas devemos nos lembrar de que valorizar não significa concordar com elas ou ceder às suas demandas. Quando sua filha disse que se você realmente soubesse como ela se sentia então a deixaria assistir ao programa, você poderia ter respondido: "Olha, acho que eu sei como você se sente, sim, e quanto quer assistir ao programa, mas não dá para ceder no horário de ir para cama durante a semana". Bem, não fique surpreso se sua filha *não* disser: "Tudo bem, tem razão"; a maioria das crianças não nos agradece pelos limites estabelecidos. Porém, ser empática e valorizar os sentimentos da criança facilitam a aceitação dos limites que você impôs.

No Capítulo 11, discutiremos as desvantagens óbvias de ceder ante nossos filhos quando eles nos fazem sentir injustos ou péssimos pais. No futuro, não permita que o protesto de sua filha — "todos os meus amigos estão assistindo também" — o impeça de definir limites para o horário de dormir. Se você sentir que o programa é apropriado para sua filha, ofereça-se para gravá-lo para que ela assista no dia seguinte.

Quanto mais conseguirmos ser empáticos e quanto mais conseguirmos valorizar os sentimentos de nossos filhos, melhor será a relação que podemos ter com eles. Além disso, seremos disciplinadores mais efetivos.

PERGUNTA

Meu filho de 4 anos, David, não gosta de ficar com ninguém quando minha esposa e eu queremos sair sozinhos. De fato, eu era igualzinho a ele quando tinha sua idade, assim, até entendo como ele se sente. Quando o deixamos na minha mãe, pensei que ajudaria se David soubesse que nós poderíamos ser localizados caso ele ficasse triste. Assim, disse ao David, na frente da minha mãe, que, se ele chorasse, ela poderia ligar para nós. Quando disse isso, aí é que David chorou mesmo. Eu não estava sendo empático? Onde errei?

Resposta

Sem desejar soar muito técnico — achamos que, como psicólogos, às vezes, caímos na armadilha do uso dos jargões da profissão —, sua pergunta nos ajuda a diferenciar empatia do que alguns terapeutas chamam de "superidentificação". Ainda que os dois conceitos possam parecer ter algumas características comuns, na realidade, eles são diferentes. Como dissemos, ser empáticos com nossas crianças significa tentar ver o mundo da perspectiva delas. É óbvio que, ao fazer assim, nossas suposições sobre como elas estão se sentindo e o que estão pensando sofrerão nossa influência, pois são baseadas, em parte, em nossas próprias experiências de vida. Porém, basicamente, pais empáticos podem separar o que estão sentindo do que seus filhos estão sentindo.

Em contraste, quando nos superidentificamos com nossas crianças, freqüentemente "lemos" seus sentimentos e pensamentos. Em geral, quando nos superidentificamos com nossos filhos, assumimos que eles estão sentindo o que nós sentíamos quando éramos crianças ou até mesmo como nos sentimos hoje. No exemplo citado, você assumiu que David ficaria muito chateado quando você e sua esposa saíssem e que ele experimentaria a ansiedade da separação e choraria. Certamente o que você disse à sua mãe estava baseado em seu amor pelo David e em seu desejo de ajudá-lo a se sentir o mais à vontade possível durante sua ausência. Os problemas passados de David com a separação provavelmente aumentaram sua motivação para advertir a sua mãe do que poderia acontecer quando vocês partissem.

O que foi muito revelador em sua pergunta foi sua declaração bem honesta ao expor que, na idade de David, você se sentia do mesmo modo que ele. Embora David também parecesse preocupado com a separação, nesse caso, suas recordações de como você se sentia quando criança podem ter contribuído, involuntariamente, para David ficar ainda mais ansioso. Assumindo que ele ficaria transtornado quando vocês partissem e dizendo à sua mãe como ela poderia entrar em contato com vocês se ele começasse a chorar, a mensagem que David ouviu foi que era muito provável que ele se sentiria triste e seria necessário que vocês voltassem para casa ou, pelo menos, o confortassem por telefone. Em essência, as sementes da ansiedade foram plantadas.

Se David tende a ter problemas com a separação, uma melhor abordagem seria ajudá-lo a lidar mais efetivamente com isso, pois, para tornar-se confiante e seguro, é preciso encontrar estratégias para lidar com a ansiedade. Ele precisa conhecer outras pessoas que possam ficar com ele quando vocês saem (uma tia, uma prima). Você pode falar para ela — na presença de David — sobre as atividades preferidas dele. Se David se sentir bem com uma luz acesa à noite, a pessoa deve ser informada sobre isso. Também, alguns pais tornam "especiais" essas noites com outras pessoas, permitindo que a criança fique acordada algum tempo a mais. Quanto mais experiência David tiver em vê-los partir e retornar, mais bem preparado ele estará para lidar com as separações.

Como pais, devemos ser cautelosos para não fazermos suposições sobre como nossos filhos estão se sentindo e o que estão pensando baseados somente em nossas próprias experiências quando crianças.

Outro exemplo de uma mãe bem-intencionada que aumentou a angústia de uma criança é fornecido por uma mãe tímida que constantemente insistia para que sua filha — tímida também — falasse com as outras crianças. As primeiras perguntas que ela fazia para a filha depois da escola eram: "E aí, você falou com muitas crianças hoje? Convidou alguma delas para brincar?" Essa mãe vivia constantemente com a dor de sua própria timidez e assim, desde muito cedo, tentava ajudar a filha a ser mais desinibida, acreditando que a menina era solitária. A pressão da mãe para mudar a situação acabou, na verdade, aumentando a ansiedade da filha.

Como pais, devemos ser cautelosos para não fazermos suposições sobre como nossos filhos estão se sentindo e em que estão pensando baseados somente em nossas próprias experiências quando crianças. Quando confundimos nossos sentimentos com os deles, não estamos sendo empáticos; mas, ao contrário, podemos estar torcendo a perspectiva de nossas crianças. Como todos nós fazemos suposições sobre o comportamento dos outros, a diferença entre empatia e superidentificação pode ser, às vezes, uma linha bem tênue, mas é importante que essa linha exista.

PERGUNTA

Os pais podem ajudar as crianças a aprenderem a ser mais empáticas? Às vezes, eu me surpreendo com as coisas más que meu filho de 10 anos e minha filha de 13 anos dizem para outras crianças ou até mesmo um para o outro. Eu não sei por que eles dizem essas coisas, pois meu marido e eu não falamos desse modo com eles ou um com o outro ou com as pessoas. O que podemos fazer para ajudá-los a serem mais empáticos e terem mais consideração?

Resposta

Muitos pais se dizem surpresos com as maldades que seus filhos, às vezes, podem dizer ou fazer. Até mesmo crianças que crescem em lares amorosas e, em geral, são indivíduos preocupados e compassivos podem cair na armadilha de dizer e fazer coisas ruins. As razões são variadas. Certamente, nos primeiros anos da adolescência, a insegurança reina suprema. É um período em que as crianças estão cada vez mais se separando de seus pais e buscando a aceitação de seus semelhantes. Não é incomum que a aceitação de um grupo freqüentemente traga consigo a necessidade de excluir alguém ou rejeitar outra criança ou mesmo outro grupo. Pertencer a um grupo "fora da moda" serve para definir um grupo "dentro da moda" pelo qual a maioria das crianças anseia. É por isso que algumas crianças só dizem coisas más quando estão na presença de seu grupo, mas não quando estão apenas com outro colega.

Também, quando nos sentimos inseguros, temos menos chances de sermos empáticos e compassivos. Muitos pais nos relatam que, quando estão mais ansiosos e estressados, é difícil praticar a empatia. Assim, não é surpreendente que as crianças reajam da mesma maneira quando se sentem pressionadas. Muitos adultos, ao lembrarem sua infância e adolescência, dizem que fizeram coisas para os colegas das quais eles se envergonham hoje. Um pai atencioso, em um de nossos workshops, disse como ele e alguns de seus amigos zombavam de outro menino que tinha espinhas no rosto e não era lá muito ligado a esportes nem popular. Ele disse: "Se visse alguém fazendo isso com outra criança hoje, eu ficaria furioso".

Embora algumas má-criações façam parte natural do crescimento, isso não significa que os pais devem aceitá-las. Quando observarem seus filhos se ocupando de comportamentos sem empatia e compaixão, podem discutir esse comportamento com eles. Ao fazerem isso, é importante que os pais mantenham a empatia e não se expressem com um tom acusador para que seus filhos não os ignorem. Em tal situação, quando você observa ou ouve qualquer uma de suas crianças dizendo coisas más umas às outras ou às outras pessoas, você pode dizer a elas: "Eu sei que muitas crianças zombam umas das outras, mas gostaria de saber como se sente a pessoa que está recebendo tais comentários". Você pode desejar saber como elas se sentiriam se estivessem no lado receptor dos comentários cruéis. Se conseguir fazer isso sem dar sermão, você pode compartilhar com seu filho a época quando era uma criança ou adolescente e zombavam de você e como se sentia com isso. Quanto ao modo como suas duas crianças tratam uma à outra, você pode definir limites sobre como elas devem se falar, explicando: "Sei que muitas vezes irmãos brigam e ficam bravos um com o outro, mas vocês terão que descobrir um modo para demonstrar sua raiva sem bater ou ofender tanto um ao outro".

Nós sabemos que uma conversa com nossas crianças não vai mudar imediatamente uma situação estabelecida durante algum tempo. Sabemos, também, que muitas crianças oferecerão numerosas razões ou desculpas para fazerem o que fazem. Porém, é importante que nossas crianças saibam o que achamos de comportamentos indelicados e aprendam a se colocar no lugar das outras pessoas. Nossas mensagens se tornam a base para o aparecimento de comportamentos mais empáticos e menos tiranos. Lembre-se, porque suas crianças podem se ocupar desses comportamentos menos desejáveis não significa que elas não tenham empatia ou que serão adultos insensíveis. Elas podem ser muito sensíveis, sim, mas, de vez em quando, precisam de lembretes sobre o que é e o que não é aceitável em termos de suas interações com as outras pessoas.

PERGUNTA

Eu ouvi vocês dizerem em um de seus workshops que é mais fácil ser empático com nossos filhos quando eles fazem o que queremos e quando nos fazem sentir bons pais. Mas meus filhos são como a maioria das outras crianças, e nem sempre fazem o que nós queremos que façam. Quando acontece isso, ligo o piloto automático e digo e faço coisas sem pensar. A maioria das coisas que digo e faço são as que meus pais diziam e faziam comigo quando eu era uma criança — coisas das quais eu não gostava. Ontem à tarde, depois que eles se recusaram a dar uma volta com o cachorro, eu comecei a berrar dizendo que eles nunca eram prestativos ou úteis. Duas palavras que eu odiava ouvir dos meus pais: nunca ou imprestável. Isso simplesmente me dava mais raiva e eu cooperava menos ainda. O que posso fazer para quebrar esse ciclo?

Resposta

Sua pergunta é muito importante e semelhante a outras levantadas por muitos pais — como a mãe que vimos anteriormente, que se pegou berrando para o filho quando viu que ele não tinha arrumado seu quarto: "Será mesmo que você tem um cérebro aí dentro dessa cabeça?" Esperamos não estar sendo injustos quando dizemos que, baseados naquilo que escreveu, você vê os comentários negativos como programados em você por seus próprios pais, prontos para serem libertados sem muita reflexão. Em essência, o roteiro de seus pais se tornou o *seu* roteiro, para sua decepção. Embora você não goste do roteiro que seus pais usavam com você, esse foi o roteiro que você aprendeu e aquele que usa com os próprios filhos.

Discutiremos como mudar os roteiros negativos com mais detalhes no Capítulo 4, mas, agora, vamos ver como começar a mudar o que você já vem fazendo. O fato de usar as palavras *piloto automático* descreve o que está acontecendo em sua reação com seus filhos. É como se sua reação fosse predefinida e automática, não permitindo que nenhuma outra reação pudesse acontecer. Enquanto você lutar para mudar, lembre-se de que uma das principais metas da criação dos filhos é desenvolver uma mentalidade confiante e segura neles e, para realizar isso, temos que desligar o piloto automático e começar a considerar outras possíveis manobras. Quando estamos usando o piloto automático por muito tempo, é uma luta mais difícil assumir o controle de nossas vidas, mas não desanime, pois isso pode ser feito.

Não permita que as recordações de infância dominem sua vida, mas, em vez disso, use-as para aumentar sua empatia e coloque-se no lugar das outras pessoas quando criança.

Em um momento mais tranqüilo, reflita e faça a seguinte pergunta: "De que outra maneira eu posso reagir quando meus filhos não estão cumprindo suas responsabilidades?" Lembre-se de que palavras como *nunca* ou *imprestável* só servem para aumentar o ressentimento, como foi feito com você durante sua infância. Ao descrever sua situação, é óbvio que atualmente você está caindo na armadilha das suas experiências de infância. Não faça isso, e, sim, pergunte como você poderia usar essas experiências como uma motivação para mudar. Não permita que as recordações de infância controlem sua vida, mas, em vez disso, use-as para aumentar sua empatia e coloque-se no lugar das outras pessoas quando criança.

Como uma possível ajuda, faça uma lista das várias coisas que seus pais lhe disseram que não foram úteis e que ainda diminuíram sua auto-estima. Então, considere o que poderia ter sido uma resposta melhor. Quanto mais você puder refletir sobre suas próprias recordações da infância e seus sentimentos, mais poderá considerar respostas alternativas a serem usadas com seus filhos.

Conhecemos um pai que se lembrou das muitas repreensões que recebeu dos pais quando menino. Logo ele percebeu que estava dizendo as mesmas coisas para os seus filhos. Seguindo nossa sugestão, ele fez uma lista das coisas que poderia dizer e fazer de maneira diferente quando os filhos não cumprissem suas responsabilidades, incluindo não perder a paciência, se sentar com eles para discutir qual era a dificuldade e lhes perguntar se concordavam em ser lembrados sobre o que era esperado deles. Sua abordagem mais tranqüila e menos acusadora permitiu aos meninos propor algumas sugestões excelentes que incluíam expor de maneira objetiva as responsabilidades de todos os membros da família em casa, e, dia a dia, quando cada tarefa fosse concluída, ela seria marcada. Eles também concordaram que se uma tarefa não tivesse sido concluída, qualquer membro da família poderia colocar um círculo vermelho em um caderninho na geladeira com a palavra *lembrete*. A idéia funcionou muito bem, mas não teria sido possível se esse pai não tivesse refletido sobre suas recordações de infância como um catalisador para desligar o piloto automático.

Criar uma lista de coisas que nossos pais disseram para nós que hoje fazem parte do nosso "programa interno" pode nos ajudar a ter consciência desse programa. Consciência e sensibilidade definem a base para as mudanças acontecerem. Além disso, se nos livrarmos de um modelo negativo de piloto automático, podemos examinar melhor nossas expectativas para as crianças e nossa reação ao comportamento delas, definindo a fase para considerarmos modos mais efetivos de reforçar uma mentalidade confiante e segura em nossos filhos.

E uma palavra final que constantemente enfatizamos. Se você esteve por muitos anos no piloto automático, não desanime caso você e/ou seus filhos não descartarem imediatamente esse modo de ação. Até que todos sejamos nossos próprios pilotos e mestres de nosso destino, geralmente leva tempo para nos livrarmos desse vôo feito por piloto automático. Quando conseguimos, porém, as recompensas são grandes.

PERGUNTA

Notei algo em minhas interações com meus dois filhos que está me aborrecendo. Sempre que começamos a discutir — especialmente quando eles não cumprem com suas tarefas domésticas, como arrumar o quarto ou fazer as lições de casa —, sinto que agem desse modo para me aborrecer. Isso me deixa ainda mais bravo com eles, e, aí, um ciclo vicioso se inicia. Eu odeio admitir tal coisa, mas, outro dia, quando cheguei em casa do trabalho e um de meus filhos tinha deixado seu skate novo no meio da calçada, sendo que quase tropecei nele, tive a sensação de que ele fizera aquilo de propósito. Eu estava tão bravo que o proibi de usar o skate durante um mês. O que posso fazer em situações assim em vez de ficar tão irritado?

Resposta

Como você coloca, uma das suposições mais comuns da criação de filhos é que, quando eles são incapazes de alcançar sua meta imediata, acabarão agindo de tal modo obstrutivo e negativo que parecerá projetado para nos deixar furiosos. Suspeitamos de que quase todo pai e toda mãe, em pelo menos uma ocasião, sentem que o comportamento das crianças é calculado especialmente para aborrecê-los.

Como já dissemos, quando estamos bravos é difícil mesmo sermos empáticos. A empatia é desafiada quando experimentamos a negatividade de nossas crianças. A raiva e a decepção reduzem rapidamente a empatia, e, ainda, tendem a encobrir dos pais o poder negativo de suas palavras e ações.

Quando a raiva domina nossas emoções, não conseguimos refletir sobre questão alguma. Em tais situações, tendemos a acreditar que nossas crianças, caso queiram, podem controlar a maioria de seus comportamentos negativos. Se acreditamos que o comportamento negativo de nossos filhos pode ser facilmente controlado e que eles se comportam dessa maneira de propósito, então nossas palavras, o tom de nossa voz e nossas ações serão orientados por tal convicção. Se devemos ser empáticos, temos que aprender a estar no controle de nossos próprios sentimentos e ações. Estar no controle reduz a probabilidade de uma discussão ser iniciada. Quando seus filhos não cumprirem suas responsabilidades, as razões, ainda que devam ser entendidas, não devem provocar uma discussão. Até mesmo se você perceber que o objetivo de seu filho é deixá-lo com raiva, ao reagir com raiva, você simplesmente lança combustível na fogueira. Se permanecer tranqüilo e no controle, nem sempre uma tarefa fácil, você tem mais chances de conseguir interromper seu comportamento negativo.

Vamos olhar para outras maneiras como você poderia ter respondido ao seu filho. Se fosse a primeira vez que o skate tivesse sido "esquecido" ali, você poderia apanhá-lo e devolvê-lo a seu filho com um comentário que, no caso dele estar procurando pelo skate, você já o tinha achado. Se esse tipo de problema já aconteceu antes, sugerimos lidar com o problema de fato, e não se deixar levar pela raiva, o que, com certeza, levará a mais brigas por vários motivos além do principal. Será importante você se sentar com seus filhos e chegar a um acordo sobre o que acontecerá se os pertences deles forem deixados pela rua. Finalmente, se as responsabilidades que envolvem tarefas domésticas e lições de casa não forem cumpridas, uma abordagem similar deve ser adotada, ajudando seus filhos a desenvolverem um conjunto de estratégias para ficarem conscientes de suas responsabilidades.

Quando seus filhos não cumprirem suas responsabilidades, as razões, ainda que devam ser compreendidas, não devem provocar uma discussão.

PERGUNTA

Estou realmente preocupada com o fato de que minhas crianças vão tirar vantagem de mim se eu for empática com elas. Quando era criança, eu só precisava derramar algumas lágrimas ou dizer a meus pais que o que eles estavam fazendo era injusto para, assim, eles me deixarem fazer tudo o que eu queria. Aos 15 anos de idade, me lembro de querer ir a uma festa e meus pais me perguntaram se haveria um adulto presente. Claro que eu disse sim, e eles responderam que iriam verificar. Aí já comecei a chorar, dizendo que, se eles realmente confiassem em mim, não precisariam verificar nada. Eles acabaram concordando comigo e fui à festa sem problemas. Mas, na realidade, é claro que não havia nenhum adulto na casa de minha amiga, e vários de nós acabamos bebendo muito além do que devíamos. Não aconteceu nada de mais grave, mas poderia ter acontecido, sim, e meus pais talvez nem ficassem sabendo. No fundo, eu teria ficado brava se eles tivessem me proibido de ir àquela festa — já que não haveria nenhum adulto por perto e, ainda por cima, eu tinha mentido —, mas essa teria sido a decisão certa a tomar. Agora, vejo minha filha de 14 anos tentando fazer as mesmas coisas e, assim, não sei se ajuda ser empática e ceder.

Resposta

Como nós notamos em várias ocasiões, a empatia não deveria ser comparada com ceder, desistir, mimar ou permitir que as crianças façam o que bem entenderem. Na realidade, a empatia tem tudo a ver com ajudar as crianças a aprenderem a aceitar os limites à medida que nós fazemos um esforço para entender o ponto de vista delas.

A empatia nutre as habilidades para nos comunicarmos com nossos filhos de maneira que eles se sintam o mais propensos possíveis a escutar não somente as nossas palavras, mas, também, a intenção de nossa mensagem.

Muitos pais não entendem que podemos ser empáticos mesmo desaprovando as ações de nossas crianças. Ser empático significa comunicar que seu filho foi ouvido. Na situação descrita, a empatia permitiria que seus pais lhe respondessem que fazer uma ligação para saber se realmente haveria adultos em uma festa não seria usado como "teste de confiança". No caso de sua filha, você pode mostrar as muitas situações nas quais sua confiança nela é claramente incontestada e que, de fato, confiança não é o assunto da situação atual. Se você se sentir à vontade, pode dizer: "Eu confio em você, mas, às vezes, uma situação pode sair do controle até mesmo das mãos de alguém responsável".

Não espere que suas crianças a agradeçam por suas ações. Em vez disso, reconheça que elas a respeitarão se você fizer, de maneira consistente, o que diz e promete. Lembre-se, também, que até mesmo quando você for empática haverá situações nas quais suas crianças continuarão a responder com comportamentos difíceis. Porém, acreditamos que a empatia é o melhor lugar para começar a mudar o comportamento das crianças e construir sólidas relações entre pais e filhos. Esse é o ponto por onde começamos a ajudar nossos filhos a nutrir uma mentalidade confiante e segura. A empatia nutre as habilidades para nos comunicarmos com nossos filhos de maneira que eles se sintam o mais propensos possíveis a escutar não somente as nossas palavras, mas, também, a intenção de nossa mensagem.

PERGUNTA

Minha esposa e eu estamos realmente preocupados com nosso filho de 12 anos. Ele toda hora diz que é "bobo" e "burro". Tentamos ser encorajadores, dizendo: "Não, você não é nada disso". Mas parece que só o deixamos ainda mais bravo, pois ele responde bem irritado: "Eu sou burro, sim!" Não estamos sendo empáticos ao lhe dizer que ele não é bobo ou burro e que é para parar com isso? Não temos mais certeza sobre o que fazer. Magoa-nos muito ouvi-lo dizer essas coisas.

Resposta

É doloroso para qualquer um ouvir as pessoas a quem amamos e com quem nos preocupamos falarem negativamente sobre elas mesmas. Quando as pessoas acreditam que são bobas ou burras, toda atividade ou tarefa estará contaminada por esse sentimento negativo. Tais sentimentos rapidamente podem se tornar profecias cumpridas. Ninguém acha muito útil, ao expressar o que sente, pensa ou acredita — independentemente de quão negativos esses pensamentos ou ações possam ser —, ter alguém respondendo e dizendo que ele está errado por sentir-se assim. Isso é particularmente verdade quando lidamos com assuntos que não têm respostas certas nem erradas. Quando as pessoas se sentem bobas ou burras, elas filtram suas experiências diárias através dessa convicção. E tendem a aumentar os aspectos negativos e a minimizar os positivos.

Porém, embora essa seja uma das experiências mais dolorosas que os pais possam experimentar — ouvir as próprias crianças falarem negativamente sobre si mesmas —, é importante nessa situação não tentar dissuadi-las de seus pensamentos, sentimentos ou convicções. Também é importante que você não fique tão bravo ou tão aflito a ponto de não conseguir ajudá-las. As crianças podem ter sentimentos negativos em relação a elas por uma variedade de razões. Algumas parecem vir ao mundo com um temperamento moldado para enxergar as coisas negativamente. Para outras, sentir-se boba e burra é o resultado de fracassos na sala de aula ou no pátio do recreio. Nessas situações, sugerimos que você comece a valorizar e refletir sobre o que acabou de ouvir. Transmitir empatia é muito importante. "Parece que aconteceram coisas com você que o fizeram se sentir bobo ou burro, não é? Sabe, a maioria das pessoas que tiveram esse problema se sente desse modo. E é legal você poder nos falar como *você* está se sentindo. Mas, olha, com um pouco de ajuda, você poderá aprender estratégias para lidar com seus problemas de uma maneira bem tranqüila. Nós estamos aqui para ajudar você." Dizendo essas coisas, você está sendo empático e valorizando sua criança. Depois disso, seu filho será mais receptivo a receber sua mensagem de ajuda e esperança. De acordo com nossa experiência, seus filhos também estarão mais dispostos a dar os passos necessários para mudar tais sentimentos negativos.

PERGUNTA

Meu marido e eu ouvimos vocês falarem sobre empatia e discutimos muito sobre o conceito desse termo. Vocês mencionaram que nós servimos como modelos para nossas crianças e que elas reparam mais no que fazemos do que naquilo que dizemos. Também mencionaram que freqüentemente pedem para as crianças descreverem como suas mães e seus pais tratam um ao outro. Quais são as coisas mais importantes que as crianças reparam no comportamento dos pais que podem afetar a própria habilidade deles para serem empáticos?

Resposta

Não conhecemos qualquer estudo de pesquisa que tenha feito algum esforço para contar, medir ou classificar as coisas mais importantes nas quais as crianças reparam que venham a afetar o desenvolvimento da empatia. Em nossa experiência, porém, a força da relação dos pais está intimamente ligada ao desenvolvimento da empatia. Destacamos quatro qualidades principais nas relações paternas: confiança, respeito, disponibilidade e comunicação (*trust, respect, availability* e *communication* — *TRAC*). Quando os pais seguem o "TRAC expresso", eles começam a definir a fase para ajudar seus filhos a desenvolver a empatia. Uma relação forte dos pais é estabelecida quando esses respeitam e confiam um no outro, se comunicam efetivamente e estão disponíveis um para o outro e para seus filhos. Em estudos de pesquisa, descobriu-se que a disponibilidade entre os pais e as crianças é um dos melhores indicadores de sucesso durante os anos da adolescência. Quando os pais se respeitam, se comunicam efetivamente e estão disponíveis um para o outro, eles constroem a base de uma relação de confiança, uma relação capaz de suportar as tensões que freqüentemente surgem com as adversidades. Quando as crianças observam esse tipo de relação com seus pais e quando os pais se comportam da mesma maneira com seus filhos, esse comportamento serve como um modelo para elas. Uma mentalidade confiante e segura prospera em tal atmosfera. Para ajudá-lo a lembrar-se desses pensamentos, enquanto você interage um com o outro, pergunte a si mesmo: "Como nossos filhos descreveriam o tratamento que usamos um com o outro?" Enxergar sua relação da perspectiva deles pode servir para corrigir qualquer aspecto da relação que não esteja enquadrada nos indicadores do TRAC.

PERGUNTA

Tenho um filho de 9 anos e duas filhas gêmeas de 12 anos. Eu odeio admitir isso, mas sinto que as crianças são realmente preguiçosas e eu não sei bem por quê. Minha esposa e eu cumprimos nossas responsabilidades. Vivemos ajudando nossas crianças, levando-as de carro a lugares totalmente fora de nossos caminhos. Ainda assim, elas constantemente têm que ser lembradas de suas tarefas. Nessa semana, uma de minhas filhas me pediu que a levasse de carro para apanhar um livro que ela tinha esquecido na casa de uma amiga. Eu disse: "Vou, mas nem sei se deveria, pois você esquece as coisas toda hora na casa dos outros e, ainda por cima, ficou até agora sem fazer nada. Nem lavar um copo, você lavou." No que ela logo respondeu: "Por que você sempre joga na minha cara o que você faz por mim? Se não quer me levar, então não leva, mas não joga isso na minha cara, não." Bem, o que eu estou tentando fazer é motivá-la a cumprir suas responsabilidades. A empatia pode ajudar nessa situação de alguma forma?

Resposta

Pode, sim. Um dos mitos da irresponsabilidade é comparar a realização das tarefas com ser um filho responsável e atencioso. Muitos pais comparam as primeiras responsabilidades que eles esperam que suas crianças cumpram como *tarefas domésticas*. Acredite ou não, um rótulo como *tarefa* pode fazer uma grande diferença na percepção das crianças sobre nossos pedidos. Não surpreendentemente, achamos que as crianças não gostam de fazer tarefas domésticas. Porém, quando solicitamos ajuda a essas mesmas crianças, elas freqüentemente reagem de um modo positivo. Quando nos preocupamos com as tarefas cotidianas, freqüentemente não percebemos quanto nossas crianças são responsáveis!

Quando nos preocupamos com as tarefas cotidianas, freqüentemente não percebemos quanto nossas crianças são responsáveis!

Embora dizer à sua filha que você não a levará para a casa da amiga porque ela não cumpriu suas responsabilidades pudesse parecer uma estratégia apropriada para motivá-la a ajudar, o que nós descobrimos é que freqüentemente tal intervenção incita as crianças a reagirem da mesma maneira furiosa como sua filha reagiu. Em muitos casos,uma luta de poder é iniciada. Uma abordagem mais efetiva é a adoção de uma posição mais empática. Fale com sua filha em um momento tranqüilo sobre como a contribuição dela na casa é importante. Vocês podem discutir quais responsabilidades são especialmente essenciais. Como, por exemplo, ajudar a colocar a mesa do jantar, levar o cachorro para passear, ou, ainda, manter o quarto em ordem para ajudar na faxina. Enquanto alguns pais podem estar pensando que, ao fazer isso, eles estão cedendo, nossa experiência indica que uma certa flexibilidade dos pais e a vontade de modificar algumas tarefas "dispensáveis", na verdade, resultarão em crianças mais cooperativas.

Finalmente, devemos lembrar que, como um modelo de empatia e responsabilidade, podemos, sim, ajudar nossas crianças a se tornarem empáticas e responsáveis. Claro que não estamos sugerindo que todos os privilégios devam ser fornecidos "gratuitamente", mas, em vez disso, quando reservamos um tempo para ajudar nossos filhos a se desenvolverem em muitas áreas de suas vidas, quando evitamos focos excessivos nas tarefas domésticas como o único meio de demonstrar responsabilidade, e quando estamos dispostos a transmitir bondade e amor a nossas crianças de maneira não-contingente, definimos a etapa para ajudá-las a se transformar em indivíduos responsáveis e atenciosos. Nossa tarefa é facilitada quando conseguimos nos colocar no lugar das outras pessoas e quando, aí, sim, somos empáticos.

3

Comunicando-se Efetivamente

Como Escutar, Aprender e Influenciar

PERGUNTA

Eu realmente estou confuso. Quando as coisas parecem estar tranqüilas em casa, nosso filho de 10 anos acha um modo para dizer ou fazer algo que transtorna todo mundo. Quando tentamos falar com ele sobre isso, o menino acaba respondendo que sempre "pegamos no seu pé" e que não quer nos escutar. O que deveríamos fazer para que ele nos escutasse? Do jeito que as coisas andam atualmente, tenho vontade de sair gritando atrás dele, como, admito, já fiz algumas vezes. Esse não parece ser o caminho certo para construir uma mentalidade resiliente.

Resposta

O proverbial conflito de gerações com freqüência não se reflete somente nas preferências musicais, de vestuário ou até mesmo nas divergências de opiniões, mas também na inabilidade de comunicação. Verificamos que a maioria dos pais luta para descobrir como falar com seus filhos para que eles, pelo menos, os ouçam, sem que de imediato reajam com raiva ou simplesmente os ignorem. É por essa razão que enfatizamos a importância do estabelecimento de linhas efetivas de comunicação com nossos filhos se queremos que eles sejam resilientes.

Muitos pais nos perguntam: "O que é exatamente a comunicação efetiva?" Em nossos workshops, alguns pais expressaram a convicção de que a comunicação efetiva ocorre quando as crianças obedecem a seus pedidos, enquanto outros disseram que isso faz parte, principalmente, da solução de problemas. Um pai — meio brincando, meio sério — ofereceu outra definição ao dizer: "Para mim, comunicação efetiva é quando meus filhos respondem às minhas perguntas com mais de uma palavra".

A comunicação efetiva nos permite modelar e reforçar a empatia, a esperança, o otimismo e a habilidade de resolução de problemas, bem como aumentar a auto-estima e o senso de controle ou de propriedade sobre a vida de uma pessoa.

Acreditamos que a comunicação efetiva vai além de nossas crianças fazerem o que lhes é solicitado ou somente da abordagem de áreas problemáticas. Ela abrange a qualidade da comunicação que acontece minuto a minuto, hora a hora, dia a dia, em todos os tipos de situações. A comunicação efetiva nos permite modelar e reforçar a empatia, a esperança, o otimismo e as habilidades de resolução de problemas, bem como aumentar a auto-estima e o senso de controle ou de propriedade sobre a vida de uma pessoa. A maneira como comunicamos nossos sentimentos e pensamentos é a base para desenvolver e fortalecer todas essas qualidades, além de reforçar a resiliência em nossos filhos.

A comunicação efetiva está arraigada na empatia, na capacidade de escutar nossos filhos e, com isso, aprender o que eles estão tentando expressar antes de darmos nossas opiniões e expormos nossos pensamentos. Como qualquer pai pode atestar, é mais fácil dizer isso do que fazer. Pense com que freqüência você interrompe seus filhos enquanto eles estão comunicando suas idéias e opiniões, que são diferentes das suas. Nossa comunicação deve ser não-julgadora e não-acusadora. Nós temos que servir como um modelo de honestidade e dignidade.

Ainda, até mesmo na melhor das circunstâncias, algumas crianças são mais propensas a responder adversamente às nossas mensagens. Para tentar tirar sua dúvida sobre como falar com seu filho de modo que ele a escute, nós, obviamente, precisamos de mais informações — como se o estilo provocante e negativo do seu filho é demonstrado há tempos. Como você o descreve, ele parece exibir as características de uma criança impetuosamente difícil. Tais crianças parecem vir ao mundo "informando" imediatamente aos pais que "não será nada fácil eles serem meus pais". Fatores genéticos ou biológicos contribuem para esse padrão de comportamento. Tais crianças são mais propensas a comportamentos opositores e desafiadores. Elas podem responder adversamente ao mínimo nível de tensão, expressando, com freqüência, pensamentos e atitudes muito negativos que aparentemente são infundados face ao problema em questão. Para a confusão e frustração dos pais, essas crianças em geral são desobedientes, desafiadoras e hostis por qualquer razão — seja ela aparente ou não.

Até mesmo pais com uma grande reserva de paciência, quando enfrentam comportamentos assim, ficam vulneráveis a perder a paciência. Em tais situações, a comunicação efetiva dá lugar a gritos e à perda da empatia. No calor do momento, os pais mais amorosos dizem coisas para seus filhos das quais se arrependem pouco depois. Uma mãe em um de nossos workshops sorriu e disse: "Eu espero que, se minha filha escrever uma autobiografia, ela seja amável o bastante para omitir certas coisas que lhe disse ou, então, que ela use um nome fictício".

Caso seu filho seja biologicamente predisposto ou não a comportamentos negativos ou se outros fatores estão agindo, é importante você fazer essa pergunta: "Como posso discutir o comportamento do meu filho com ele sem que imediatamente ele sinta que eu estou sempre "pegando no seu pé" e sem que fique ainda mais bravo comigo?" É aqui que a empatia tem um papel importante. Uma boa abordagem é encontrar um momento calmo para falar com seu filho sobre o problema da maneira mais clara e não-acusadora possível. Sabemos que isso não será fácil, afinal, seu filho tende a ouvir a menor observação como julgadora. Você pode dizer, então, que quer discutir algo com ele sobre melhorar as relações familiares. Pode acrescentar ainda que, se em qualquer momento ele sentir que você o está criticando, ele pode dizer imediatamente. Quando os pais expõem a questão das possíveis críticas, passam a ter mais chances de serem ouvidos por seus filhos.

Depois, descreva a tensão como um problema familiar, e inicie uma conversa sobre como ele acredita que a família pode se relacionar de um jeito mais harmonioso. Discuta sobre as situações com as quais ele lidava bem e as situações contrárias. Diga-lhe que, quando ele grita, é difícil para você escutá-lo e questione sobre as outras maneiras de comunicar seus sentimentos. Diga-lhe, também, que você não quer que ele sinta que você sempre está "pegando no seu pé" e pergunte: "Qual é o melhor modo de falar com você sem que se sinta perseguido?" Se ele responder: "Não sei", continue: "Tudo bem, pode levar algum tempo para você pensar sobre esse assunto. Podemos falar mais sobre isso nos próximos dias." Muitas crianças se sentem encurraladas quando lhes pedimos sugestões ou soluções; assim, é importante reservar algum tempo para elas pensarem sobre o problema.

Se ele responder que não gritaria se fosse tratado de modo melhor, você pode lhe pedir para ser mais específico e dizer como ele acha que seria isso. O mais importante é escutar atentamente o que ele tem a dizer, validar sua perspectiva (validação não significa concordar, mas ouvir o ponto de vista dele), e oferecer sua própria visão, se for diferente da do seu filho. Se você puder engajá-lo dessa forma, será mais fácil trabalhar em um plano de ação sobre o que ele pode fazer quando ficar aborrecido. Você também pode discutir com ele as conseqüências dos seus gritos e ataques de fúria.

Uma abordagem alternativa, mas semelhante, seria ter uma "reunião familiar" em que todos os membros da família discutissem as coisas positivas que estão acontecendo e também aquilo que cada um gostaria de mudar. É importante definir diretrizes que estabeleçam que tal reunião é uma oportunidade para a família resolver problemas e não para um atacar o outro. A presença de todos os irmãos pode ajudar a criança que está tendo mais problemas a não se sentir isolada.

Se suas conversas com seu filho acontecem somente com ele ou no contexto de uma reunião familiar, ou uma combinação de ambos, mudar seu comportamento será um processo contínuo e não um problema que será resolvido em apenas uma interação. Porém, ao estabelecer um estilo de comunicação mais positivo e mais empático e sem reagir excessivamente ao comportamento dele, você definirá a base para ele ser menos volátil e mais cooperativo.

PERGUNTA

Minha esposa e eu assistimos a uma palestra de vocês em que enfatizaram que é importante os pais se tornarem "ouvintes ativos". Achamos que escutamos nossas crianças muito ativamente e tentamos entender o que elas estão nos dizendo. Porém, elas reclamam que nós não as entendemos e acabam se aborrecendo. Um bom exemplo aconteceu uma outra noite. Nossa filha de 11 anos estava frustrada por achar sua lição de casa difícil. E já foi logo dizendo que odiava fazer a lição, que aquilo era uma droga e que não ajudava a aprender nada. Nós ouvimos atentamente, tentando entender o que ela estava expressando. Sabíamos quanto ela estava frustrada. E respondi: "A lição de casa pode ser uma coisa chata, mas tem que ser feita". Isso apenas a deixou mais irritada. Há qualquer outra coisa que eu pudesse ter dito que funcionaria mais efetivamente?

Resposta

É óbvio quanto vocês estão tentando entender sua filha. A primeira parte de sua resposta para ela, "A lição de casa pode ser uma coisa chata", foi empática. Você estava comunicando que reconhecia que a lição de casa é um fardo para ela. Porém, ao acrescentar rapidamente "mas tem que ser feita" (o que é verdade), você não lhe deu a oportunidade de compartilhar juntas o porquê de a lição ser chata. Parece que o modo como ela recebeu seu comentário, embora essa não tivesse sido sua intenção, foi o de que você sabia que a lição era algo chato, mas que isso não importava, pois ela deveria completá-la de qualquer jeito. Assim, da perspectiva de sua filha, ela pode ter pensado que você não entendeu ou não se preocupou com sua angústia.

O que mais poderia ter sido dito para que sua filha realmente sentisse que você a ouviu e, daí, ser mais receptiva a escutar o que você tinha a lhe dizer? Depois de observar: "A lição de casa pode ser uma coisa chata", poderia ter sido útil lhe perguntar o que havia ali que ela não tinha gostado. Você poderia ter desejado saber se já houve alguma lição de casa da qual ela gostou de fazer. Embora difícil, há sempre uma chance de as crianças se lembrarem de uma lição de casa menos estressante, da qual realmente gostaram. Se esse fosse o caso, isso daria uma oportunidade para você ter uma visão mais clara do que é desafiador para a sua filha e talvez abrisse um diálogo voltado para a resolução do problema.

Note que sua filha está realmente correta ao sugerir que há muito pouco suporte científico aos benefícios da lição de casa, em particular durante os primeiros anos do ensino fundamental. Porém, a lição de casa ajuda as crianças menores a desenvolver responsabilidade e autodisciplina quanto às tarefas escolares. E essas são habilidades que se tornarão criticamente importantes à medida que elas progridem na vida escolar. É no ensino fundamental que a lição de casa se torna um veículo de transmissão de ensinamento para as crianças. Sua filha está errada ao sugerir que a lição de casa é a causa do desinteresse das crianças pela escola. Pesquisas sugerem que geralmente alunos bem-sucedidos completam a lição de casa sem muita dificuldade. Aqueles que enfrentam problemas na escola é que muitas vezes não concluem suas tarefas. Assim, a lição de casa pode simplesmente refletir os problemas em sala de aula que esses alunos enfrentam.

Todos nós ficamos frustrados quando temos que fazer algo que não entendemos ou não conseguimos concluir. Se sua filha resistir, "enrolar" ou deixar a lição de casa incompleta, primeiro certifique-se de que ela entendeu o que deve fazer. É claro que será mais fácil conseguir isso se você puder estabelecer um diálogo empático com ela. A falta de entendimento é a causa mais comum das lições de casa incompletas. Algumas não entendem o material e/ou as instruções da lição de casa. Verifique se o problema de sua filha com a lição é resultado de confusão sobre o que fazer ou como fazer. Depois de entender melhor o problema, é importante você usar suas habilidades de comunicação, e, nesse caso, colocar a professora da sua filha a par do que está acontecendo.

Um componente vital da comunicação efetiva é ser um ouvinte ativo, o que implica começar sem noções ou suposições preconcebidas.

Um componente vital da comunicação efetiva é ser um ouvinte ativo, o que implica começar sem noções ou suposições preconcebidas. Devemos entender os sentimentos, os pensamentos e as convicções que nossas crianças estão comunicando e ter cuidado para não permitir que nossos próprios compromissos ou necessidades interfiram em nossa habilidade para entender o que nossas crianças estão tentando nos falar. As características de uma mentalidade confiante e segura — inclusive a empatia, a resolução de problemas e o aprendizado para se sentir mais no controle das situações — são reforçadas quando os pais são ouvintes ativos. Assim, como dissemos anteriormente, em vez de dizer à sua filha que a lição de casa é uma "droga", mas precisa ser feita (algo que a menina provavelmente já sabe), sugerimos usar a empatia com ela, ouvir suas observações e descobrir se, na realidade, sua filha entende e é capaz de fazer a lição de casa. Se você puder fazer isso, então, juntas, vocês desenvolverão estratégias para que sua filha conclua as tarefas escolares sem tanto problema.

PERGUNTA

Quando eu era criança, sempre sentia meus pais "pegando no meu pé". Eles constantemente me lembravam de minhas obrigações, mesmo antes de ser preciso. Eu lembro como fiquei bravo com meu pai certa vez quando tinha cerca de 11 anos. O jantar ainda nem estava na mesa e ele já foi dizendo para eu não esquecer de tirar os pratos depois de terminar. Aí, eu me lembro de gritar em seguida: "Calma! Por que você sempre tem que falar isso? Quer que eu tire os pratos antes mesmo do jantar?" Nisso, ele me mandou sair da mesa. Eu disse a mim mesmo que não faria assim com meus filhos. Porém, "pego no pé" dos meninos constantemente. É claro que meus filhos ficam chateados comigo, da mesma maneira que eu me chateava com meus pais. Eu lhes digo que tenho que lembrá-los das coisas que precisam ser feitas porque eles freqüentemente se esquecem. Mas eu não gosto da tensão em nossa casa. Como posso dizer as coisas de maneira diferente?

Resposta

Sua pergunta aborda um obstáculo que freqüentemente impede os pais bem-intencionados de se comunicarem efetivamente com seus filhos e está ligado ao conceito dos roteiros negativos, que veremos no Capítulo 4. Se o pai ou a mãe cresceu em uma casa na qual o estilo de comunicação familiar não tinha empatia, geralmente é mais difícil, mas não impossível, que esses se comuniquem espontaneamente de modo a propiciar uma atmosfera familiar mais positiva. Tendo consciência ou não, a "pegação no pé" tende a se tornar uma profecia cumprida. Isto é, os pais "pegam no pé" dos filhos e, então, as crianças completam as tarefas. Porém, a tarefa é concluída não porque a criança desenvolveu um senso interno de responsabilidade e autodisciplina, mas para escapar da "pegação no pé" dos pais. Esse padrão aumenta, em vez de diminuir, a probabilidade de que, quando uma situação futura surgir, a criança não realizará as coisas a menos que conseqüências adversas — nesse caso, a "pegação no pé" dos pais — aconteçam. Além disso, "pegar no pé" é sedutor. Quando os pais fazem isso, a maioria das vezes parece funcionar. Porém, esse padrão é ineficaz para nutrir auto-disciplina e um comportamento responsável. Ainda, como você demonstra, a "pegação no pé" freqüentemente é um poderoso combustível para incendiar a raiva e os sentimentos de mágoa entre pais e filhos.

Muitos pais foram agradavelmente surpreendidos quando seus filhos aparentemente irresponsáveis se tornaram mais responsáveis quando a "pegação no pé" foi reduzida.

Você pode não perceber isso, mas já deu o primeiro passo para uma solução mais positiva reconhecendo que a história está se repetindo. E também reconheceu que "pegar no pé" se tornou uma resposta automática para você. Sem nem mesmo pensar ou pretender, você age assim. Muitos pais não são tão atentos quanto você a esses padrões e continuam se ocupando deles, constantemente culpando seus filhos quando as coisas não mudam.

No Capítulo 4, nós descreveremos várias estratégias que você pode usar para modificar seu roteiro existente. Porém, gostaríamos de sugerir algumas coisas para tentar agora. Uma delas é o método da contagem: geralmente eficaz, consiste em contar até cinco (ou dez) antes de lembrar suas crianças de fazerem algo. Durante esse tempo, pergunte a si mesmo o que acontecerá se você os lembrar e se não seria melhor não dizer nada e ver se eles agirão por conta própria. Muitos pais foram agradavelmente surpreendidos quando seus filhos aparentemente irresponsáveis se tornaram mais responsáveis quando a "pegação no pé" foi reduzida.

Outra possibilidade é dizer aos seus filhos que você percebeu que entrou em um padrão negativo de os importunar (nós temos certeza de que eles concordarão imediatamente com sua avaliação). Acrescente que não está contente com isso, já que está interferindo em sua relação com eles. Além do mais, você não está lhes dando uma oportunidade para mostrar que eles podem, sim, cumprir com suas responsabilidades. Envolva-os nisso, verificando o que se espera deles e que passos eles podem dar para cumprir suas tarefas. Também é possível lhes dizer: "No caso de esquecerem suas obrigações, há algum modo de eu os lembrar sem que vocês sintam como se eu estivesse "pegando no pé?" Caso eles proponham um modo para serem lembrados, então não parecerá que você está "pegando no pé", pois foram eles que deram a idéia. Queremos enfatizar, ainda, que, se você pode reconhecer que está importunando e deseja mudar, suas crianças também estarão mais dispostas a mudar seus comportamentos.

PERGUNTA

Como comunicar aos filhos que você pode ter boas opiniões para lhes oferecer? Às vezes, minhas crianças fazem certas escolhas, como suas roupas ou mesmo programas na TV, de muito mau gosto. Se eu sugiro escolhas melhores, logo se chateiam. Em primeiro lugar, eu realmente nao gosto que meus filhos de 9 e 12 anos assistam a programas de luta livre. Eles dizem que isso é a melhor coisa que há na TV e então perguntam: "O que tem de errado em assistir às lutas? Você simplesmente não gosta de nada que gostamos." Nesse ponto, eu fico tão frustrada que já vou logo gritando que não gosto de luta mesmo e pronto. Deve haver um modo melhor de me comunicar com eles.

Resposta

Sua pergunta mostra que essa não foi a primeira discussão que você teve sobre os "males" das lutas na TV ou sobre as várias escolhas que seus filhos fazem. Nesse ponto, eles ouvem suas comunicações como julgadoras e acusatórias. Enquanto muitos acreditam que seus filhos precisam aprender que a opinião dos pais é importante e não deve ser descartada completamente, nós perguntaríamos para os pais: "Há um modo de expressar seus pensamentos e sentimentos sem que seus filhos se sintam criticados ou julgados?" Como notamos no Capítulo 2 sobre a empatia, os pais sempre devem se lembrar da pergunta: "Como eu posso me comunicar com minhas crianças de maneira que elas me escutem e realmente me ouçam?" É óbvio que, nesse momento, seus filhos não estão receptivos a ouvir o que você tem a dizer e, de imediato, se aborrecem com suas mensagens e se sentem julgados de modo negativo.

Infelizmente, em tais circunstâncias, as crianças começam a acreditar que os pais as estão criticando e não criticando suas atividades. À medida que nos aborrecemos com o comportamento e com as escolhas de nossos filhos, que fazemos suposições sobre o significado do comportamento deles, podemos nos tornar cada vez mais acusadores e críticos. Se queremos que nossas crianças aprendam conosco em vez de se ressentirem conosco, devemos minimizar as mensagens que fazem parecer que as estamos julgando de maneira negativa.

O objetivo é minimizar o sentimento de seus filhos de que você está sempre atrás deles, pronta para lhes dizer o que estão fazendo de errado. Para minimizar esse sentimento, você deve se perguntar o que é verdadeiramente importante em termos de segurança e quais áreas não merecem comentários. Se as crianças sentem que toda mensagem transmite a convicção de que elas estão cometendo erros, provavelmente elas não escutarão quando tivermos que definir um limite sobre questões mais importantes. Achamos que, a menos que nossas crianças estejam se vestindo de maneira ultrajante (por exemplo, uma camiseta com texto obsceno ou uma roupa contrária às regras da escola), é melhor morder os lábios e evitar dizer alguma coisa.

Porém, acreditamos que você tem todo o direito de definir limites sobre certos programas de TV ou filmes a que eles assistem. Ao fazer isso, seja o mais clara possível sobre suas razões e ouça atentamente os argumentos que seus filhos com certeza usarão quando você os proibir de assistir a determinados programas de TV (por exemplo, eles podem alegar que todos os seus amigos assistem ao programa e que você os está tratando como bebês etc.). Alguns pais, refletindo sobre o que seus filhos dizem, perceberam que, na realidade, eles estavam mesmo sendo muito restritivos. Outros pais valorizaram a frustração de seus filhos e disseram calmamente: "Sabemos que vocês gostam de assistir a esse programa e que muitos meninos da sua idade vêem isso, mas esses não são programas para crianças de 9 e 12 anos, pois são extremamente violentos".

Assim, o melhor modo para transmitir que você pode ter opiniões boas a oferecer é criar um clima no qual as crianças ouçam suas mensagens de uma maneira empática, não-acusadora e não-julgadora.

Seria maravilhoso se, em resposta a essa validação, seus filhos dissessem: "Tudo bem, você só está sendo amorosa, mostrando sua preocupação conosco. Não vamos mais ver esse programa." Mesmo se as crianças sentirem desse modo, elas jamais dirão isso (de fato, sem soar muito cínico, se elas o fizerem, aí, sim, pode parecer suspeito). Porém, valorizar os sentimentos delas e ser claro sobre suas razões, ajuda a diminuir a sensação dos seus filhos de que você está sendo arbitrária e injusta. Se eles percebem que você entende seu ponto de vista, eles provavelmente escutarão o que você tem a dizer. Assim, o melhor modo para transmitir que você poderia oferecer boas opiniões é criar um clima no qual eles ouçam suas mensagens de um modo empático, não-acusador e não-julgador. É por isso que a comunicação é uma dimensão crítica da criação de uma mentalidade confiante e segura em nossos filhos.

PERGUNTA

Outro dia, eu estava no parque com minhas duas crianças pequenas, vendo-as brincar. Ao meu lado estava a mãe de um bebê de seis meses. Enquanto ela lhe dava mamadeira, ia descrevendo o restante dos eventos do dia para a criança como também alternativas para o cardápio do jantar. Eu não resisti e perguntei o porquê daquilo. Ela respondeu que acreditava que falar desse modo com o bebê o ajudava a desenvolver boas habilidades de linguagem e comunicação. Isso é verdadeiro? Eu deixei de fazer algo importante com minhas crianças?

Resposta

Sua pergunta levanta uma ótima questão. É possível, ao falarmos com nossos filhos desde o momento do nascimento, estabelecermos a base para a comunicação efetiva? Acreditamos, e pesquisas científicas demonstraram, que isso é verdade. Crianças em casas nas quais os pais possuem boas habilidades de comunicação e linguagem desenvolvem tudo isso mais cedo. Embora as crianças não sejam capazes de responder com palavras, são as nossas palavras, como pais, que ajudam a reforçar as suas habilidades de linguagem. Além disso, nosso tom de voz, nossos sorrisos e como as seguramos e as aconchegamos podem servir para criar uma atmosfera calma e confortável que conduz ao desenvolvimento da linguagem e a um sentimento de bem-estar e segurança.

Sua pergunta também toca em um ponto importante que gostaríamos de enfatizar: a comunicação efetiva não emerge de repente quando nossas crianças chegam à adolescência. Será mais fácil ter um diálogo com nossos adolescentes se definirmos essa fase cedo, se reconhecermos que a base para o desenvolvimento da linguagem e da comunicação é estabelecida quando crianças. Mesmo antes delas adquirirem a linguagem, nós temos inúmeras oportunidades para nos comunicarmos verbalmente e não-verbalmente com elas. Ainda que você não precise "repassar" a agenda do dia, como fez a mãe que você observou, há muitas coisas sobre as quais podemos conversar com nossos filhos. As pessoas constantemente falam com elas mesmas, então por que não incluir sua criança como um membro silencioso da conversa?

Muitos pais se sentem um pouco desconfortáveis quando querem ter "uma conversa" com seus filhos sobre assuntos sérios, tais como sexo ou drogas. Tentar entrar em discussões sobre assuntos sérios com nossas crianças sem ter estabelecido uma base para aprender a se comunicar é semelhante a decidir começar um programa de exercício físico de duas horas de corrida, seguidas por duas horas de levantamento de peso, sem nunca ter corrido ou levantado pesos antes. Para um novato nos exercícios físicos, é melhor adquirir força lenta e consistentemente com o tempo. Enfatizamos uma abordagem semelhante para fortalecer uma comunicação saudável com nossos filhos.

A última parte da sua pergunta também é muito importante. Não pense que, caso não tenha se comunicado assim quando suas crianças eram pequenas, tudo está perdido. Certamente quanto mais jovens suas crianças forem quando você começar esse processo de comunicação, mais fácil será para elas desenvolverem as habilidades de linguagem. Independentemente da idade de suas crianças, porém, os componentes da comunicação efetiva e sua relação com o desenvolvimento de uma mentalidade confiante e segura lhe permitem começar a se comunicar mais facilmente, aumentando a probabilidade de que, quando tópicos importantes tiverem que ser discutidos, todo mundo se sentirá mais à vontade e um sistema terá sido estabelecido para proceder dessa maneira.

PERGUNTA

Eu sempre tive dificuldade para admitir quando cometo um erro ou para pedir desculpas. Agora acho que, se disser para minhas crianças que cometi um erro, elas poderão tirar proveito da situação. Também estou preocupada com o que elas estão aprendendo sobre erros. Outro dia, meu filho de 9 anos me falou que a professora dele não gostava quando as crianças da classe cometiam erros. Ao falarmos sobre isso posteriormente, ele explicou que, mesmo que alguém se desculpe por ter cometido um erro, ainda assim não era uma coisa legal. Muitas pessoas pedem desculpas ao cometer erros, mas acho que, no fundo, não gostam disso, não. O que vocês acham?

Resposta

Discutiremos como lidar com erros mais detalhadamente no Capítulo 8. Porém, sua pergunta também diz respeito a como expressar os sentimentos e pensamentos sobre nossos próprios erros e os erros que nossas crianças cometem.

Vamos examinar sua primeira pergunta sobre pais que admitem que cometeram um erro. Não há nada de errado em reconhecer que cometemos um erro e pedir desculpas por ele. Desculpar-se não significa deixar nossas crianças "escaparem impunes". Os pais podem pedir desculpas e dizer que sentem muito sem serem permissivos em excesso ou deixar que seus filhos tirem vantagem deles. Quando um pai e/ou mãe reconhece e corrige um erro, isso pode servir como um modelo de responsabilidade com as próprias ações. Porém, se os pais se desculparem constantemente e pelos mesmos erros, então essas desculpas serão sentidas como falsas e aumentarão a probabilidade das crianças perceberem tais declarações como cínicas e enganosas. Se as pessoas se desculpam e dizem que sentem muito e então mudam o comportamento, é um sinal claro de que elas levaram a sério as desculpas e aprenderam com seu comportamento passado. Acreditamos que muitas pessoas são sinceras quando reconhecem os erros, embora, como sabemos, algumas não são.

Se as crianças acreditam que os erros não podem ser corrigidos ou caso sintam que serão inaceitáveis ou mesmo que elas poderão ser castigadas por isso, é provável que recorram a modos contraproducentes para lidar com a situação.

A segunda questão que você levanta é sobre a professora de seu filho que não gosta que os alunos cometam erros e a convicção de seu menino de que, mesmo com desculpas, errar não é "legal". Bem, sugerimos que você discuta esses pontos de vista com ele. Para clarear a percepção de seu filho, você pode lhe perguntar o que a professora faz que indica que ela não gosta de alunos que cometem erros. Se, na realidade, a professora diz coisas negativas, até mesmo humilhantes, para os alunos que cometem erros, você pode oferecer uma visão alternativa para o seu filho e, se indicado, falar com sua professora. Um ambiente de sala de aula ideal deve ser aquele no qual os professores digam que erros e fracassos fazem parte do processo de aprendizagem e os alunos se sintam seguros quando os cometem.

É igualmente importante desafiar, de um modo empático, as opiniões do seu filho sobre os erros. As estratégias de confrontação que usamos para lidar com erros aumentam ou diminuem as qualidades da confiança e da segurança. Se as crianças acreditam que os erros não podem ser corrigidos ou caso sintam que serão inaceitáveis ou mesmo que elas poderão ser castigadas por isso, é provável que recorram a modos contraproducentes para lidar com a situação (por exemplo, abandonando ou evitando determinadas tarefas). Devemos comunicar de várias maneiras que os erros são oportunidades de ensinamento. Assim, quando seu filho expressar a opinião de que, mesmo se você se desculpar, um erro ainda é uma coisa ruim, você pode dizer: "Estou contente por você ter me contado como se sente" (essa é uma declaração de validação), e então procurar saber por que ele pensa que não é uma coisa "legal". Você pode querer saber se ele já cometeu um erro com o qual aprendeu algo e compartilhar com ele suas próprias experiências semelhantes. Pode também lhe falar que muitas pessoas sentem do mesmo modo que ele, mas, na realidade, há outra maneira para enxergar os erros, isto é, os erros servem para nos ajudar a aprender coisas novas. Uma conversa sensível talvez sirva como alavanca para mudar a mentalidade de seu filho sobre os erros e para aumentar a capacidade dele para a resiliência.

PERGUNTA

Como posso discordar de meus filhos sem que isso se transforme na Terceira Guerra Mundial? Odeio admitir isso, mas, às vezes, sinto como se eles me perseguissem. Teve um dia que minha filha de 13 anos disse que minha comida era "horrorosa". Tentei não ligar, pois já tinha prometido a mim mesma que não lhe responderia de maneira desrespeitosa. Porém, depois de um certo tempo repetindo que eu não sabia cozinhar e que era melhor sairmos para comer fora, eu me descontrolei e gritei para ela: "Você vai comer o que tiver!" E ainda acrescentei: "Você nunca está satisfeita. Deveria é agradecer tudo o que eu faço para você." Outro dia, quando eu estava experimentando um vestido em uma loja, minha filha de 11 anos me falou que eu tinha engordado. Eu olhei bem para ela e disse que nunca mais falasse daquele jeito comigo, pois eu era sua mãe e exigia respeito. O que está acontecendo?

Resposta

Todas as crianças testam os pais. E as razões para isso são variadas. Muitas querem ver até onde podem ir antes de impormos limites; outras estão expressando raiva sobre assuntos que nada têm a ver com a situação; e algumas, ainda, podem sentir os pais como críticos e, assim, estão só retribuindo o favor. Mesmo sendo útil entender o porquê de nossos filhos sentirem necessidade de nos provocar para que possamos ficar em uma posição melhor para corrigirmos alguma coisa, mesmo não entendendo todos os fatores envolvidos, ainda há coisas que podemos fazer para evitar esse tipo de provocação.

Queremos deixar bem claro que não acreditamos que os pais devam permitir que seus filhos sejam rudes com eles. Quando as crianças se comportam dessa maneira, os pais deveriam dizer: "Não gosto do modo como você está falando comigo. Eu não falo com você nesse tom de voz, então não deve falar comigo desse jeito. Será mais fácil eu ouvir o que você tem a dizer se falar de maneira respeitosa." (É claro que você só pode fazer esse tipo de comentário se, de fato, falar respeitosamente com suas crianças.) Se queremos e esperamos que as outras pessoas nos tratem com respeito, é vital demonstrarmos esse comportamento.

O que você poderia ter dito nessas situações descritas por você? Bem, quando sua filha mais velha comentou que não gosta da sua comida, você poderia dizer que está tentando melhorar na cozinha e, quem sabe, ela poderia ajudá-la nessa tarefa, escolhendo algumas receitas novas. Conhecemos uma família que envolveu seus filhos desde a compra dos ingredientes no supermercado até seu preparo. Isso fez com que eles reconhecessem o trabalho da mãe na cozinha e passassem a dar mais valor às comidas saudáveis, que tanto criticavam antes. No seu caso, o importante é responder à crítica da sua filha sobre sua comida transformando isso em uma atividade de resolução de problema em vez de em uma discussão em que serão ditas coisas que só magoam e prejudicam uma à outra.

Também é compreensível que você tenha se chateado quando sua filha mais nova fez um comentário sobre seu corpo. O peso da pessoa é uma questão sensível, especialmente se ganhamos alguns quilinhos extras. Não sabemos ao certo por que sua filha disse isso — se a percepção dela realmente estava correta ou se ela estava sendo desrespeitosa de propósito (há a possibilidade de ela ter dito isso sem intenção de ofender). Muitas garotas de 11 anos são muito sensíveis sobre as mudanças no próprio corpo e sobre estar acima do peso, e isso pode tê-la levado a fazer esse tipo de comentário. Independentemente da razão, poderia ter sido melhor simplesmente ter dito: "Você tem razão, este vestido não parece bom em mim" ou "Acho mesmo que vou precisar perder alguns quilos" (se o comentário de sua filha foi verdadeiro). O melhor é usar a comunicação para minimizar a raiva e as lutas de poder com as crianças em vez de dizer coisas que só vão alimentar ainda mais uma discussão.

O melhor é usar a comunicação para minimizar a raiva e as lutas de poder com as crianças em vez de dizer coisas que só vão alimentar ainda mais uma discussão.

PERGUNTA

Recentemente minha filha adolescente reclamou que estava tendo problemas na escola e não tinha muitos amigos. Ela acrescentou que estava "deprimida", o que nos alarmou. Com o crescente número de crianças com depressão e tentando suicídio, isso foi um alarme para nós. Rapidamente eu disse que não havia razão alguma para ela estar deprimida, que ela tinha uma vida boa e uma família amorosa. Nisso, minha filha, furiosa, já foi dizendo que eu simplesmente não entendia seus problemas. Eu me senti péssima. Quando, depois, tentei falar com ela, não teve mais jeito. Depressão é coisa séria mesmo? Devo me preocupar com isso? O que posso fazer de maneira diferente da próxima vez?

Resposta

A depressão é um problema muito comum na infância. Porém, apesar dos recentes avanços, freqüentemente ela não é reconhecida e ainda é mal-entendida. Pesquisadores entendem que mesmo crianças afortunadas o bastante, que não enfrentam graves tensões, podem, sim, ser vulneráveis a desenvolver a depressão, baseada tanto em fatores genéticos e biológicos quanto na experiência de vida diária. Para algumas crianças, a depressão pode ser crônica, e elas parecem infelizes por períodos longos, que nem mesmo os pais podem precisar. Porém, para algumas crianças, a depressão representa uma mudança dramática para pior, em geral seguida de um evento particularmente estressante. Você pode ser pega de surpresa por saber que problemas na escola e fraco desempenho escolar freqüentemente são indicadores sensíveis de risco de depressão. Problemas com os colegas representam um segundo risco, igualmente preocupante. Assim, suas preocupações com a filha são justificadas, dados os comentários dela sobre a escola e seus problemas sociais.

Sem concluir uma avaliação, não podemos falar se sua filha está deprimida. Porém, podemos sugerir que, se você suspeita de depressão, considere falar com um profissional da escola ou um terapeuta. Um declínio no desempenho escolar combinado com uma infelicidade aparente e problemas sociais crescentes muitas vezes são sinais fundamentais de que a criança ou o jovem pode estar sofrendo de depressão. Os jovens deprimidos têm uma visão negativa deles mesmos, de seu mundo imediato e de seu futuro. Quanto mais negativamente eles se sentirem em relação a esses três fenômenos, mais deprimidos eles ficarão.

Os sintomas da depressão incluem a inabilidade para encontrar atividades agradáveis, tristeza ou infelicidade excessiva, mudança no apetite e no peso, agitação física, fadiga visível, sentimentos de inutilidade ou culpa, dificuldade de concentração e, finalmente, pensamentos sobre morte ou suicídio. A descrição "só, triste e bravo" freqüentemente caracteriza jovens deprimidos que pedem por ajuda. Quando um jovem deprimido começa a exibir um comportamento de revolta, um episódio totalmente deprimente se inicia, e os pais podem ser destratados pela própria natureza do comportamento, passando a acreditar que seus filhos desenvolveram problemas de disciplina. Lembre-se, também, de que a depressão é episódica. Em muitos casos, entre seis e doze meses, os sintomas da depressão podem diminuir. Ao longo da infância e durante os anos da adolescência, porém, quase 20% dos jovens experimentarão pelo menos um episódio marcante de depressão.

Se isso soar familiar, se nossa descrição parece se ajustar ao comportamento de sua filha durante os últimos seis meses, o melhor seria você buscar ajuda profissional. Em termos de comunicação com sua filha, sugerimos que comece com a empatia. Quando ela expressar o sentimento de "depressão", o ideal é validar o que ela diz. Ninguém quer ouvir que não deve sentir o que está sentindo. Você poderia dizer para ela: "Que bom você ter nos contado como se sente. Temos agora é que descobrir o que a ajudaria, pois essa tristeza toda é muito ruim, não?" Você pode transmitir preocupação sobre a infelicidade dela e ainda sugerir a possibilidade de procurar um profissional. Muitos jovens (e adultos também) podem responder a esse tipo de sugestão dizendo não ser "louco". Concorde com isso e, então, explique um pouco sobre depressão, seus efeitos sobre as pessoas, o fato de que a maioria se cura com ajuda e que você sente que essa é uma ação importante a ser tomada nesse momento. Embora muitos adolescentes deprimidos resistam a essa idéia, no fim são esses profissionais mesmo os únicos que podem criar uma relação de aliança e confiança com a maioria dos jovens. Se você quer aprender mais sobre depressão, sugerimos o livro *Lonely, Sad, and Angry* (Só, Triste e Bravo) de Barbara D. Ingersoll e Sam Goldstein.

PERGUNTA

Quando era criança, meus pais nunca falaram comigo sobre como os bebês nascem ou sobre sexo. Eu disse a mim mesma que seria diferente com meus filhos e responderia honestamente às suas perguntas. Porém, eu gostaria de saber se estou agindo certo. Meu filho de 4 anos me perguntou quatro vezes nas últimas duas semanas se as meninas nascem com um pênis que depois é retirado. E todas as vezes eu lhe respondi que as meninas não nascem com um pênis e que meninos e meninas são diferentes. Chegou uma hora, porém, que me irritei e acabei falando que ele precisava se lembrar das coisas que eu dizia, que não agüentava mais responder a mesma coisa. Logo notei, pela maneira como ele me olhou, que ficou chateado com isso. Se ele me fizer a mesma pergunta novamente, como devo agir para que ele se lembre do que estou dizendo? Por que ele faz isso?

Resposta

A comunicação é um processo ativo, contínuo. As crianças, particularmente as pequenas, podem ter que ouvir uma mensagem várias vezes antes de a entenderem e de incorporarem em suas mentes. E isso pode acontecer até mesmo com os adultos. Pense em quantas vezes muitos adultos precisam ler as instruções sobre como usar um computador ou gravar um programa na TV antes de finalmente partir para uma operação específica. Os adultos freqüentemente não gostam de usar a repetição no processo de aprendizagem. Mas é importante você estar preparado para responder às mesmas perguntas de seu filho. Isso não significa que você está fazendo um trabalho inferior, mas que, ao fazer as mesmas perguntas, seu filho está tentando entender o mundo dele, desenvolver um senso de domínio, adquirir conhecimento e resolver problemas. Todas essas são qualidades ligadas a uma mentalidade confiante e segura.

Se queremos criar crianças confiantes e seguras, nossas palavras e ações devem lhes transmitir que nenhuma de suas perguntas é tola ou irrelevante.

Se queremos criar crianças confiantes e seguras, nossas palavras e ações devem lhes transmitir que nenhuma de suas perguntas é tola ou irrelevante. É preciso reforçar a curiosidade delas respondendo: "Essa é uma ótima pergunta". Quando elas repetirem a mesma questão algumas vezes, podemos dizer: "Que bom que você perguntou isso novamente. Algumas coisas levam tempo mesmo para aprender." Não queremos que as crianças sintam que suas perguntas são tolas; se elas sentirem desse modo, talvez deixem de fazer perguntas e aprender coisas novas.

Você parece ter dado a seu filho uma resposta clara e honesta sobre as diferenças entre os corpos dos meninos e das meninas, mas é evidente que ele precisa de mais tempo para absorver e processar essa informação. Como adultos, podemos sentir que as diferenças entre os meninos e as meninas envolvem fatos diretos, mas, para uma criança, que tenta entender essas diferenças, pode haver muitas outras questões envolvidas.

Embora esse não pareça o caso de seu filho, alguns leitores podem ter crianças em casa que perguntam a mesma coisa, simples até, dúzias de vezes. Em muitos casos, tais crianças experimentam problemas de comunicação ou de linguagem. Às vezes, elas têm dificuldades de recepção de linguagem, o que dificulta o entendimento do que seus pais estão descrevendo. Outras vezes, crianças com dificuldades de linguagem aprendem que fazer uma pergunta é um modo de ocupar seus pais da comunicação, e, assim, elas fazem as mesmas perguntas várias e várias vezes. Quando os pais dessas crianças finalmente se irritam com a natureza repetitiva dessa interação, geralmente as crianças acham outra pergunta para fazer e o mesmo roteiro negativo é reproduzido. Quando problemas assim ou similares estão presentes, sugerimos que os pais busquem ajuda de um profissional especializado em linguagem ou um psicólogo da área de desenvolvimento infantil.

PERGUNTA

Essa questão pode parecer engraçada. Quando eu era pequena, não me lembro de meus pais dizerem para mim que me amavam. Certa vez, eu lhes disse isso, e eles responderam que eu deveria saber que eles me amavam. Também nunca os vi sendo afetuosos ou trocando beijos entre eles. Meus pais estão casados há mais de cinqüenta anos, assim eu creio que eles se amam. O problema é que não tenho certeza sobre o melhor modo de deixar meus três filhos, idades entre 3 e 9 anos, saberem que eu os amo. Na verdade, acho um pouco incômodo expressar afeto. Para ser honesta, para mim não é fácil demonstrar o afeto que eu gostaria de demonstrar. Como posso começar? Como sei que estou fazendo um bom trabalho comunicando meu amor?

Resposta

No Capítulo 5 veremos mais detalhadamente as perguntas sobre amar as crianças e ajudá-las a se sentirem especiais e valorizadas. Como você mostra, alguns adultos acham difícil expressar amor e afeto baseados em suas experiências ou por causa de seu estilo temperamental. Esse é um problema importante que deve ser abordado e que você deve começar com passos e metas pequenos para, aos poucos, ir se sentindo mais à vontade. Não recomendamos que os pais se engajem em comportamentos afetuosos que considerem incômodos, pois as crianças podem facilmente sentir isso.

Comece pensando nas demonstrações de afeto que não a constrangessem. Talvez quando você lê para suas crianças, elas deitem no seu colo; assim, se lesse para elas na hora de dormir, poderia deitar ao seu lado. Uma mão no ombro pode ser outro modo de demonstrar afeto. Além disso, na hora de dormir, você poderia dizer "Eu te amo" e notar a reação delas, como também a sua. Elas podem ser pegas de surpresa no princípio, talvez até se sintam meio estranhas, já que nunca a ouviram dizer isso antes. Não se preocupe. Da próxima vez, vocês estarão mais à vontade. Uma das maneiras de saber se você está transmitindo mais efetivamente seu amor é verificar se, com o passar do tempo, suas crianças se sentem mais felizes aceitando sua demonstração de amor e muito mais dispostas a demonstrar o afeto delas.

Além disso, lembre-se de que há muitos outros modos de comunicar aos seus filhos que você os ama. Esses incluem criar tradições e momentos especiais, participação em ocasiões significantes e usar as interações diárias com eles para construir o senso de amor-próprio e a autoconfiança neles.

Conhecemos muitos pais que cresceram em casas nas quais os exemplos de demonstração de afeto não estavam presentes, nas quais os pais assumiram que o ato de vestir e alimentar seus filhos era suficiente como indicador de amor, e assim o fazem com seus próprios filhos. Mas também vimos pais que cresceram em tais ambientes e, hoje, conseguem expressar diretamente seu amor e afeto por seus filhos, não deixando por conta da imaginação deles decidir se o amor está presente ou não.

PERGUNTA

Como você pode ser honesto com seus filhos sobre um problema médico sério? Nossos filhos têm 6 e 8 anos. Foi diagnosticado um câncer na avó deles, e o prognóstico não é nada bom. A avó mora do outro lado do país. Eles somente a vêem uma ou duas vezes por ano. Ela é mãe do meu marido e ele não quer dizer muita coisa sobre o assunto para não os preocupar. Mas os meninos percebem que meu marido anda chateado. Quando ele está no telefone com seu pai, e nossos filhos entram no quarto, ele sussurra coisas como: "Não posso falar agora". Não quero que meus filhos fiquem preocupados, mas não acho legal o modo como estamos lidando com a questão. O que deveríamos dizer?

Resposta

Se queremos que as crianças se tornem resilientes, temos que perceber que é importante ser honestos com elas sem sobrecarregá-las. Muitos pais que enfrentam essa situação acreditam, como seu marido, que falar para as crianças sobre a seriedade da doença da avó as deixaria preocupadas. Concordamos que provavelmente ficarão tristes e um tanto tensas quando souberem da doença da avó, mas elas já perceberam que algo está errado. Quando somos honestos com as crianças, podemos ajudá-las a expressar e a lidar com a angústia em vez de deixá-las imaginando o que está acontecendo. Ao tentarmos esconder ou minimizar a realidade de uma situação difícil, isso, na verdade, transmite às crianças a mensagem de que achamos que elas não podem lidar com o que está acontecendo e que não devem nem nos procurar com perguntas ou preocupações. Roubamos delas uma oportunidade de se sentirem no controle e de aprenderem técnicas para lidar com situações estressantes e sentimentos de dor.

Sugerimos que você informe aos seus filhos que a avó está doente. Responda às perguntas deles aberta e honestamente. Por exemplo, se o prognóstico da avó não é bom, você pode dizer que os médicos estão fazendo tudo que podem para ajudá-la, mas que você não sabe o que vai acontecer. A doença de um avô, às vezes, faz as crianças se preocuparem com a saúde dos próprios pais. Se elas perguntarem se você ficará bem, relate que a maioria das pessoas vive por um longo período, e que você ainda é jovem. Baseie-se em algo que a criança entenda. Tenha como meta uma comunicação honesta e aberta; esses indicadores é que ajudarão seus filhos a expressar suas preocupações e a fazer perguntas com menos reservas.

4

Mudando as Palavras Usadas na Criação dos Filhos

Reescrevendo Roteiros Negativos

PERGUNTA

Eu fiquei fascinado quando vocês mencionaram o conceito dos roteiros negativos em seu workshop. Mas o que é exatamente um roteiro negativo? Por exemplo, como sabemos se é o nosso roteiro negativo ou o roteiro negativo de nosso filho que deve ser mudado? Há anos eu preciso lembrar meu filho de 12 anos para fazer a lição de casa e não perturbar sua irmã mais nova. E isso parece não funcionar, pois ele continua a esquecer de fazer a lição de casa e a perturbar a irmã. Esse não é o roteiro negativo dele? Meu filho não deve ser o primeiro a mudar? De que outras maneiras ele aprenderá a ser responsável?

Resposta

Primeiro, vamos explicar o roteiro negativo. As palavras e os comportamentos que usamos várias e várias vezes com nossas crianças em situações semelhantes e de modos semelhantes se tornam os roteiros da criação de nossos filhos. Quando o que dizemos e o que fazemos têm resultados positivos, podemos pensar nesses roteiros como sendo efetivos. Então, eles merecem ser repetidos. Quando os resultados *não* conduzem aos resultados desejados, como é o caso com seu filho, como você relata, aí tais roteiros são negativos, e devem ser modificados ou abandonados. Porém, com base em nossa experiência, mesmo quando os roteiros são ineficazes ou contraproducentes, muitos pais bem-intencionados se agarram a eles, esperando que, de alguma maneira, em algum ponto, seus filhos possam responder de um modo positivo e transformar esses roteiros ruins em roteiros efetivos.

Você está certo ao dizer que um roteiro negativo está em andamento com você e seu filho. Nós diríamos que é quase possível prever a resposta dele quando você o lembra de fazer a lição de casa e não perturbar a irmã. Do mesmo modo, ele pode prever as palavras e o tom de voz que você usará para lembrá-lo. Note que os roteiros freqüentemente assumem o sentido de uma peça que você já viu inúmeras vezes com todos os atores repetindo as mesmas palavras como se elas estivessem cravadas em pedra, não é isso? A improvisação não faz parte do repertório de nenhum dos atores. Porém, como acreditamos que nós é que somos os "autores de nossas próprias vidas", encorajamos as pessoas a mudarem esses roteiros que conduzem cada vez mais à raiva e ao ressentimento familiar.

As palavras e os comportamentos que usamos várias e várias vezes com nossas crianças em situações semelhantes e de modos semelhantes se tornam os roteiros da criação de nossos filhos.

Você também está correto ao observar que é responsabilidade do seu filho mudar. Porém, se quisermos que nossas crianças mudem seus roteiros, é nossa responsabilidade, como pais, facilitar essa mudança. Se você repetiu as mesmas palavras durante meses ou anos e elas não surtiram o resultado desejado, sugerimos que, em vez de se concentrar em como sua criança deve mudar, você se concentre no que pode fazer de diferente. Como um pai nos contou, ele finalmente percebeu que tinha que iniciar uma mudança de roteiros: "Finalmente reconheci que, se eu não mudasse o que estava fazendo, meu filho nunca mudaria o que ele estava fazendo".

Se quisermos que nossas crianças sejam flexíveis, analíticas e receptivas a idéias novas, temos que exemplificar tais comportamentos; caso contrário, caímos na armadilha sedutora dos roteiros negativos. Ao aprender a identificar e a mudar as palavras usadas na criação de seu filho, você fortalece a habilidade dele para entender e identificar problemas. Como resultado, quando confrontado com desafios, seu filho terá mais chances de ser flexível com a abordagem dele. Se, como relata, você tem lembrado seu filho para fazer a lição de casa e não perturbar a irmã durante vários anos, por que seguir o mesmo roteiro esperando que, de alguma maneira, seu filho mude? Esses roteiros e as cenas serão repetidos inúmeras vezes com mudanças mínimas. Todo pai e/ou mãe pode citar exemplos de falar repetidamente para seus filhos fazerem algo com pouca ou nenhuma resposta positiva da parte da criança. Caso seu filho deva mudar o roteiro negativo dele, então, é você que deve ter primeiro a perspicácia e a coragem para mudar o seu próprio roteiro negativo.

Ao aprender a identificar e a mudar as palavras usadas na criação de seu filho, você fortalece a habilidade dele para entender e identificar problemas.

Como uma possível mudança de roteiro, pergunte ao seu filho se ele sente que você "pega no pé" dele. Provavelmente ele responderá com um sonoro "Sim". Então, você pode dizer que quer saber como não mais"pegar no pé" dele. Ele pode dizer: "Pára de falar sempre a mesma coisa". Aí, você responde: "Então é só você começar a fazer a lição de casa e a não mais brigar com sua irmã". Nisso, pergunte se ele enxerga a lição de casa e as cenas com a irmã como problemas. Nesse momento, alguns pais podem dizer: "Por que você perguntaria para seu filho se esses são problemas? Claro que são." Porém, nossa experiência nos ensinou que o que enxergamos como problemas pode ser muito diferente do que nossos filhos enxergam como problemas. Assim, em muitas situações, os pais estão pedindo para seus filhos mudarem comportamentos que as crianças não vêem como problemáticos.

Se sua criança vê a lição de casa e as brigas com a irmã como problemas, então, em vez de recorrer ao roteiro de "pegar no pé", você pode mudar sua abordagem encorajando-o a sugerir possíveis soluções. Caso seu filho não enxergue essas questões como problemas, você pode dizer: "Agora eu entendo por que tivemos todas essas batalhas... O que eu vejo como um problema, você não vê." Depois, você pode discutir de um modo não-julgador por que acredita que esses comportamentos são problemáticos. Ao discutir isso pela primeira vez, é improvável que seu filho vá dizer: "Eu vi a luz. Todos os anos que você passou me lembrando das coisas finalmente foram recompensados." Porém, os pais que engajam seus filhos nesse tipo de discussão permitem que seus filhos sejam menos defensivos e mais receptivos às mudanças.

Uma palavra final. Muitos roteiros familiares e roteiros de pais/filhos foram "executados" durante anos. Eles levarão tempo para mudar. Assim, não se sinta frustrado se seu filho não responder imediatamente de um modo positivo à sua mudança de roteiro.

PERGUNTA

Nós temos três filhos — de 8, 10 e 12 anos. Sempre que dizemos para os dois mais velhos não fazerem algo, eles não fazem. Se lhes pedimos ajuda, eles geralmente ajudam. Mas o caçula parece não ouvir nada o que temos a dizer. Nós o lembramos inúmeras vezes para fazer a lição de casa, arrumar o quarto, guardar os brinquedos e não deixar a bicicleta fora de casa. Outro dia mesmo, ele explodiu e gritou: "Vocês sempre estão pegando no meu pé!" Nós respondemos: "Não somos nós que pegamos no seu pé, você é que sempre esquece de fazer as coisas." Não entendemos por que nossas estratégias, que funcionaram tão bem para nossos dois filhos mais velhos, não funcionam para ele. Sentimos que nosso caçula simplesmente precisa aprender a escutar. Será que deveríamos castigá-lo mais para ajudá-lo a aprender?

Resposta

Sua pergunta mostra um fenômeno importante: as crianças não são todas iguais. Com base em nossa experiência, é fácil nos sentirmos bem como pais ou ter empatia por nossos filhos quando o comportamento deles satisfaz nossas expectativas e diretrizes, como aparentemente ocorre com seus dois filhos mais velhos. Porém, quando o comportamento das crianças não é o que desejamos, freqüentemente temos problemas para saber como reagir e o que fazer. Sugerimos que você comece se questionando se as estratégias escolhidas até agora foram benéficas. Parece que não. Isso sugere que, caso seu filho mais novo deva se tornar mais cooperativo, você é que vai ter que modificar, pelo menos até certo ponto, o que anda fazendo. Embora sua abordagem tenha funcionado com seus filhos mais velhos, ela não foi construtiva com seu filho mais novo. É óbvio que, atualmente, ele sente seus pedidos como imposições sobre sua vida; daí o fato de achar que "vocês estão sempre pegando no meu pé".

Para começar a mudar um roteiro de criação, entenda por que seu caçula é menos cooperativo que os seus outros dois filhos. Uma possível explicação pode estar no temperamento básico dele. Por exemplo, enquanto algumas crianças acham muito fácil seguir instruções e concluir tarefas, outras não. Em muitos casos, quando as crianças lutam, não é porque não querem fazer o que lhes é solicitado, mas porque lhes falta uma habilidade essencial para isso. Quando os pais não apreciam esse fato, geralmente eles começam a culpar seus filhos. Assumimos que, para nosso filho limpar seu quarto, guardar os brinquedos e se lembrar de colocar a bicicleta para dentro, basta simplesmente ele "querer fazer ou se preocupar o suficiente com isso". Em resposta a uma reação que desafia essa suposição, reagimos furiosa ou punitivamente.

Em vez disso, você pode desejar se sentar com seu filho, apresentar suas expectativas e, então, perguntar o que ele acha que o ajudaria a se lembrar de cumprir suas tarefas, acrescentando que você quer evitar parecer estar pegando no pé dele o tempo todo. Quando perguntamos às crianças o que elas acham que ajudaria, algumas oferecem soluções de imediato, enquanto outras podem dizer: "Eu não sei". Na verdade, elas podem não saber ou podem precisar de mais tempo para pensar. Se seu filho fornecer algumas possíveis soluções, ele terá definido a base para o diálogo. Agora, se não fizer isso, você pode responder de alguns modos, tais como: "Está bem, juntos podemos descobrir o que o ajudará" ou "Está bem, vamos reservar um dia ou dois para pensar nisso" (a menos que a situação esteja na categoria de uma emergência, essa segunda resposta dá às crianças uma chance para que reflitam sobre uma solução sem a pressão de ter que fornecer uma resposta imediata).

Você pode reservar um tempo para discutir o assunto. Se no momento específico seu filho ainda não puder propor uma solução, adote uma posição empática e diga: "Nem sempre é fácil descobrir como se lembrar das coisas" e então sugira uma ou duas soluções que estejam de acordo com o nível cognitivo e de desenvolvimento da criança (por exemplo, se ela tiver dificuldade para se lembrar das tarefas, uma lista pode ser colocada no quarto ou em algum outro lugar de fácil acesso).

Até mesmo se seu filho rejeitar essa primeira solução, a maneira como você o envolve na solução do problema em geral cria um clima mais adequado para uma conversa calma e produtiva. Também, isso pode ajudar a entender os tipos de dificuldades que seu filho tem para cumprir suas tarefas e quais estratégias poderiam resolver essas dificuldades.

Outro ponto-chave é evitar comparar seu filho mais novo com mais velhos. Muitos pais bem-intencionados dirão: "Seus irmãos/irmãs já fizeram isso. Por que você não consegue?" Embora esse comentário seja o resultado de nossa frustração, ele serve apenas para alimentar a tensão, freqüentemente incitando a criança a ser menos cooperativa e menos inclinada a trabalhar junto com você para descobrir uma solução satisfatória. O que seus dois filhos mais velhos fazem não é necessariamente útil para responder à aparente irresponsabilidade do seu caçula. Todos os seus três filhos têm temperamentos, estilos de aprendizado e habilidades organizacionais diferentes. Os estilos de seus dois filhos mais velhos parecem mais semelhantes em natureza quando comparados ao de seu filho mais novo. Porém, em vez de gastar o tempo fazendo comparações, será muito mais útil organizar o estilo do seu filho mais novo e o envolver em um processo no qual ele entenda suas expectativas e descubra o que ajudará.

Finalmente, quanto ao castigo, não acreditamos que essa seja uma técnica pedagógica muito efetiva. Certamente deve haver conseqüências naturais e lógicas para o comportamento de uma criança; e conseqüências bem claras para que ela tenha noção do que pode acontecer caso não cumpra suas tarefas. Porém, se confiarmos muito no castigo ou em abordagens punitivas, freqüentemente cairemos na armadilha de comunicar às crianças que o que elas fizeram é impróprio ou inaceitável, mas não lhes forneceremos um plano de ação que possam colocar em prática. Em essência, para as conseqüências serem efetivas, elas não devem ser severas e devem permitir que as crianças focalizem a situação do problema e modifiquem seu comportamento.

E, lembre-se, as crianças não devem ser castigadas por não cumprirem tarefas que estão além de sua capacidade. Ninguém castiga uma criança por ler mal se ela tem inaptidão para a leitura. Semelhantemente, o castigo pode não ser uma intervenção efetiva para seu filho se a capacidade dele de planejar, organizar e manter o esforço para concluir as tarefas é insuficiente. De acordo com seu relato, escutar não é o problema; a falta de obediência de seu filho pode ser, na realidade, o resultado de uma deficiência de habilidade específica. Se você não entender essa fraqueza, provavelmente não conseguirá ajudar seu filho e reproduzirá os roteiros negativos repetidos que, de acordo com seus comentários, provou estar frustrando todo mundo.

Para resumir, veja se você consegue identificar a natureza das dificuldades de seu filho (às vezes, uma avaliação executada por um psicólogo qualificado ou pedagogo infantil que lide com estilo de aprendizagem seja o mais indicado). E tente engajá-lo na articulação dos passos que podem ser dados para ajudá-lo a se lembrar das tarefas e quais as conseqüências que ocorrerão se ele não as cumprir.

PERGUNTA

Outro dia, acho que tive uma reação excessiva com minha filha de 11 anos. Ela mentiu para nós, dizendo que iria para a casa de uma amiga para estudar. Descobrimos, logo depois, que ela e a amiga, como também algumas outras crianças, passaram a tarde no shopping. Ela sabe que não permitimos que vá ao shopping sozinha. Ao chegar em casa, nós estávamos tão chateados com a decepção que ela nos causou que lhe dissemos que não poderíamos mais confiar nela. Nós a deixamos de castigo, sem sair de casa, durante os próximos três meses. Depois, meu marido e eu sentimos que tinha sido um castigo severo demais. Quando isso acontece, podemos voltar atrás e tirar uma criança do castigo ou ela encarará nossa atitude como se estivéssemos "cedendo", e daí poderá repetir o mesmo mau comportamento no futuro?

Resposta

Muitos pais experimentaram a situação que você descreve. Às vezes, em nossos workshops, eles riem das conseqüências severas ou arbitrárias que definiram, conseqüências que, na realidade, parecem ter pouco fundamento. Um deles disse jocosamente: "Eu fiquei tão bravo com meu filho de 9 anos, que o mandei ficar de castigo até a faculdade e talvez além disso". Então ele acrescentou, rindo de si mesmo: "Esse certamente será um castigo fácil de monitorar". Apesar de sua pergunta estar relacionada ao tópico de disciplina que discutiremos com mais detalhes no Capítulo 11, ela também tem ligação com o tema da mudança de roteiros negativos.

Primeiro, queremos deixar bem claro que deveria haver conseqüências, sim, para o comportamento de sua filha. Ela os enganou indo até o shopping sem permissão, e a raiva e a decepção de vocês quanto às ações dela é bastante compreensível. Apresentar uma conseqüência que seja razoável e adequada ao "delito", como ficar de castigo, sem sair de casa com as amigas no final de semana seguinte, faz sentido. Também, as conseqüências devem fazer parte de uma conversa (não de um sermão) relacionada à confiança. Porém, o que nós descobrimos é que quanto mais bravos estamos com nossos filhos, mais provavelmente imporemos conseqüências rígidas que servirão apenas para aumentar o ressentimento e não o aprendizado (o propósito da disciplina é ensinar, não alimentar ressentimentos). Depois que esfriamos a cabeça, podemos perceber que a conseqüência não se ajustou ao "crime" e merece, então, ser modificada.

Além disso, alguns pais assumem que, depois de aplicar um castigo, mudá-lo equivale a ceder ou talvez a mimar seus filhos. Eles acreditam que, se retirarem as conseqüências inicialmente impostas, mesmo sendo sábio fazê-lo, quando tais conseqüências são arbitrárias e severas demais, seus filhos acharão que podem burlar a responsabilidade e daí voltar a manipular facilmente seus pais. Muitos assumem, então, que, se eles "voltarem atrás", essa atitude será interpretada como um sinal de fraqueza por seus filhos. Há alguma verdade nessa preocupação se os pais constantemente mudarem suas conseqüências iniciais. Essa inconsistência pode ser interpretada pelas crianças de muitas formas que prejudicam os esforços efetivos que vocês fazem como pais. As crianças podem perceber a modificação constante das conseqüências definidas como uma forma de incerteza, como um afrouxamento, ou até mesmo como uma expressão de insinceridade. Aliás, em termos de insinceridade, os pais não se sentiriam desse modo em relação a seus filhos se eles constantemente dissessem: "Desculpem, estamos arrependidos", somente para repetir o mesmo comportamento inúmeras vezes?

Se percebermos, como pais, que nosso roteiro envolve conseqüências severas demais, não há nada errado em dizer a nossas crianças sobre o que nós pensamos a respeito dos castigos. Devemos dizer também que percebemos que, por causa de nossa raiva e decepção, tais castigos precisam ser modificados, mas que ainda assim haverá uma conseqüência para o que elas fizeram de errado. Essa abordagem somente será efetiva se tivermos cuidado, no futuro, de aplicar conseqüências mais razoáveis, menos arbitrárias, de forma a demonstrar que aprendemos com nossos erros passados. Nossa flexibilidade pode servir como um importante modelo para nossos filhos, ajudando-os a ser mais reflexivos e menos rígidos. Se agirmos desse modo e usarmos a situação para discutir com nossos filhos por que eles sentiram a necessidade de nos enganar e o que pode ser feito de maneira diferente no futuro, então, a mudança de nosso roteiro não será vista como um "amolecimento". Como dizemos freqüentemente, se quisermos que nossos filhos mudem certos comportamentos indesejáveis, então temos que ter a coragem para dar os primeiros passos e também mudar.

Se quisermos que nossos filhos mudem certos comportamentos indesejáveis, então temos que ter a coragem para dar os primeiros passos e também mudar.

PERGUNTA

Eu ouvi um especialista em crianças dizer que os problemas com os pais modernos é que eles não sabem como definir ou seguir regras e limites. Ele disse que alguns pais cedem imediatamente quando seus filhos discutem ou gritam com eles. E ainda declarou que muitos pais logo cedem quando seus filhos os acusam de serem maus. Eles podem manter refém o amor de seus pais. Porém, vocês falaram que, se algo não está funcionando, os pais geralmente devem assumir a responsabilidade de fazer as primeiras mudanças em sua abordagem. Vocês percebem como esses tipos de conselho podem ser confusos? Esses dois, por exemplo, parecem dizer coisas opostas, não?

Resposta

Os especialistas certamente podem confundir, sim, embora, nesse exemplo, achamos que é possível unir as duas visões aparentemente contrárias. Sua pergunta não apenas toca na questão da mudança de roteiros negativos, mas também na questão da área disciplinar. Quando regras e limites são definidos, é importante segui-los consistentemente.

Você não deveria ser importunado por seus filhos ou virar refém deles quando esses estão infelizes ou transtornados com suas decisões. Como pais, devemos evitar o roteiro negativo de ceder ante nossas crianças quando elas desafiam expectativas e conseqüências razoáveis. Se consentirmos com suas demandas, elas não desenvolverão uma mentalidade confiante e segura; ao contrário, é bem provável que se tornem mais egocêntricas e menos responsáveis.

Porém, ser consistente não significa ser rígido ou inflexível ou continuar a recorrer a regras e a práticas disciplinares ineficazes. Quando uma situação tensa sobre limites e conseqüências persiste por muito tempo, quando as crianças nos enxergam como "pegadores no pé", "profissionais dos sermões" ou como injustos, e nossas palavras começam a entrar em orelhas surdas ou enfurecidas, quando o ressentimento, em lugar do aprendizado, penetra na atmosfera da casa, então mudar nosso comportamento ou roteiro existente há muito tempo não significa mimar os filhos, não.

Ser consistente não significa ser rígido ou inflexível ou continuar a recorrer a regras e a práticas disciplinares ineficazes.

Infelizmente, a mudança de regras ou limites predefinidos é vista por alguns como uma indicação de que os pais são "molengas" e abandonaram seus deveres paternos. Os pais devem manter sua responsabilidade de estabelecer regras claramente definidas e não-negociáveis em casa, especialmente aquelas relacionadas à segurança. Agora, as regras devem ser alteradas quando elas se tornam parte de um roteiro negativo ineficaz. Aí, então, devem ser substituídas por um novo conjunto de regras guiadas com o objetivo de diminuir a raiva e o ressentimento, aprimorando seu relacionamento com seus filhos e encorajando-os a mudar o comportamento deles porque você está disposto a mudar o seu. Nós somente corremos o risco de mimar nossas crianças quando anulamos as expectativas e permitimos que elas façam tudo aquilo que têm vontade.

Basicamente, se reconhecemos que certas práticas disciplinares não estão funcionando, precisamos ter coragem para mudá-las. As mudanças que acontecem devem ser as que ensinam nossas crianças a ser indivíduos preocupados, generosos e responsáveis, capazes de assumir um maior senso de responsabilidade por seu próprio comportamento. Mudar os roteiros negativos não significa abdicar de nossa responsabilidade como pais. Nós apenas abdicamos de tal responsabilidade quando não estabelecemos regras e expectativas porque não queremos que nossas crianças fiquem bravas conosco ou se queremos evitar a constante chateação delas. Ser flexível e realista não significa ser fraco.

Um pensamento final que pode parecer bastante óbvio, mas que muitos pais experimentam: se você se pegar modificando quase todas as regras e expectativas que você estabeleceu, então é importante considerar se suas decisões iniciais precisam de mais reflexão antes de ser postas em prática. Alguns pais criam regras principalmente quando estão bravos ou frustrados. No calor do momento, tais regras têm mais chances de serem arbitrárias e severas. Decisões importantes sobre limites e expectativas são mais adequadas quando a pessoa está tranqüila. Sabemos que é mais fácil falar do que fazer, mas definitivamente vale o esforço.

PERGUNTA

Eu não quero ser rígido como pai. Eu sei que minha filha de 15 anos e meu filho de 13 anos me acusam de pegar no pé deles, mas eu descobri que, se faço isso com freqüência suficiente, eles logo procuram fazer o que mandei, como arrumar seus quartos. Quando eles me obedecem, o roteiro negativo está, então, se transformando em um roteiro positivo, não está? Eles não aprenderam um modo mais positivo de fazer as coisas, aprenderam? Assim, acho que o meu modo é que é o certo. Porém, minha esposa disse que, embora eles estejam fazendo o que eu lhes pedi que fizessem, de fato, há mais tensão na casa, e eles não querem ficar muito comigo. Sempre digo que a maioria dos adolescentes não quer ficar muito grudado com os pais, mesmo. E aí, minha esposa e eu brigamos sempre para saber quem está certo. O que vocês acham?

Resposta

Primeiro, vamos examinar sua meta. Se a meta é conseguir que eles façam o que você pede, na hora em que pede, então, talvez "pegar no pé" constantemente seja efetivo para alcançar tal meta. (Apenas uma pequena advertência: depois de um tempo de "pegação no pé" constante, freqüentemente as crianças se recusam a fazer o que nós queremos que elas façam.) Porém, se sua meta for ajudar seus filhos a aprender a fazer essas coisas de uma maneira natural, sem que seja preciso insistir para que eles as façam, então achamos que confiar na "pegação no pé" persistente esteja se transformando em um roteiro negativo em vez de em um roteiro positivo. Você até consegue que seus filhos façam o que você quer, mas a um preço que pode se mostrar mais caro do que você imagina.

Sem querer soar muito técnico, seu comportamento atual é classificado como o que chamamos de reforço negativo. Vamos explicar. Quando as crianças fazem algo positivo, e você as recompensa, há a probabilidade de fazerem isso novamente, contanto que elas tenham controle sobre seu comportamento. Em contraste, quando fazem algo negativo e você as castiga, há a probabilidade de *não* fazerem isso novamente, contanto que elas tenham controle sobre o comportamento em questão. Em ambos os casos, esses pais esperam que seus filhos ajam, para só depois, então, responderem com uma conseqüência desejada ou indesejada. Porém, isso não é o que está acontecendo entre seus dois filhos e você. O que acontece aqui é o reforço negativo. Como resultado por seus filhos não fazerem o que você quer que eles façam, você "pega no pé" dos dois. Eles concluem a tarefa não porque de repente desenvolveram um desejo de ser responsáveis, mas porque eles aprenderam que é o modo mais rápido de você os deixar em paz. Quando a tarefa é concluída, eles se sentem aliviados de sua atenção aversiva. Assim, eles estão trabalhando para obter o alívio de algo que é negativo — a sua "pegação no pé".

Infelizmente, esse modelo é sedutor, pois parece ser efetivo. Porém, se a meta for aumentar o comportamento independente e responsável, tal linha é ineficaz e, na realidade, faz coisas piores. No dia ou semana seguinte, seus filhos não demonstrarão um comportamento responsável até que você, mais uma vez, preste atenção a eles de um modo aversivo.

Não acreditamos que o reforço negativo seja uma solução efetiva em longo prazo. Em vez disso, sugerimos que os pais se sentem com os adolescentes e desenvolvam um plano para que eles entendam o que é esperado deles e quais serão as conseqüências, boas e ruins, que ocorrerão baseadas em seu comportamento. Então, tais conseqüências devem ser aplicadas impassível e constantemente.

Sua pergunta levanta outro ponto importante. Com esse comportamento, seus filhos acharão que estar com você é uma experiência aversiva mesmo quando eles não estiverem em dificuldades. Há uma grande tensão em sua casa, certo? Você deseja continuar a pagar esse preço? Achamos, então, que essa não é uma questão de quem está certo ou errado, mas, sim, de meta desejada e resultado. Você certamente pode continuar com esse comportamento se sua única meta é ter o quarto arrumado. Mas, se sua meta é ajudar seus filhos a desenvolver responsabilidade, manter uma boa comunicação e uma relação positiva com você, é pouco provável que seu curso atual de comportamento ajude esse intento. Nós acreditamos que um novo roteiro é o indicado.

PERGUNTA

Eu sinto que fiz minha parte para mudar os roteiros negativos com meus dois filhos que têm 7 e 10 anos. Eu lhes demonstro mais afeto, passo mais tempo com eles e os ajudo com a lição de casa. Mas eles continuam a se recusar quando lhes peço que ajudem. Eles continuam exigentes quando entramos em uma loja. Meu filho de 7 anos ainda tem ataques de fúria se eu não lhe compro algo na hora. Acho que eu mudei meu roteiro. Quando posso esperar que meus filhos mudem o deles?

Resposta

Muitos pais se frustram quando mudam seu comportamento, mas seus filhos não respondem imediatamente. A mudança com freqüência leva tempo, ainda mais se um padrão atual de comportamento foi relativamente fortificado. Também há exemplos de quando as mudanças que fazemos como pais não resultam em mudanças nos comportamentos de nossos filhos. Por exemplo, algumas crianças, por causa de seu temperamento, habilidades ou aptidões, podem requerer mais tempo para responder ou podem precisar de abordagens diferentes por parte dos pais.

A mudança com freqüência leva tempo, ainda mais se um padrão atual de comportamento foi relativamente fortificado.

É óbvio que você é dedicada a seus filhos e tentou lhes mostrar seu amor e preocupação por meio de afeto e da ajuda com as atividades escolares. Porém, essas ações sozinhas não vão resultar em filhos mais respeitosos nem os vão impedir de ter ataques de fúria. Definitivamente, continue demonstrando seu amor, mas também repare como reage quando eles falam com você. Você cede logo ante as demandas deles? Você reage gritando? Ou é firme com eles, explicando-lhes que os membros da família não falam um com o outro daquele modo, e mais, se eles agirem assim, não apenas não obterão o que querem, mas também haverá conseqüências (como, por exemplo, perda de privilégios)? Nós deveríamos enfatizar que, se uma atmosfera positiva de amor existir, é mais fácil definir limites para nossos filhos.

Você também mencionou que seus filhos são muito exigentes quando você entra em uma loja. Esse tipo de comportamento necessariamente não cessará se você lhes disser um minuto antes de entrar na loja quanto os ama. Isso soa como se você tivesse que os preparar com antecedência para aquilo que já sabe o que vai acontecer quando eles entrarem na loja. Você poderia dizer que está entrando na loja, mas não lhes comprará nada e, portanto, eles também não devem pedir nada. Freqüentemente, isso é difícil para as crianças, ainda mais para aquelas impetuosas, que se frustram mais facilmente. Se esse é o caso, e você sente que seus filhos não poderão controlar a frustração, talvez seja melhor não os levar às compras por um tempo. Outra abordagem é falar que eles podem escolher um entre três artigos designados, mas que não podem pedir qualquer outra coisa. Muitas crianças respondem positivamente a esse tipo de escolha.

O ponto importante é entender que mudar seu roteiro em áreas específicas, como demonstrar mais afeto ou ser mais tolerante com certos comportamentos, não significa que seus filhos alterarão todos os roteiros negativos deles. Você também talvez deva mudar seu roteiro em outras áreas, como ser mais explícita sobre comportamentos aceitáveis e inaceitáveis e levar até o fim as conseqüências determinadas. Nossa experiência indica que, à medida que os pais se concentram em mudar suas abordagens em duas ou três áreas importantes, as crianças se sentem mais inclinadas a modificar os comportamentos delas.

PERGUNTA

Eu fico tão brava comigo mesma por sempre cair na velha armadilha. Sei que não deveria fazer perguntas ou dizer coisas que levarão a discussões com meus filhos, mas faço isso sempre. Outro dia, disse a mim mesma que, quando meu filho de 8 anos chegasse da escola, eu não o lembraria da lição de casa. Porém, depois de 45 minutos que ele estava em casa jogando videogame, acabei perguntando se ele já tinha feito a lição, e ele respondeu que era só com isso que eu me preocupava. Por que continuo agindo assim? Eu sabia que essa questão somente deixaria o clima ainda mais tenso entre nós.

Resposta

Quase todos os pais dizem e fazem coisas que eles podem prever que aumentarão a tensão em casa. Obviamente, o propósito deles é não criar mais atrito e raiva. Em nossos workshops, muitos pais nos perguntam: "Por que continuamos a repetir algo que sabemos que é ineficaz e, de fato, intensifica as brigas com nossas crianças?" Há várias razões para esse aparente paradoxo, incluindo nossos sentimentos de frustração por nossos filhos não cumprirem o que enxergamos como responsabilidades deles, nosso próprio senso de decepção e desamparo e nossa convicção de que dizer algo mais de uma vez finalmente "sedimentará" isso na cabeça de nossos filhos.

Concordamos que você não deveria ter lembrado seu filho sobre a lição de casa. Essa abordagem não apenas tem sido malsucedida, mas age contra o desenvolvimento da responsabilidade e de uma mentalidade confiante e segura em seu filho. Se você continuar seguindo o mesmo roteiro, não será surpreendente se você nos escrever daqui a 5 anos dizendo: "Eu ainda o estou lembrando da lição de casa. Por que ele não se lembra disso sozinho? Por que não consigo deixar de agir assim?"

Então, qual é a sua responsabilidade? Qual deveria ser seu novo roteiro? Acreditamos que é ajudar seu filho a definir um sistema no qual a lição de casa seja concluída sem o seu lembrete. Não deixe sua atenção desviar pelo comentário do seu filho de que você só se preocupa com a lição de casa. Em vez disso, sugerimos que você responda que a lição de casa é importante para ajudar o aprendizado e que você não quer mais falar sobre isso. Enfatize que é importante vocês dois desenvolverem um plano que o ajudará a cumprir as responsabilidades dele com seus deveres escolares. Depois que vocês tiverem esse plano, certifiquem-se de que têm um plano B ou toda a abordagem não funcionará. Quanto mais você puder inverter a responsabilidade para seu filho, menos provavelmente você continuará a se preocupar com comportamentos que comprometem sua relação com ele.

Queremos mencionar também um outro fator que deveria ser considerado nesse assunto, embora possa não se aplicar à sua situação. Algumas crianças têm problemas de aprendizagem não-diagnosticados e se frustram facilmente pelas demandas da lição de casa. Um dos modos de expressar sua frustração é evitando a tarefa. Sempre aconselhamos os pais cujos filhos se esquecem de fazer a lição de casa ou se queixam dela a se certificarem de que outras questões não estão presentes, como a existência de uma inaptidão de aprendizagem. Porém, mesmo se seu filho tiver problemas de inaptidão de aprendizagem, você ainda pode ajudá-lo a assumir responsabilidade quanto à sua lição.

Sempre aconselhamos os pais cujos filhos se esquecem de fazer a lição de casa ou se queixam dela a se certificarem de que outras questões não estão presentes, como a existência de uma inaptidão de aprendizagem.

PERGUNTA

Eu acho que estou gritando cada vez mais com meus filhos. Outro dia, meus dois filhos, de 11 e 14 anos, estavam correndo em uma loja e um deles quase derrubou uma mercadoria. Eu comecei a gritar e logo pude ver quanto eles ficaram chateados. Eu odiava quando meu pai gritava comigo, e agora estou fazendo a mesma coisa com meus filhos. Como é possível acabar com esse padrão?

Resposta

Você pode não perceber, mas já deu o primeiro passo para mudar esse padrão. *Reconhecer* que estamos nos comportando de um modo específico e *querer mudar* tal comportamento que "aprendemos" com nossos próprios pais são os dois primeiros passos para a mudança. Algumas pessoas nos perguntam: "Todos não reconhecem o que estão fazendo? Não é óbvio?" Na realidade, o que pode parecer óbvio para um observador pode não ser óbvio às pessoas engajadas no comportamento. Por exemplo, conhecemos pais que gritam com seus filhos da mesma forma que seus pais gritavam com eles. Alguns não vêem a conexão. Outros não pensam na frustração que sentiam quando eram crianças e seus pais viviam gritando com eles. Ainda outros argumentam que, apesar dos gritos de seus pais, eles cresceram bem e, sendo assim, não há nada errado em gritar com seus filhos.

É óbvio que você está atenta à conexão entre nossa resposta e como seu pai a tratava — e não deseja continuar esse ciclo. Para continuar sua luta para mudar esse roteiro negativo, você pode desejar fazer a si mesma as seguintes perguntas: (a) Quais comportamentos dos meus filhos me deixam brava e por que eles me deixam assim? (b) Quais comportamentos precisam ser tratados e o que pode ser ignorado? (c) O que eu posso fazer para me acalmar antes de responder para meus filhos? (Isso é especialmente importante, pois nos incita a considerar novas maneiras de lidar com a tensão que estamos sentindo.) (d) Quais são alguns outros modos por meio dos quais eu posso expressar minha raiva ou desapontamento sem gritar? (Eis algo relacionado à pergunta anterior.) (e) O que eu quero que meus filhos aprendam com suas interações comigo? (f) Como eu descreveria meu pai, como eu gostaria que meus filhos me descrevessem? O modo como eu gostaria que eles me descrevessem é o modo como eles, de fato, me descreveriam?

Tal qual enfatizamos, mudar os roteiros existentes em nossa bagagem de excessos do passado não é uma tarefa fácil. Porém, quanto mais pudermos refletir sobre as perguntas levantadas e quanto mais pudermos considerar modos alternativos de responder, mais chances teremos de criar relações mais amorosas com nossos filhos.

PERGUNTA

Eu tenho uma filha de 13 anos e ela é bem parecida comigo — é teimosa. Nós entramos em lutas de poder. Eu quero mudar esse roteiro. Quero que ela saiba que eu a amo. Se digo que a amo, ela simplesmente diz: "Está certo, pai. Então por que não demonstra isso?" Eu lhe falei como seria bom se nós dois pudéssemos passar algum tempo juntos. Ela disse: "Então, vamos ao lixão da cidade todas as manhãs de sábado procurar material para levar a uma usina de reciclagem". Fiquei surpreso e disse: "Ao lixão?!" Ao que ela logo respondeu: "Eu sabia que você não iria querer fazer isso comigo." E já começamos uma discussão. Como eu poderia ter mudado esse roteiro?

Resposta

Nós aplaudimos seus esforços para mudar o jeito como você está respondendo à sua filha. Considerando que a descreveu como "teimosa", podemos prever que tentar fazer essas mudanças não será fácil, mas percebemos que você está motivado a fazer, dado seu desejo de uma relação mais íntima com ela. Desejamos que, quando as crianças vêem os esforços que os pais estão fazendo para melhorar as relações familiares, elas digam: "Ei, como meus pais estão tentando melhorar a relação deles comigo, eu vou fazer o mesmo".

Infelizmente, pelo menos no início, em geral esse não é o caso. Quando os pais modificam seus roteiros, muitas crianças "testam" para ver se essa mudança foi para valer e acabam se tornando menos cooperativas e mais provocativas ainda. Algumas simplesmente não sabem como responder a um novo roteiro e precisam de tempo para se ajustar a ele. É óbvio que a resposta de sua filha à sua mudança no comportamento é se tornar desafiadora. Podemos adivinhar que, dado o estilo de sua filha, você quase podia prever que ela não diria: "Obrigada, pai, por dizer que me ama e que quer passar mais tempo comigo. Isso mostra quanto eu significo para você. Em agradecimento, agirei da mesma maneira, está bem?"

Freqüentemente, pedimos que os pais considerem as possíveis respostas de seus filhos à sua mudança de roteiros. Cenários diferentes são discutidos, e, para cada um deles, sugerimos que os pais pensem sobre como eles poderiam responder para reforçar uma relação positiva. Vamos ver o que você poderia ter dito para sua filha quando lhe falou que a amava e ela respondeu: "Está certo, pai. Então por que não demonstra isso?" Uma possível resposta seria: "Acho que não estou demonstrando meu amor do jeito certo, mas realmente quero fazer isso. Você tem alguma sugestão?" Se sua filha dissesse que não tinha nenhuma sugestão, você poderia transformar isso em uma atividade de resolução de problemas dizendo: "Talvez nós dois possamos pensar mais sobre essa questão, o que acha?"

Quando sua filha mencionou passar um tempo junto com você indo para o lixão da cidade, você poderia ter dito: "Ótimo. É importante reciclar, e eu sei que esse gesto pode ser de grande ajuda." Você poderia até acrescentar: "Depois que formos ao lixão, se você quiser, podemos tomar um lanche". Se estiver preparado para ver sua filha seguindo o roteiro negativo dela durante algum tempo, então você estará mais bem equipado para não recorrer ao seu roteiro negativo quando ela usar aquele que está acostumada. Nós, às vezes, dizemos aos pais: "Se seus filhos estão deixando vocês loucos, deixe-os um pouco loucos também. Mude o roteiro. Não faça o que eles esperam. Isso os desequilibrará."

Lembre-se de que uma de suas metas principais é criar uma relação mais amorosa, menos tensa com sua filha. Você deu alguns passos importantes nessa direção. Quando ela tentar tirá-lo do curso e lançá-lo no antigo caminho negativo bastante conhecido, lembre-se para onde o novo e positivo caminho o levará. Essa imagem o ajudará a fortalecer seu novo roteiro. Nossa experiência indica que, quando os pais insistem em construir esse novo caminho, seus filhos os seguirão. Boa sorte e divirta-se no lixão.

5

O Amor dos Pais

Quando as Crianças Se Sentem Especiais e Valorizadas

PERGUNTA

Eu sei que é importante a crianças se sentir amada. De que modo esse sentimento contribui para o desenvolvimento de uma mentalidade resiliente? Essa pode parecer uma pergunta tola, mas o que os pais podem fazer para ajudar uma criança a se sentir verdadeiramente amada? Acho que estou perguntando isso porque meus pais freqüentemente me diziam que me amavam, mas eu me pergunto se eles me amavam de verdade, especialmente porque os dois estavam sempre tão ocupados com suas próprias vidas que pareciam passar pouco tempo comigo.

Resposta

Sua pergunta não é nada tola. É verdade que isso é muito importante, especialmente porque lhe foi dito que era amado. Porém, você sentia que as ações de seus pais não correspondiam às palavras deles. Sentir-se amadas pelos pais e por outros adultos significantes dá às crianças a força para enfrentar os desafios diários e desenvolver uma mentalidade resiliente. Amor e apoio são os ingredientes essenciais para ajudá-las a se sentirem seguras, confiantes e bem à vontade para administrar a tensão e a pressão que fazem parte natural do crescimento. Um pai que se sentia muito desamado quando criança contou sua experiência compartilhando conosco a seguinte imagem: "Eu sempre sentia como se nós vivêssemos em um barco que poderia afundar a qualquer momento, e, se eu caísse no mar, meus pais nem mesmo notariam a minha ausência. Na verdade, eu tinha um sonho em que eles me viam caindo e continuavam a remar enquanto eu simplesmente me afogava."

Nós sabemos que o amor é vital e foi conceituado de modos diferentes por diferentes pessoas. O amor não é nem um produto nem um processo. O amor não é o ponto final de nossas interações com nossos filhos, mas, sim, as interações diárias que temos com eles; interações essas que os ajudam a se sentirem especiais, confiantes e valorizados. Quando oferecemos empatia, comunicação efetiva, respostas às suas necessidades emocionais e lhes proporcionamos ambientes confortáveis e seguros, aumentamos a confiança por meio do processo do amor. Quando proporcionamos disciplina consistente e apropriada e lhes ensinamos a controlar as adversidades e a desenvolver responsabilidade, demonstramos nosso amor por eles. Quando os encorajamos a correr riscos calculados e eles estão dispostos a fazer assim porque sabem que estamos ao lado seu, nós ajudamos a nutrir um senso de coragem e otimismo.

O amor não é o ponto final de nossas interações com nossos filhos, mas, sim, as interações diárias que temos com eles; interações essas que os ajudam a se sentirem especiais, confiantes e valorizados.

Não há dúvida alguma de que quase todos os pais amam seus filhos. Entretanto, várias crianças se sentem desamadas como você ou o homem que relatou suas impressões. Freqüentemente, desejamos saber que forças são essas que operam no disparo dos sentimentos de amor que um pai e/ou mãe tem por um filho. De acordo com nossa experiência, as razões variam de uma casa para a outra. Na sua situação, parece que seus pais estavam tão ocupados com suas próprias vidas que as palavras de amor deles eram ocas, pois não eram reforçadas com momentos com você, ajudando-o a se sentir uma parte de suas vidas.

Nós também trabalhamos com muitos pais cujos sentimentos de amor estavam comprometidos porque seus filhos não satisfaziam suas expectativas. O amor era condicional. A mensagem sutil, ou nem tão sutil assim, era: "Eu o amarei, *contanto* que você faça o que eu lhe peço (ou tire notas boas ou tenha um bom desempenho em jogos esportivos)". Nosso amor não deveria ser oferecido em uma base contingente, distribuído apenas quando nossos filhos seguissem nossos padrões e expectativas.

Em nossas respostas para as perguntas a seguir, sugerimos o que os pais podem fazer para transmitir amor a seus filhos. As respostas podem parecer se classificar naquela ampla categoria do "bom senso", mas, como já aprendemos, devemos nos lembrar sempre do que é bom senso.

PERGUNTA

Sou uma mãe divorciada, que trabalha fora, com três crianças entre idades de 9 e 15 anos. Meu ex-marido vive em outra parte do país e não se relaciona mais com elas. Quando chego em casa, geralmente estou exausta. Porém, tenho esse sentimento de que, de alguma maneira, devo demonstrar amor em dobro aos três, já que sou o pai e a mãe da casa. Mas não tenho tempo nem energia para isso. Vocês defendem ajudar as crianças a desenvolver uma mentalidade confiante e segura. Isso é mais difícil em uma casa só com a mãe ou o pai, especialmente em termos do amor e atenção que uma criança recebe?

Resposta

Na maioria dos casos, pais separados enfrentam maior tensão e pressão sobre seus papéis de pais comparados a casas em que há ambos, pai e mãe. Pais separados não têm um cônjuge ou sócio para dar o tempo e o apoio que todos nós requeremos como pais. Quando o homem e a mulher estão presentes, é mais fácil um deles ter um intervalo quando se sente cansado, pois o outro logo estará disponível para cuidar das crianças. Agora, quando um homem ou uma mulher estiver envolvido em uma luta de poder com um filho, ele ou ela poderá discutir a situação com o outro cônjuge. Se houver duas ou mais crianças na família, os pais podem se revezar com cada uma delas e, ainda, dividir as responsabilidades domésticas. Uma mãe divorciada disse em um de nossos workshops algo semelhante ao sentimento que você expressou: "Sinto que preciso ser o pai e a mãe dos meus filhos e tenho tão pouco apoio ou tempo para mim. Algumas noites, choro até dormir, sentindo que não estou fazendo nada direito." Dadas as pressões adicionais sobre uma mãe separada, pode ser mais difícil para algumas ajudarem a fortalecer uma mentalidade confiante e segura nas crianças. Porém, nós não queremos pintar um quadro muito pessimista, pois muitos pais separados fazem um trabalho notável com seus filhos, criando crianças verdadeiramente resilientes e amorosas.

Talvez uma das coisas mais importantes que você possa fazer, e nós sabemos que não será nada fácil, é ser mais realista sobre o que você pode e não pode realizar. Caso queira tentar fazer o papel de pai e mãe e demonstrar às suas crianças amor em dobro (não sabemos muito bem como alguém pode demonstrar amor em dobro), provavelmente o resultado é que você se sentirá assoberbada e exaurida. Suas crianças precisam se sentir amadas por você, mas será mais difícil fazer isso se continuar se sentindo exausta. Como você está muito cansada quando chega em casa, e sabendo que deve passar algum tempo com seus filhos, você terá que considerar qual o melhor modo de demonstrar seu amor e preocupação sem se sentir cansada demais física e emocionalmente.

Considerando as idades de seus filhos, acreditamos que você pode discutir com eles a questão da sua disponibilidade e também como cada um deles pode contribuir na casa. Apesar de sempre aconselharmos pais separados a terem cuidado para não delegar muitas responsabilidades a seus filhos para compensar a ausência do outro cônjuge, também acreditamos que as crianças devem ajudar (isso, é claro, é igualmente verdade em casas com dois pais). Deixe seus filhos saberem que você quer passar um tempo com eles, apesar de trabalhar o dia todo e, freqüentemente, estar sem energia para fazer isso. Discuta com eles sobre possíveis soluções e como eles poderiam ajudar. Alguns pais estabelecem um "momento especial" com cada um de seus filhos durante a semana, um tempo no qual não são atendidos telefones e a atenção dada não é dividida. Conhecemos pais separados que não trabalham nos fins de semana e usam o sábado ou o domingo para programar esses "momentos especiais" em lugar das noites durante a semana. Tendo um tempo especial definido não significa que não haverá nenhum outro momento para se estar a sós com cada um de seus filhos, mas, sim, que há um momento garantido por tais interações. Muitos pais nos falam que definir esse momento reservado conduz a menos pressão e a um ritmo menos frenético de trabalho.

Além disso, se possível, reserve um tempo para você sozinha ou com seus amigos íntimos. Todos nós precisamos de algumas horas longe das crianças, o que beneficiará a família em geral. Alguns pais separados questionam se conseguirão ter esse tempo longe de seus filhos, e afirmamos que a maioria acaba encontrando um jeito de ter alguns momentos de privacidade na semana ou no mês.

Simplesmente lembre-se de que não há nenhum modo de um pai ou mãe fazer todo o trabalho de dois. Mas você ainda pode proporcionar às suas crianças o amor que servirá como a base para a confiança e a segurança.

PERGUNTA

Com freqüência, ouço que é importante os pais amarem os seus filhos de maneira incondicional. Mas o que isso significa exatamente? Quando meus filhos fazem algo errado, eu fico bravo e desapontado com eles. Amor incondicional significa não se irritar com nada ou esconder que você está desapontado quando seus filhos fazem algo errado?

Resposta

Demonstrar amor incondicional aos nossos filhos é uma meta pela qual lutar. Isso envolve amá-los mesmo quando eles não fazem o que queremos ou quando não satisfazem nossas expectativas. A importância do amor incondicional na relação entre pais e filhos não pode ser subestimada. Quando as crianças sentem que os pais somente as amam e as aceitam se elas se superam em atividades esportivas, se são socialmente aptas, se sempre cumprem suas tarefas ou se acabam se vestindo de uma certa maneira, então essas crianças não podem se sentir seguras caso se desviem do caminho da aceitação. Como um adolescente nos falou: "Meus pais vivem falando que me amam, mas o que eles não percebem é que esse amor parece desaparecer quando eles ficam desapontados comigo ou quando eu não trago boas notas para casa".

O amor incondicional é uma das bases para pais que ajudam seus filhos a desenvolver uma mentalidade resiliente. Em um ambiente de amor incondicional, as crianças se sentem bem e seguras. Elas estão dispostas a correr riscos calculados e a cometer erros sem medo de perder a aprovação de seus pais. Também aprendem modos de resolver problemas mais facilmente, pois se sentem à vontade tentando diferentes soluções. Elas têm prazer genuíno em seus sucessos. Sentem-se verdadeiramente aceitas como são e não como seus pais poderiam querer que elas fossem.

Quando as crianças sentem que os pais somente as amam e as aceitam se elas se superam em atividades esportivas, se são socialmente aptas, se sempre cumprem suas tarefas ou se acabam se vestindo de uma certa maneira, então essas crianças não podem se sentir seguras caso se desviem do caminho da aceitação.

Amor incondicional não significa que os pais não se chateiem ou não fiquem desapontados com seus filhos nem que não os disciplinem ou os responsabilizem por suas ações. Ao contrário; o amor in condicional abraça a convicção de que, até mesmo quando os pais estão bravos, desapontados ou frustrados, eles ainda mantêm e passam sentimentos de amor. Eles não usam o amor como uma barganha para forçar seus filhos a se comportarem de um determinado modo (tais ferramentas de barganha freqüentemente são tiros que saem pela culatra). Eles não humilham ou depreciam seus filhos ou os comparam a outros, mas usam as transgressões como oportunidades para o aprendizado. Deveríamos enfatizar que, quando as crianças sentem amor incondicional, elas são menos defensivas e mais propensas a escutar e a aprender com as outras pessoas.

O amor incondicional ajuda os pais a se tornarem disciplinadores efetivos, especialmente quando a disciplina é compreendida em seu verdadeiro significado, como um processo pedagógico.

Como um dos obstáculos na estrada do amor incondicional aparece quando os pais têm expectativas irreais, enfatizamos que é importante que eles examinem as metas que determinaram para seus filhos. Conhecemos muitos pais cujas expectativas para seus filhos eram difíceis de ser atingidas. Quando as crianças não satisfazem tais expectativas, elas sentem uma ausência do amor de seus pais, mesmo não sendo essa a intenção dos pais. É provável que tal situação tenha conseqüências negativas; e a pior delas é uma ruptura na relação pais—filhos. Constantemente, os pais têm que refletir sobre suas expectativas quanto a seus filhos e se eles dizem e fazem coisas em certos momentos que transformam amor incondicional em amor condicional. Como pais, temos que nos lembrar de que o amor é o mais forte nutriente para o fortalecimento de uma mentalidade confiante e segura em nossos filhos.

Como pais, temos que nos lembrar de que o amor é o mais forte nutriente para o fortalecimento de uma mentalidade confiante e segura em nossos filhos.

PERGUNTA

Às vezes, eu me desaponto quando as notas de meus filhos ou suas realizações em outras atividades não satisfazem minhas expectativas. Eu tento evitar transmitir um sentimento de decepção para eles, mas acho que não tem como esconder algo assim. Como posso ajudá-los a definir metas e aspirações, algumas das quais eles podem até não realizar, enquanto ainda os ajudo a entender que eu os amo?

Resposta

Muitos pais fazem essa mesma pergunta. Todos compartilham metas de felicidade, sucesso e satisfação para as atividades da vida diária de seus filhos. Porém, quando nossas crianças não alcançam tais metas, temos que questionar quão realistas essas metas são e como reagir quando elas não são alcançadas. Também devemos nos lembrar de que a realização de determinadas metas envolve um processo que normalmente não acontece com um passo grande, mas por meio de muitos pequenos passos. Seriam evitadas decepções se os pais pudessem se lembrar da importância desses pequenos passos. Como você sugere na pergunta, suas crianças estão aparentemente bastante atentas quando você fica desapontada com elas, podendo muito bem experimentar uma perda de seu amor quando não satisfazem suas expectativas.

Geralmente é mais fácil dizer do que estabelecer metas realistas para nossas crianças. Muitos de nossos sentimentos e histórico de vida têm impacto sobre o que esperamos de nós mesmos e de nossos filhos. Às vezes, a bagagem de excessos de nossas próprias vidas interfere em nossas visões de nossos filhos, de maneira que não os vemos como indivíduos com seus próprios direitos. Por exemplo, muitos pais confundem aceitar seus filhos como eles são com uma desculpa para deixá-los "soltos" e não lhes ensinar responsabilidade. Queremos enfatizar que aceitar nossos filhos e apreciar suas diferenças em habilidades, temperamento e aptidões não significa baixar nossas metas ou desculpar comportamentos impróprios ou inaceitáveis. Em vez disso, entendemos esses comportamentos e ajudamos a mudá-los de uma forma que construa e não corroa o amor-próprio da criança. Assim, aceitar as capacidades de seu filho é o passo principal para manter seu amor e definir metas atingíveis.

Há quatro passos críticos para ajudá-lo, e posteriormente às suas crianças, a aprender a estabelecer metas realistas à medida que você dá carinho e amor constantemente. Seguir esses passos, o que leva tempo, pode ajudá-lo a se sentir mais tolerante e menos frustrada com seus filhos. Primeiro, é importante você conhecer cada uma das habilidades e aptidões de seus filhos na área problemática específica. No caso da escola, certifique-se de que suas crianças possuem as capacidades para ter êxito. Algumas crianças preferem deixar os adultos pensarem que elas são irresponsáveis a acreditarem que lhes faltam habilidades. Muitas têm inaptidões de aprendizagem sutis ou mesmo graves que, se não forem diagnosticadas, resultarão em fracasso escolar contínuo.

Aceitar as capacidades de seu filho é o passo principal para manter seu amor e definir metas atingíveis.

Segundo, é importante você medir sua mentalidade. O que queremos dizer com isso é para você refletir sobre o porquê de reagir de um certo modo quando suas crianças brigam ou não atingem o objetivo que você gostaria que eles atingissem. Sugerimos que, quando os pais reagem negativamente e transmitem a seus filhos que estão "desapontados" com eles, isso normalmente é o resultado de expectativas irreais ou falha no entendimento das verdadeiras capacidades da criança ou a própria auto-imagem dos pais ligada às realizações de seus filhos. Se você continuar seguindo o padrão que descreveu, sua frustração se intensificará e sua relação com seu filho ficará comprometida.

Terceiro, é importante você fazer ajustes e estabelecer metas realistas à medida que vai entendendo o que seus filhos são capazes de fazer. Focalize suas ilhas de competência e não simplesmente suas áreas de fraqueza. Cada sucesso que seus filhos experimentam construirá confiança e segurança para o próximo desafio. As crianças que se sentem aceitas e amadas têm mais facilidade para aprender com seus pais.

Finalmente, e mais importante, colabore com seus filhos. Quando as crianças vêem que seus pais estão trabalhando com elas, acabam mostrando mais disposição para reconhecer quando precisam de ajuda ou para se sentirem mais à vontade para procurar ajuda. Discordâncias entre suas metas e as dos seus filhos podem ser discutidas de uma maneira respeitosa, e, assim, um acordo poderá ser alcançado. Planos de ação para alcançar as metas podem ser determinados. Um diálogo colaborador reforça uma atitude de resolução de problemas e também passa amor e respeito. Quando os pais transmitem suas expectativas de uma maneira amorosa, encorajadora e respeitosa, geralmente as crianças são motivadas a exceder essas expectativas.

PERGUNTA

Vocês recomendam ajudar as crianças a se sentirem especiais. Porém, li um artigo de um outro especialista infantil que dizia que as crianças que se sentem especiais geralmente são mimadas e pensam que podem ter tudo. Assim, o que vocês querem dizer exatamente quando falam que as crianças devem se sentir especiais? Eu tenho certeza de que não querem "estragar" as crianças.

Resposta

Sempre tivemos curiosidade de saber como a palavra *estragar* entrou na literatura da criação de filhos. Quando uma comida está *estragada*, a única coisa que podemos fazer é jogá-la fora. O próprio termo denota um ponto final, um produto que não pode ser consertado, corrigido ou mudado. Achamos que o termo é mal aplicado e usado de forma abusiva quando diz respeito às crianças. Com certeza, algumas crianças têm tudo que querem e mais. Nesse caminho, elas raramente podem se dispor a estabelecer suas próprias metas, trabalhar para o sucesso e aprender a lidar com erros e fracassos. Em tais situações, são roubadas das crianças as oportunidades para desenvolver um verdadeiro senso de amor-próprio, confiança e competência.

Em lugar de se referir a essas crianças como *estragadas*, que tem uma conotação tão negativa, sugerimos que elas sejam vistas como crianças sem uma mentalidade resiliente por causa de suas experiências. Ao sugerirmos essa mudança de significado, não estamos nos ocupando simplesmente de um jogo de palavras, mas, sim, tentando definir a mentalidade atual dessas crianças. Elas podem vir a acreditar que tudo é fácil e que seus desejos são bem-sucedidos sem nenhum trabalho duro. Enquanto uma *comida estragada* pode ter que ser descartada, pois não tem como ser melhorada, é óbvio que acreditamos que as crianças que não desenvolveram uma mentalidade resiliente podem ser ajudadas a melhorar. Acreditamos que as crianças que não experimentam o senso de cumprimento que acompanha a realização das tarefas, que não trabalham por metas, que não ajudam as outras pessoas, sendo sempre ajudadas, podem ter oportunidades, sim, de passar por experiências que resultarão na experimentação da alegria que acompanha a realização dessas coisas.

Quando as crianças se sentem especiais aos olhos de seus pais e de outros adultos, elas se sentem aceitas e amadas incondicionalmente.

Sentir-se especial envolve um processo muito diferente do que muitas pessoas percebem como "estragar" ou mimar as crianças. Sentir-se especial não significa dar tudo o que as crianças querem nem que elas não devam cumprir com suas responsabilidades. Em vez disso, sentir-se especial é igual a sentir-se amado. Quando as crianças se sentem especiais aos olhos dos pais e de outros adultos, elas se sentem aceitas e amadas incondicionalmente. Elas sentem que os pais reconhecem e apreciam suas ilhas de competência. Sentem um senso básico de segurança. Uma maneira de os pais poderem reforçar esse sentimento é estabelecendo momentos regulares apenas com uma criança de cada vez. Apesar de acreditarmos nos momentos familiares, também recomendamos que os pais encontrem tempo em uma base diária ou semanal para estar sozinhos com cada um de seus filhos. Por exemplo, passar 10 minutos por noite com sua criança pequena e dizer que esse é um momento tão importante que, mesmo se o telefone tocar, você não vai atender, é um modo poderoso de comunicar aos seus filhos a importância que eles têm para você.

Sentir-se especial não tem nada a ver com ser egocêntrico ou convencido, mas ao contrário, é um componente fundamental para as crianças acreditarem que elas podem ser amadas e valorizadas. De acordo com nossa experiência, as crianças que são tratadas em uma travessa de prata com poucas expectativas para assumirem responsabilidades não são crianças que se sentem especiais. Muitas delas sentem um vazio e uma falta de realização. Elas freqüentemente se sentem desamadas ou amadas condicionalmente, e muitas são inseguras, pois não foram "testadas" e não têm certeza do que são capazes de alcançar.

PERGUNTA

Quando cresci, percebi que o modo como meus pais me demonstravam seu amor era comprando coisas para mim. Eu me lembro de que eles viajavam muito. Uma vez os dois estavam viajando quando participei de um show de talentos na 5ª série. Eles me deram um jogo qualquer antes de partirem e disseram que adorariam assistir ao show de talentos, só que não seria possível. Cheguei a pensar que talvez eles não me amassem de verdade. Eu estava sendo demasiadamente sensível ou crítico?

Resposta

Sua pergunta levanta duas questões importantes. Primeiro, como os pais lidam com os próprios sentimentos quando perdem eventos na vida de seus filhos que eles sabem que são importantes. Segundo, como as crianças se sentem e o que pensam quando seus pais perdem tais eventos. Obviamente, não conhecemos seus pais ou o que se passava em suas mentes quando eles perderam sua apresentação no show de talentos. Porém, nós nos sentimos relativamente seguros para dizer que o jogo que eles lhe deram de presente foi o equivalente a uma "proposta de paz", talvez como um modo de administrar qualquer sentimento de culpa deles. Seus pais sabiam que não poderiam comparecer a um evento que você considerava importante, e, lhe dando algo, eles esperavam transmitir que eles se preocupavam com você.

Quando os pais perdem essas ocasiões importantes aos olhos de seus filhos, sugerimos que eles sejam tão honestos quanto possível. Acreditamos que os pais devem falar às crianças que eles lamentam não estar presentes e que, no futuro, farão o possível para isso acontecer com menos freqüência. Também acreditamos que presentes não substituem a ausência dos pais.

Ao dizer isso, porém, reconhecemos que, no mundo apressado de hoje, nem sempre é possível que os pais participem de todos os eventos especiais dos filhos, mas é preciso fazer um esforço para conseguir isso. As crianças serão mais compreensivas se nossa ausência em ocasiões importantes for mais exceção do que regra. Quando os pais estão ausentes, especialmente quando em uma viagem, em lugar de dar às crianças um brinquedo ou jogo, recomendamos ligar para elas ou enviar-lhes um cartão. Talvez o evento possa ser gravado para ser visto depois. No seu caso, é difícil dizer se seus pais perderam muitos eventos importantes em sua vida. Se sim, certamente entendemos por que você se sentia desamado. Conhecemos um homem cujo pai não compareceu em muitos de seus aniversários. Ao se lembrar do fato, ele observou com lástima: "Meu pai sabia quando era meu aniversário. Como ele conseguia planejar com antecedência suas viagens de negócios, nunca entendi por que ele não conseguia planejar estar em casa no meu aniversário. Todos os presentes do mundo não substituíam sua ausência. Eu percebo quanto me ressentia com a falta dele e quanto me sentia desamado."

Não queremos ser severos demais com os pais, pois, como pais também, entendemos as muitas demandas que eles enfrentam. Porém, devemos lembrar que um dos sentimentos mais importantes para as crianças é o sentimento de ser incondicionalmente amado, e um dos meios mais poderosos para reforçarmos tal sentimento é estando disponíveis para nossos filhos e comparecendo a ocasiões especiais, seja onde for.

PERGUNTA

Eu tenho três crianças, de 9 a 14 anos de idade. Acho que as amo igualmente, mas continuo a ouvir: "Você ama mais meu irmão do que eu". E continuo a dizer: "Amo todos da mesma maneira", mas eles não parecem acreditar em mim. Há um modo de diminuir o sentimento das crianças de que você ama mais os outros irmãos?

Resposta

Quando as crianças se sentem menos amadas do que seus irmãos, é fácil minimizar essas reclamações lhes dizendo: "A rivalidade entre irmãos existe em toda família". Isso pode ser verdade, mas é importante que os pais examinem seus estilos de criação e suas percepções de cada um dos filhos. Desde que os pais vêem cada criança diferentemente e consideram algumas mais fáceis de criar do que outras, e como cada criança experimenta o amor de maneiras diferentes, os pais podem pensar que amam cada criança do mesmo jeito, mas raramente esse é o caso (há ainda aquela importante pergunta de como alguém mede o amor). Tentar convencer uma criança de que você a ama da mesma forma que ama um irmão geralmente é um exercício inútil.

Quando as crianças comunicam que elas sentem que os pais as amam menos do que seus irmãos, freqüentemente isso é uma indicação de que elas abrigam sentimentos sobre outras questões. Às vezes, essas questões se relacionam à quantidade de tempo que os pais gastam com uma criança comparada com a outra. Às vezes, elas podem ter ciúmes, sentindo que seus pais amam mais um irmão porque esse irmão é melhor aluno ou melhor atleta ou é mais sociável. Conhecemos um adolescente que era relativamente tímido e acreditava que seus pais favoreciam a irmã mais jovem, pois, segundo sua descrição, ela era uma "borboleta social". As percepções dele eram bastante precisas e os pais, eventualmente, se decepcionavam com ele.

Às vezes, os comentários sobre se sentir menos amado podem expor o sentimento de vulnerabilidade das crianças em seu relacionamento com os pais. Algumas delas, especialmente aquelas com temperamentos difíceis, logo assumem que são tratadas injustamente, a menos, claro, que seus pais estejam constantemente disponíveis para elas. E traduzem esse senso de injustiça alegando que são menos amadas do que seus irmãos.

Como pais, deveríamos concordar que não amamos cada criança da mesma maneira (seja lá o que "mesma maneira" verdadeiramente signifique). Deveríamos reconhecer que é mais fácil ser empático e mais amoroso com as crianças de temperamentos mais fáceis, menos exigentes, crianças que não respondem a todos os pedidos com um ressonante "Não!" Sugerimos que, em vez de repetir para suas crianças que as ama igualmente (o que você fez e, não surpreendentemente, elas não aceitaram), você comece valorizando seus comentários, procurando entender por que elas se sentem assim, e oferecendo-se para trabalhar com elas para lidar com qualquer situação que as tenha conduzido a essa conclusão. Assim, se seu filho diz que sente que você ama os irmãos mais do que ele, responda que está feliz por ele compartilhar seus sentimentos com você. Acrescente que você quer que todas as crianças na família se sintam amadas e quer falar com cada uma delas para entender o que ajudará nessa situação. Obviamente, um diálogo não vai mudar a mentalidade de uma criança sobre sentir-se amada, mas pode iniciar o processo.

Achamos que quando os pais refletem sobre suas ações com cada criança, quando eles valorizam a declaração de seus filhos de que um irmão é mais amado do que outro, e quando eles iniciam um diálogo sobre como as coisas podem ser mudadas, isso define a fase para as crianças se sentirem ainda mais estimadas e amadas. Também descobrimos que freqüentemente as crianças chegam a soluções sensatas e realistas sobre o que os pais podem fazer para que elas se sintam cada vez mais amadas e com menos ciúmes dos irmãos. Por exemplo, em uma família, o estabelecimento de algo que nós tipicamente defendemos, isto é, momentos especiais com cada criança, alivia de maneira significativa o problema da rivalidade entre irmãos.

PERGUNTA

Eu tenho dois filhos de 6 e 8 anos. Quando eu era menino, não me lembro dos meus pais serem muito afetuosos comigo. Quando minha mãe me beijava, sentia como se fosse uma obrigação da parte dela. O gesto mais íntimo que meu pai teve comigo foi um aperto de mão. Até mesmo as palavras de afeto eram raras. Eu me lembro de ter sonhos nos quais meus pais me abraçavam e falavam que me amavam — ainda tenho esses sonhos. Eu disse a mim mesmo que seria mais afetuoso com meus filhos, mas quando vou abraçá-los, eu me sinto tenso. Acho que eles percebem. Será que algum dia eu me sentirei mais à vontade demonstrando afeto? O que posso fazer?

Resposta

O processo de demonstrar amor aos filhos é mais desafiador quando o pai ou a mãe não recebeu amor em sua relação com os próprios pais. Como notamos anteriormente, quando as crianças crescem em uma casa na qual a expressão do amor é mínima, na qual elas raramente se sentem especiais aos olhos dos pais, nas quais elas não testemunham exibições de afeto entre os pais e não são os destinatários de tal afeto, freqüentemente é difícil que elas se ocupem do processo de demonstrar amor aos seus próprios filhos. Reconhecemos que algumas pessoas podem, biologicamente, se sentir mais à vontade com os aspectos físicos das expressões de amor e afeto. No entanto, acreditamos que tendemos a criar nossos filhos do modo como fomos criados. Ter pais que se sentem bem demonstrando amor e afeto proporciona às crianças um modelo de como se relacionar com seus próprios filhos de uma maneira amorosa e afetuosa.

Em nossos workshops, alguns pais desejam saber se eles podem "superar" suas próprias experiências de infância com seus pais. Como o leitor já sabe sobre a mudança de roteiros negativos, acreditamos que você pode se sentir mais à vontade exibindo afeto mesmo se a princípio for muito incômodo. Em nossos workshops e atividades clínicas, freqüentemente pedimos para os pais que pensem em uma experiência da infância na qual os seus pais os fizeram sentir especiais, estimados e amados, como também uma experiência que os fez sentir depreciados ou desamados para eles. É importante você incorporar em suas práticas de criação essas experiências que o ajudaram a se sentir amado e especial, bem como aquelas que não contribuíram para isso. Em sua pergunta, você descreve seus pais como pouco afetuosos, mas gostaríamos de saber se houve uma ocasião em que você tenha se sentido amado e, nesse caso, o que seus pais disseram ou fizeram para lhe transmitir esse sentimento. Se você não consegue pensar em momentos nos quais seus pais comunicaram sentimentos de amor, então reflita sobre quando outros adultos fizeram isso em sua vida. Descobrimos que eventos aparentemente secundários em geral transmitem às crianças que elas são amadas e têm um forte impacto pessoal em suas vidas. Ao criar tradições e momentos especiais com seus filhos, como também ao comparecer a eventos importantes, você transmite seu amor.

Ao criar tradições e momentos especiais com seus filhos, como também ao comparecer a eventos importantes, você transmite seu amor.

Como você recebeu pouco afeto, talvez você se sinta incomodado ao expressar abertamente sentimentos amorosos a seus filhos. Porém, é óbvio que você gostaria de mudar esse padrão. Comece com passos pequenos que o ajudam a se mover lentamente para fora de sua zona de bem-estar atual. Pense sobre uma ação que você pode tomar para demonstrar afeto, uma ação com a qual você se sinta à vontade. Talvez isso envolva um abraço, ou dar as mãos enquanto esperam na fila de um cinema, ou sentando perto deles e lhes permitindo descansar em seus ombros. Lembre-se de que a mudança leva tempo não apenas para você, mas para seus filhos também. Mesmo que você se sinta mais à vontade dando um abraço em seus filhos, no início, eles podem desejar saber o que está acontecendo. Se você não os abraçou antes, eles podem não se sentir bem sendo abraçados. Dê-lhes espaço para mudar; se eles ou você se sentem incomodados com um abraço, talvez um bom começo seja colocar uma mão no ombro ou deitar ao lado de seus filhos quando você for ler histórias para eles.

De acordo com nossa experiência, expressões de amor e afeto cuidadosamente efetuadas, na maioria dos casos, se torna a norma da casa, para a satisfação e felicidade de todos os envolvidos. Se seu desconforto em exibir afeto continuar, recomendamos procurar um profissional da área da psicologia que possa ajudá-lo a obter um entendimento melhor dos obstáculos na estrada que você está enfrentando.

PERGUNTA

Outro dia, meu filho de 10 anos participou de uma apresentação musical na escola. Ele treinou com seu violão durante semanas. Eu tinha planejado assistir, mas um problema inesperado ocorreu no trabalho. Meu chefe convocou uma reunião no mesmo horário da apresentação. Eu falei para meu filho que não poderia ir, e, claro, ele ficou muito chateado. Disse que eu nunca ia às festas da escola — o que não é verdade, e eu falei isso para ele. Ainda reforcei que aquela reunião no trabalho era realmente importante. Depois, pensando melhor, acho que poderia ter lidado com meu filho de uma maneira diferente. Vocês acham que ele está sendo injusto, esperando que eu esteja presente em todos os seus eventos?

Resposta

Como respondemos em uma pergunta anterior, acreditamos que os pais devem estar presentes nos eventos importantes na vida de seus filhos o máximo de vezes possível. Porém, isso nem sempre é possível. Obviamente, se sabemos com antecedência que estaremos em uma viagem de negócios ou fora por outras razões, podemos preparar nosso filho para isso e sugerir certas soluções (como, por exemplo, gravar o evento para ser assistido depois). No seu caso, ocorreu algo inesperado e aparentemente fora de seu controle. Não ficou muito claro o que você disse ao seu filho quando lhe falou que não poderia assistir à apresentação ou se você expressou desapontamento e foi empático com a decepção dele. Às vezes, no calor de uma discussão, o que pode parecer declarações óbvias que devem ser ditas acabam negligenciadas.

Você relata que seu filho disse que você nunca vai às festas da escola, a que respondeu que não era verdade. Falando sério, você já perdeu muitas outras ocasiões como essa? Embora possa não acontecer todo o tempo, nossos filhos freqüentemente se lembram apenas das vezes que *não* cumprimos nossas promessas. Para algumas crianças, basta desapontá-las faltando uma ou duas vezes a esses eventos para anular todas as outras inúmeras ocasiões em que estivemos presentes. Em lugar de dizer imediatamente para seu filho que a declaração dele não era verdadeira, poderia ser melhor exercer a empatia com ele, reconhecendo que você sabia quanto ele ficaria chateado por você não estar lá e que isso dá mesmo a impressão de que você perde todos os eventos importantes. Escute o que ele tem a falar. Você pode dizer também que ele tem o direito de estar bravo, embora aquela reunião estivesse além de seu controle, e que você o ama e fará o possível para não perder mais festa alguma. Caso tenha um chefe compreensivo, avise-o com bastante antecedência dos dias em que você gostaria de chegar mais tarde ou sair um pouco mais cedo ou se ausentar durante algumas horas para estar na próxima apresentação do seu filho. Embora isso nem sempre seja possível, pode vir a reduzir sua ausência nos eventos importantes na vida de seus filhos.

Se quisermos que as crianças desenvolvam uma mentalidade confiante e segura, devemos ter tempo disponível para elas, particularmente em ocasiões às quais consideram especiais.

Se não estivermos presentes aos eventos importantes na vida de nossos filhos, os quais consideram especiais, então é provável que sintam que não nos preocupamos com eles. Se quisermos que as crianças desenvolvam uma mentalidade confiante e segura, devemos ter tempo disponível para elas, particularmente em ocasiões às quais consideram especiais. Isso é ainda mais verdadeiro se o tempo gasto com seus filhos é limitado pelos compromissos diários. O tempo investido em nossas crianças também paga dividendos ao tempo que elas investirão em nós quando adultos — o que nos permite ainda compartilhar um pouco mais de suas vidas.

PERGUNTA

Eu ouvi dizer em um workshop que devemos ajudar nossos filhos a aprender a lidar com os erros. Não sei se outros pais enfrentam o mesmo problema que eu, mas, quando tento mostrar os erros para meus filhos, eles encaram isso como uma crítica. Outro dia mesmo, eu disse para minha filha que, ao mencionar algo que tinha feito de errado, ela sempre achava que eu não a amava. Ela me falou que sente que eu só a amo quando ela faz tudo perfeitinho. Como os pais podem ensinar uma criança e corrigir seus erros sem que elas se sintam desabadas?

Resposta

Sua pergunta está relacionada à questão que discutimos anteriormente sobre as maneiras de disciplinar nossos filhos sem que eles vejam isso como uma perda de amor. A maioria das pessoas não gosta que alguém diga que está fazendo algo errado, mas é muito mais fácil aceitar isso quando vem de alguém que sabemos que se preocupa conosco e já fez comentários positivos antes. Quando nossos filhos sentem que somos críticos demais quanto aos seus erros e esperamos que eles sejam perfeitos, devemos refletir se essas observações têm alguma base de verdade.

Conhecemos muitos pais bem-intencionados que definiram expectativas muito altas. Quando tais expectativas não são satisfeitas, eles expressam desaprovação e decepção. Isso geralmente resulta em seus filhos acreditando que os pais apenas os amam quando eles satisfazem suas expectativas, um sinal de amor condicional. Até mesmo se as expectativas definidas pelos pais não forem irreais, caso o fracasso de uma criança dispare esses gatilhos de raiva e decepção, então a criança pode sentir que tudo o que ela faz não é suficientemente bom.

É uma pena que, nesses casos, grande parte da energia dos pais é dirigida a tentar moldar a criança para algo considerado desejável. Os pais devem ter cuidado para não começar uma conversa sempre mostrando os erros, acreditando que, assim, eles estão contribuindo para o crescimento de seus filhos. Na realidade, as crianças percebem exatamente o oposto. Muitos pais habitualmente se ocupam do processo de depreciação sem perceber, e é isso que os filhos sentem. Eles apontam o que seus filhos estão fazendo errado em lugar do que estão fazendo certo. E acabam corrigindo, e não ensinando. Se a maioria das nossas mensagens para nossos filhos seguir esse padrão, se acreditarmos que o melhor modo para ajudá-los a melhorar é mostrar os seus erros, então é provável que eles fiquem ressentidos com nossas ações. Acreditamos que é difícil as crianças desenvolverem um senso de auto-estima e confiança e se sentirem amadas se elas percebem que os pais são críticos e não as valorizam.

Sugerimos que você examine suas expectativas e observe com que freqüência usa palavras que constroem e com que freqüência suas palavras transmitem depreciação. Talvez haja momentos em que você pode ignorar certos erros e momentos em que pode oferecer um elogio que foi negligenciado no passado. O modo como oferecemos nossa avaliação faz a diferença entre sermos vistos como úteis ou críticos. Por exemplo, se seu filho concluiu uma pergunta da lição de casa e lhe pediu para revisar, em vez de reclamar que a resposta está confusa, você pode dizer: "Não tenho certeza sobre esse ponto", e então engajá-lo em uma discussão que vá ajudá-lo a tornar a resposta mais precisa. Ou, às vezes, podemos dizer: "Já sei o que quis dizer, só acho que você pode dar uma outra olhada aqui." Como sabemos, uma mudança em nossas palavras ou tom de voz fará uma grande diferença na maneira como nossos filhos experimentarão nosso comentário.

Ajudar nossas crianças a lidar mais efetivamente com os erros e ainda se sentirem amadas é uma das tarefas mais importantes da criação de crianças resilientes. Se atualmente sua filha encara a correção de seus erros como uma indicação de que você está sendo demasiadamente crítica e que não a ama, então dê os seguintes passos: (1) minimize qualquer observação que possa ser experimentada como crítica e aumente seus comentários positivos; (2) engaje-a em um diálogo sobre as possíveis maneiras de lidar com os erros; (3) compartilhe com ela os erros que você cometeu quando era jovem (contanto que não pareça um sermão); e (4) discuta expectativas realistas. Além do mais, se você se sentir bem com isso, pode até mesmo dizer: "Quando eu corrigir algo seu e você sentir que estou sendo exigente demais, ou que não a amo, me avise, pois essa não é minha intenção". Acredite, esse simples aviso será visto por sua filha como um comentário empático e valorizador, que deve minorar a tensão que atualmente existe e, ainda, deve ajudá-la a aceitar seus erros.

6

Palavras de Aceitação

Histórias para Ajudar as Crianças a Aprender a Estabelecer Metas e Expectativas Realistas

PERGUNTA

Temos três filhos, todos meninos. Eles têm 14, 11 e 9 anos. O mais velho e o mais novo são muito fáceis de criar. Se meu marido e eu lhes pedimos para fazer algo, eles estão sempre prontos a cooperar. Escutam o que dizemos e em geral parecem felizes. Nosso filho do meio é muito diferente. Às vezes, imagino se não houve uma troca de bebês na maternidade. Ele briga conosco por qualquer coisa, diz que não somos justos, tem poucos amigos — já que é muito mandão — e quase nunca sorri. Ele é tão diferente dos dois irmãos... E tem sido assim desde o nascimento. Se eles vêm do mesmo "caldo genético", como um deles pode ser tão diferente dos demais?

Resposta

Muitos pais desejam saber, jocosamente (ou talvez não tão jocosamente) se houve uma troca de bebês na maternidade, alguns até sonham que seu "filho verdadeiro" está trazendo muita felicidade e alegria para outra família. Nos anos 70, muitos pedagogos e profissionais da área da psicologia acreditavam fortemente que todas as crianças eram iguais desde o nascimento. Quando algumas tinham um comportamento diferenciado, acreditava-se que, de alguma maneira, suas experiências em casa, na escola ou na comunidade é que produziam e reforçavam tais diferenças. A visão dominante era a de que as crianças vinham ao mundo como páginas em branco. As experiências diárias das crianças com os pais e outros adultos eram, então, escritas nessas folhas em branco com uma caneta de tinta permanente e tanto podiam conduzir a personalidades agradáveis e comportamento normal quanto a problemas emocionais e comportamentais. Quando as crianças se saíam bem em suas vidas, o crédito era dado aos pais. Quando ocorria o contrário, os pais eram castigados por terem agido incorretamente. Não é surpresa que muitos pais sentiam culpa e vergonha pelo desempenho de seus filhos.

O temperamento contém as qualidades inatas que se revelam à medida que as crianças começam a interagir com o mundo.

Porém, de umas três décadas para cá, pesquisadores e profissionais começaram a aceitar o fato de que as crianças são diferentes desde o nascimento e de que há uma forte contribuição genética para o seu temperamento. O temperamento contém as qualidades inatas que se revelam à medida que as crianças começam a interagir com o mundo. Tais diferenças são comprovadas nas crianças pela maneira como elas respondem aos seus pais e ao ambiente. Por exemplo, algumas desenvolvem o autocontrole com relativa facilidade; para outras, isso pode representar uma tarefa árdua que eventualmente conduz a sérios problemas sociais, comportamentais e educacionais. Algumas crianças parecem felizes e bem-humoradas desde o nascimento e são fáceis de acalmar e agradar; em contraste, outras lutam para administrar a irritabilidade e são difíceis de confortar. Muitas encaram situações novas com alegria e entusiasmo; algumas parecem aborrecidas e estressadas. Pesquisadores notaram que essas qualidades temperamentais podem se agrupar para conduzir a padrões de comportamento considerados fáceis, lentos ou difíceis para as crianças.

Embora todas do mesmo "caldo genético" tenham mais chances de ter características semelhantes do que aquelas de um "caldo genético" diferente, até mesmo dentro da mesma família há variações significantes nos genes. Assim, é regra — e não exceção — que até mesmo irmãos biológicos experimentarão temperamentos diferentes. Porém, nem todas as crianças se ajustam nitidamente em um desses três grupos. Uma criança pode exibir características de um tipo de temperamento em algumas situações e características diferentes em outras. A lição que podemos aprender é reconhecer e aceitar que as crianças são impetuosamente diferentes desde o nascimento. A menos que estejamos atentos e respondamos de maneira adequada a essas diferenças, podemos ter dificuldades para alcançar nosso objetivo de criar uma criança confiante e segura. Se não aprendermos a apreciar essas diferenças de temperamento, acabaremos, então, definindo metas e expectativas para nossas crianças que elas não poderão cumprir, conduzindo a mais tensão, frustração e conflito.

Percebemos, de acordo com sua pergunta, que seu filho mais velho e o mais novo têm um temperamento fácil. Eles respondem de maneira constante e adequada às suas expectativas e pedidos. Tais crianças com freqüência são aptas socialmente, aprendem as regras de comportamento depressa, são fáceis de agradar e satisfazer, fazem e mantêm amizades, e, em geral, têm um bom desempenho na escola em um nível equivalente ao seu intelecto e às suas habilidades de aprendizagem. As crianças com esse padrão de temperamento geralmente fazem os pais acreditarem que o processo de criação de filhos é bastante simples. Em nossos workshops, dissemos que essas são as crianças que os pais gostariam de levar em todos os lugares, talvez com uma coleira no pescoço com seu nome, os nomes dos pais, o número de telefone da casa e um texto dizendo: "Como você pode ver pelo comportamento maravilhoso dessa criança, eu sou o pai/mãe perfeito. Não hesite em pedir conselhos." Ainda recordamos um pai que disse: "Se minha esposa e eu tivéssemos parado de ter filhos depois dos dois primeiros, teríamos pensado que éramos os pais perfeitos. E então nosso filho mais novo, Roger, veio e nós realmente percebemos que crianças da mesma familia podem ser diferentes. Criar o Roger tem sido uma luta e tanto!"

De acordo com a descrição de seu filho do meio, ele é semelhante a Roger, e provavelmente se ajusta ao perfil de temperamento difícil. Tais crianças são um desafio de criação. Em contraste com seus dois outros filhos, crianças com um padrão de temperamento difícil parecem chegar ao mundo dizendo que você está prestes a iniciar um passeio em uma montanha-russa. Crianças com esse perfil freqüentemente são mal-humoradas e intensas em suas reações diárias. Elas têm reações excessivas para muitas situações e sentem que o mundo é injusto. Muitas vezes, elas têm um baixo limite emocional e uma alta intensidade de reação. Infelizmente, os comportamentos que elas exibem em relação à tensão e à frustração, como explosões e ataques de fúria, somente levam a mais problemas sociais, familiares e educacionais. Às vezes, as crianças com esse padrão experimentam pouco prazer em suas atividades. Elas têm dificuldades com o sono e com hábitos alimentares saudáveis. E, ainda, podem ser hipersensíveis a toque ou a som.

Alguns pais perguntam: "Há esperança para meu filho com temperamento difícil?" As notícias boas são que, enquanto tais crianças apresentam muitos desafios, a biologia não é nenhum destino. Mudanças podem acontecer. Muitas crianças com temperamentos difíceis se tornam confiantes e seguras e têm uma vida adulta bem-sucedida e satisfatória. Porém, é vital que os pais reconheçam tal padrão de temperamento e, dentro do possível, se adaptem a ele. É importante você ajustar suas expectativas e fazer modificações em seu estilo de criação com seu filho do meio. Será preciso selecionar seus campos de batalha cuidadosamente para que nem toda questão se torne uma luta de poder. Até mesmo quando frustrada, você terá que achar maneiras para permanecer empática e não ter reações excessivas com ele. Uma de suas metas primárias será ajudar seu filho a desenvolver habilidades para superar esse padrão de temperamento e reação comportamental desafiadores que, como você mostra, tendem a tornar as coisas cada vez piores. Em nossas respostas a outras perguntas neste capítulo, ofereceremos conselhos específicos sobre como fazer isso da melhor maneira.

PERGUNTA

Desde muito cedo, meu filho de 8 anos se queixa do gosto de determinadas comidas. Ele limita sua dieta significativamente, alegando que certos alimentos não têm gosto bom ou "parecem engraçados" na boca. E também se queixa das etiquetas em suas roupas. Ele só usa certos estilos de camisas e meias. Quando compramos roupas novas para ele, temos que lavá-las várias vezes antes de ele sentir que elas estão "macias o bastante" para ele poder usar. Outro dia, meu marido escutou uma conversa nossa sobre várias camisas que ele ainda resistia em usar. Meu marido ficou tão bravo que disse, aos berros, que já que ele não gostava de usar roupas novas, nós passaríamos a comprar roupas para ele em brechós. Por que meu filho faz isso? Esse comportamento causará problemas em sua vida futura? Deveríamos ceder ou obrigá-lo a usar essas roupas?

Resposta

Seu filho parece ter um problema chamado sensibilidade tátil. Por razões que não são bem entendidas, tais crianças, desde o nascimento, têm várias sensações mais fortes a toque, sabor e, às vezes, odores. Por exemplo, sabemos que algumas pessoas têm muito mais habilidade para discriminar diferentes sabores e cheiros de acordo com uma pesquisa que demonstra que elas têm mais papilas gustativas em suas línguas. Pode ser que algumas crianças tenham limites muito mais baixos para discernir informações sensórias relacionadas ao toque. Outras crianças sentem as vozes de pessoas que falam com um nível de volume de voz aparentemente normal como gritos. Com freqüência, esse padrão é acompanhado por um temperamento difícil. Tais crianças podem ter comportamentos muito desafiadores, e seus problemas sensoriais causam tensão e conflito adicionais.

Uma das coisas que aconselhamos aos pais é reconhecer que tais qualidades temperamentais fazem parte da "maquiagem" biológica de seus filhos. Eles não escolheram essas qualidades, e, se você quiser manter uma boa relação com eles, deve estar atenta às qualidades únicas de cada um de seus filhos e, de uma forma bem realista, ajustar o que você diz e faz. Quando temos uma criança exigente, qualquer pedido ou atividade pode se tornar quase uma batalha. Por conseguinte, com crianças de temperamento difícil, você deve tentar seguir o antigo provérbio "escolha as batalhas que você quer lutar" e aprender a negligenciar coisas que podem ser um pouco aborrecedoras, mas que têm pouca relevância para a prosperidade de seu filho.

Por exemplo, uma mãe de um filho com sensibilidade tátil nos disse que todas as manhãs ela tinha uma discussão com o menino. Ele achava as meias muito irritantes e preferia não as usar. Ela, então, lhe dizia da importância de usar meias na escola (a escola não tinha uma regra sobre isso) e, previsivelmente, uma discussão se iniciava. Quando ela percebeu que o assunto das meias estava se tornando algo amargo na relação entre os dois, começou a refletir sobre a sua importância naquele momento da vida de seu filho. E decidiu mudar suas expectativas, dizendo ao menino que, se as meias o aborreciam tanto assim, ele não precisava mais usá-las. A princípio, segundo a mãe, ele ficou surpreso e então respondeu: "Legal você finalmente escutar o que eu tenho a dizer". Em vez de ficar na defensiva e começar uma discussão, a mãe dele simplesmente respondeu: "Todos nós precisamos de um tempo para pensar sobre as coisas". Não surpreendentemente, as manhãs se tornaram uma experiência muito mais agradável para ambos. Também, dada a atmosfera mais positiva na casa, esse filho se mostrou disposto a ir fazer compras com a mãe para procurar por meias feitas de materiais que não o irritassem.

Algumas pessoas poderiam achar que essa mãe cedeu ante ao filho, mas nós diríamos que ela estava se acomodando ao temperamento dele quanto a assuntos que não eram prioritários e ainda interferiam na relação dos dois. Na verdade, por causa da flexibilidade de sua mãe (e eventualmente de seu pai), esse menino se tornou mais cooperativo e mais predisposto a ouvir o que os pais tinham a lhe dizer. A mãe dele nos falou: "Ele está muito mais fácil de conviver e há muito menos brigas".

Queremos também enfatizar um outro ponto. Use a empatia para explicar à sua criança que algumas pessoas sentem sabores, odores e o contato de certos tecidos na pele mais intensamente do que outras. Quando você consegue reconhecer que sua criança não está se comportando dessa maneira *de propósito*, ela pode se sentir menos ameaçada e/ou na defensiva. Em resposta, pode se mostrar mais disposta a aceitar sua sugestão de que, juntos, vocês podem pensar em várias estratégias para ajudá-la a aprender a lidar com tais sensibilidades.

PERGUNTA

Desde que me lembro, sempre fui tímido. Mesmo hoje, faço muito esforço para me socializar. Era tão doloroso ser tímido quando criança, que jurei fazer todo o possível para ajudar os filhos que um dia teria a se sentirem bem em situações sociais. Minha filha é extrovertida, e tem muito mais amigos do que eu tive quando criança. Porém, meu filho se parece muito comigo. Ele não olha para os olhos das pessoas, mesmo se for uma criança de sua idade. Se alguém o cumprimenta, ele olha para baixo e até diz um "oi", mas com uma voz tão baixa e suave que fica difícil ouvi-lo. A avó dele sempre lhe diz para "falar mais alto", o mesmo que ela dizia para mim. Sinto como se ela me culpasse pelo comportamento do meu filho. Eu tento não fazer isso, mas me pego sempre falando para ele que deve aprender a dizer "oi" ou não terá nenhum amigo. Eu constantemente lhe pergunto se tentou fazer amigos na escola, especialmente porque parece que ele não tem nenhum mais próximo. Outro dia, quando lhe perguntei sobre seus colegas, ele começou a chorar e disse que eu só o fazia se sentir pior ao perguntar isso. Eu tentei lhe dizer que estava apenas tentando ajudar, mas era óbvio que não estava. O que mais posso fazer?

Resposta

Primeiro, é importante você entender o padrão de temperamento ao qual nos referimos anteriormente como lento. Como diz o nome, essas crianças exigem um tempo maior para se acostumar a novas situações, tarefas ou pessoas. Elas freqüentemente se sentem apreensivas ou incomodadas com novas situações. Não que sejam incapazes de se relacionar com alguém, mas, a maioria das vezes, elas perdem a oportunidade de fazer isso quando seu comportamento inicial comunica às outras pessoas que elas parecem desinteressadas. Esse padrão de comportamento freqüentemente leva os adultos a se referirem a tais crianças como tímidas, cautelosas ou hesitantes. Na fase pré-escolar, elas permanecem fisicamente próximas aos pais quando novas situações se apresentam. E preferem permanecer escondidas em vez de interagir com os colegas em festas ou em jogos esportivos. Como você disse, elas freqüentemente desviam o olhar quando cumprimentadas por estranhos. Para alguns, isso cria a impressão de que elas são indiferentes. Porém, na realidade, como parece evidente com seu filho, esse não é o caso. As situações sociais as deixam ansiosas. Elas querem desesperadamente ter amigos, mas parecem incapazes de superar essa sensação de apreensão.

Às vezes, as crianças com esse padrão de comportamento geralmente limitam seu comportamento e, com isso, é raro correrem riscos. Pesquisas demonstraram que elas mostram sinais de estimulação física em resposta a eventos secundários em seu próprio ambiente. Assim, uma pequena quantidade de entusiasmo ou tensão conduz a um senso excessivo de apreensão e ansiedade. A chegada de alguém à porta da frente ou entrar em uma loja nova podem não causar reação adicional alguma na maioria das crianças, contudo pode ativar a estimulação em uma criança com um temperamento lento. Parece que essas crianças constantemente estão no limite da tensão e que mesmo o mais simples ato de dizer "oi" para alguém os empurra para um senso de ansiedade e apreensão.

Se você quiser ajudar seu filho, comece a aceitar a ligação entre o estilo de temperamento dele e os problemas que demonstra. Isso o ajudará a definir metas e expectativas realistas e alcançáveis. Lembre-se, é pouco provável que seu filho mude o estilo, independentemente de quanto você o encoraje ou o force. Também, reflita sobre os padrões de comportamento que você esperava que seu filho exibisse e aqueles que ele de fato exibe. De acordo com seu relato, como você lutou com um temperamento lento quando criança, tinha esperança de que seu filho não demonstrasse os mesmos comportamentos. Considere como você respondeu para ele, algo que soa bem parecido com o que a *sua* mãe respondia para você e, na realidade, parece responder para ele como avó. Embora possa não ser fácil, fale com a sua mãe sobre como os comentários dela, apesar de bem-intencionados, estão deixando seu filho ainda mais ansioso e, assim, ele tem menos chances de interagir confortavelmente com as outras pessoas.

Faça ajustes necessários entre suas expectativas e o que seu filho pode fazer atualmente. Assim, você pode ajudá-lo a começar a estabelecer metas mais realistas e a desenvolver estratégias para ser menos tímido. Finalmente, é importante colaborar e trabalhar com seu filho. Deixe-o saber que você teve um problema semelhante quando pequeno e que muitas crianças têm a mesma dificuldade (isso ajuda a normalizar a situação e não o faz se sentir como se fosse um estranho no ninho). Compartilhe com ele algumas das estratégias que você usou para ajudá-lo. Pergunte-lhe como, algum dia, ele gostaria de reagir em situações novas ou com estranhos. É bem provável que ele responda positivamente. Então, juntos, vocês podem definir os passos para alcançar essas metas e explorar estratégias para ajudá-lo.

PERGUNTA

Eu sei que as crianças nascem com temperamentos diferentes, e que cada uma deve ser criada de maneira diferente. Assim, você não pode esperar o mesmo comportamento, as mesmas realizações ou até as mesmas reações de cada uma delas. Mas ainda acho difícil traduzir essa compreensão de temperamento em ações cotidianas. Eu tenho um menino que você descreveu como difícil. Acho que desculpo muitos dos seus comportamentos — o que não faria por nenhum dos meus outros três filhos. De fato, ele recebeu um diagnóstico de Transtorno de Déficit de Atenção e Hiperatividade (TDAH). O psicólogo explicou que isso não significava que ele queria ser difícil, mas que seu autocontrole imaturo freqüentemente o levava a reagir de modo impulsivo, irrefletido. Por exemplo, outro dia, eu lhe disse que não sairia para brincar até que terminasse a lição de casa. Logo ele respondeu que não conseguiria se concentrar na tarefa a menos que primeiro saísse para jogar. Eu decidi ceder e o deixei ir brincar. Depois de um tempo, ele voltou para casa e disse que estava muito cansado para fazer a lição de casa. Eu me chateei e gritei com meu filho, dizendo que, da próxima vez, eu não o deixaria sair antes que primeiro terminasse todo o seu dever. Às vezes, penso que estou sendo passada para trás por ele e não estou certa sobre o que eu deveria fazer diferentemente nessa situação.

Resposta

Entendemos que você foi bem-intencionada deixando seu filho sair primeiro antes de completar a lição de casa. Na realidade, nessa situação, muitas crianças, particularmente aquelas com um bom autocontrole, teriam voltado e concluído o dever, felizes por terem tido a oportunidade de brincar um pouco antes de fazer a lição. Porém, como seu filho recebeu um diagnóstico de TDAH e, de fato, está atrasado no desenvolvimento do autocontrole, deixá-lo fazer o que pede (nesse caso, sair para brincar) antes de cumprir a atividade exigida (a lição de casa) é pouco provável que conduza ao sucesso, especialmente porque uma conseqüência não foi definida. Aceitando que seu filho tem TDAH, você aceita que a capacidade dele para desenvolver auto-regulação e autocontrole é limitada. Porém, lembre-se, como já dissemos, de que a biologia não é nenhum destino. Com paciência, seu filho pode desenvolver um autocontrole melhor.

A biologia não é nenhum destino. Com paciência, seu filho pode desenvolver um autocontrole melhor.

Freqüentemente, quando os filhos não cumprem suas responsabilidades, os pais nos perguntam: "Eles estão fazendo isso de propósito? Se eles realmente quisessem, não poderiam cumprir suas tarefas?" Para ser honesto, apesar de essas perguntas serem importantes, elas com freqüência são difíceis de responder. Nem sempre é fácil avaliar se é um "eu não consigo" ou um "eu não quero". Algumas crianças se sentem incompetentes, de forma que, independentemente do que elas façam, elas não terão sucesso. Para esconder seu senso de inadequação, elas simplesmente não tentam e se perguntam "do que adianta isso?"; em essência, "eu não consigo" dispara o "eu não quero". Porém, achamos que, em lugar de passar horas incontáveis decidindo entre "eu não consigo" e "eu não quero", faria mais sentido trabalhar com sua criança para desenvolver objetivos e estratégias realistas para atingir tais metas. Depois que conseguimos engajar nossos filhos usando essas estratégias, então temos um quadro mais claro de seus pontos fortes, capacidades e vulnerabilidades. Vamos olhar alguns possíveis modos de engajar as crianças no processo de resolução de problemas.

Quando seu filho disse que não conseguia se concentrar na lição de casa até que ele saísse para jogar primeiro, você poderia dizer: "Até posso deixá-lo fazer isso, mas não tenho certeza se ajudará. Antes de eu concordar, quero discutir o que acontecerá se você for jogar e depois estiver muito cansado para fazer sua lição." Se ele insistir, você pode repetir o que disse e deixar bem claro que a menos que vocês tenham um "plano B", você não lhe permitirá sair. Assim, você está engajando o seu filho no processo de reflexão sobre as conseqüências. Uma possível conseqüência é que, se ele não concluir a lição de casa cuidadosamente, nos próximos dias ele terá que concluir a tarefa antes de sair. Outra conseqüência que, de certa forma, representa um acordo, é ele ter que fazer metade da lição antes de sair para jogar e a outra metade quando voltar. Basicamente, o que estamos sugerindo é o envolvimento do seu filho na discussão sobre as melhores possíveis estratégias para concluir suas responsabilidades e as conseqüências — caso ele não cumpra a sua parte. Se você não puder chegar a um acordo com seu filho, então lhe diga simplesmente: "Sei que temos visões diferentes, mas é o que eu espero e pronto". Se ele estiver tendo dificuldade para fazer a lição, então você pode discutir com ele a necessidade de alguma ajuda adicional.

Depois de chegar a um plano de ação, você pode ter que oferecer diretrizes explícitas e positivas sobre o que é requerido. Ao dar instruções a seu filho, explique brevemente o que fazer em lugar de o que não fazer. Evite longas discussões ou sermões. Isso é especialmente importante quando falamos de crianças com TDAH, já que elas podem não ouvir ou não se lembrar de mais de uma ou duas diretrizes de cada vez. Se você está ajudando seu filho com a lição de casa, divida as tarefas complexas em partes menores e oriente cada uma separadamente. Aja, não tagarele. Mantenha sua voz baixa, reduza a velocidade e delibere. Se você resolveu que a lição de casa deve ser concluída antes de seu filho poder sair para jogar, então simplesmente diga isso sem se ocupar de uma argumentação.

Quando o menino estiver fazendo a lição, ofereça uma avaliação ou comentário imediato, especialmente porque crianças com TDAH experimentam problemas para manter a atenção e para controlar o comportamento impulsivo. Será difícil para ele esperar por recompensas ou trabalhar por metas em longo prazo. Recompensas e castigos devem ser dados consistentemente e o mais cedo possível para comportamento desejado e comportamento indesejado. Assim, se o acordo foi ele fazer a lição e então sair para jogar, você deve lhe permitir sair imediatamente depois de concluir a lição. Note que, como algumas crianças podem correr com sua lição de casa para sair o mais depressa possível, muitos pais marcam um horário mínimo antes de a criança poder sair e, mesmo se terminar antes do prazo, ela deve esperar o tempo mínimo.

Outra intervenção que freqüentemente prova ser útil é a chamada de "custo da reação". O conceito de custo da reação envolve a perda de algo que foi ganho por bom comportamento, como resultado de um comportamento insuficiente. As crianças trabalharão mais constantemente quando começarem com um prato cheio e trabalharem para mantê-lo assim em lugar de começarem com um prato vazio e precisarem trabalhar para enchê-lo. Assim, no seu caso, deixe seu filho saber que ele tem entre 4h30 e 6h30 da tarde para jogar. Quanto mais tempo ele demorar para concluir sua lição, menos tempo ele terá para jogar.

Em essência, o que estamos recomendando é que você adote uma abordagem proativa e reserve um tempo para planejar, supervisionar e estruturar as atividades de seus filhos, particularmente em relação à lição de casa. A tarefa, durante os anos do ensino fundamental, ajuda as crianças a se tornarem alunos independentes e a desenvolverem um senso de responsabilidade em relação à escola que será muito importante nos próximos anos de sua vida acadêmica. Lembre-se de que, pelo menos até o ensino fundamental, um terço do que seus filhos aprendem, eles o fazem sozinhos com a lição de casa. Também houve muitas pesquisas sobre como ajudar as crianças a serem mais eficientes com a tarefa escolar.

PERGUNTA

Eu tenho um filho de 9 anos. Ele é hiperativo e extremamente sensível a decepções, além de ter dificuldades de organização. Ele nunca está pronto na hora certa. Por causa desses comportamentos, a maioria das crianças não quer brincar com ele. Meu filho está sempre sozinho e reclama que as pessoas não gostam dele. Claramente está infeliz. Eu sei que há muitos medicamentos diferentes para ajudar as crianças. Os medicamentos podem ajudar nesse caso? Essa também pode parecer uma pergunta tola, mas como eu quero desesperadamente que meu filho seja confiante e seguro, há um medicamento que possa ajudá-lo a ser resiliente?

Resposta

Vamos começar primeiro com sua última pergunta. Até onde conhecemos, não há nenhum medicamento atualmente no mercado ou em pesquisa dirigido a melhorar a resiliência . Porém, para que você não perca a esperança com seu filho, podemos dizer que há medicamentos aprovados para melhorar certos problemas de infância, problemas que podem, de fato, reduzir a capacidade da criança para desenvolver uma mentalidade confiante e segura. A supersensibilidade do seu filho quanto às decepções reflete seu baixo limite emocional e a alta intensidade de suas possíveis reações — características típicas de muitas crianças com um "temperamento difícil". Problemas de hiperatividade e organização freqüentemente acompanham esse perfil. Crianças com tais comportamentos muitas vezes têm problemas para fazer e manter amizades, já que as suas habilidades interpessoais são adversamente afetadas por esses comportamentos. Algumas, no início, podem buscar desesperadamente as amizades, mas, quando elas encontram o fracasso, podem se isolar, convencidas de que ninguém gosta delas. É comum o fato de muitas crianças semelhantes ao seu filho relatarem que são solitárias. Um menino nos falou em prantos: "Eu chamo outras crianças para brincar comigo, mas elas sempre estão ocupadas e nunca ninguém me chama".

Em nossa experiência clínica, as crianças com esse padrão freqüentemente também apresentam problemas para manter a atenção e a impulsividade, o que em geral leva a um diagnóstico de Transtorno de Déficit de Atenção e Hiperatividade (TDAH). Quando as crianças recebem esse diagnóstico, a pergunta sobre o papel que os medicamentos podem exercer como parte do plano de tratamento dessas crianças é rapidamente levantada. Lembre-se de que acreditamos fortemente que pílulas não substituirão as habilidades. Uma pílula não é substituta de um pai e/ou mãe disponível e atencioso, um grupo de amigos, um professor competente ou experiências de vida prósperas. Em particular, os medicamentos estimulantes, porém, são efetivos para reduzir os sintomas e as conseqüências adversas que crianças com TDAH demonstram. O uso desses medicamentos para TDAH está bastante sedimentado com quase quatrocentos estudos que demonstram o alívio dos sintomas em curto prazo. Mas alívio de sintoma não é sinônimo de resultado de mudança em longo prazo. Assim, não há um único estudo que sugira que, quando as crianças com TDAH tomam medicamentos, elas se mostrem melhores como adultos do que as crianças que não tomam tais remédios. Porém, em contraste, quando elas tomam medicamentos e melhoram seu comportamento, seus professores e seus pais têm mais chances de as valorizarem e gritarem menos com elas.

Estudos que envolvem milhares de crianças tratadas com medicações estimulantes demonstraram que o medicamento é efetivo em mais de 70% do tempo. Outras classes de medicamentos, como os antidepressivos, às vezes são efetivos, mas não provaram ser tão eficientes quanto os estimulantes, incluindo o metilfenidato, sais misturados de sulfato de anfetamina e dexedrina.

Os pais freqüentemente se preocupam por acharem que esses medicamentos servem como sedativos para as crianças, mas não é o caso. Em vez disso, quando usados adequadamente, tais medicamentos aumentam a capacidade das crianças para desenvolver autocontrole. Foi comprovado que os estimulantes aumentam o autocontrole até mesmo em crianças não afetadas e em adultos. Porém, crianças que recebem o diagnóstico de TDAH se beneficiam em um grau maior. Esses medicamentos aumentam a capacidade de pensar antes de agir, de controlar impulsos e ajustar comportamentos. O mecanismo exato desses medicamentos não é bem entendido, mas eles parecem estimular partes do cérebro que estão desestimuladas, em particular, o córtex pré-frontal direito, gânglios basais e o cerebelo. Os caminhos entre esses três órgãos dentro do cérebro parecem criticamente importantes para o autocontrole. Tais medicamentos não mascaram os sintomas da TDAH, mas, sim, agem diretamente sobre uma causa do problema, ajustando uma condição bioquímica que interfere com a capacidade das crianças para desenvolver e demonstrar autocontrole, o que conduz a um comportamento impulsivo e a um baixo nível de atenção.

Calcula-se que, hoje, mais de 3 milhões de crianças recebam medicamentos estimulantes para TDAH. Não há evidência conclusiva alguma de que o tratamento leve à dependência química ou vício. Nem há qualquer evidência de que isso afete negativamente a altura ou o peso potenciais de uma criança ou cause mudança de personalidade em longo prazo ou outra doença séria. Os efeitos colaterais mais comuns para algumas crianças são perda de apetite e insônia quando a medicação é suspensa.

Acreditamos que o uso desses medicamentos para tratar de crianças com TDAH é importante em muitos casos. Porém, mais uma vez, lembre-se de que os medicamentos não vão corrigir magicamente um fraco desempenho em sala de aula ou um comportamento desafiador ou problemas de aprendizagem. Nem tampouco, como um toque de mágica, eles farão as crianças desenvolverem uma mentalidade confiante e segura na ausência de cuidados e apoio dos pais. Também, a decisão de ministrar medicamentos a uma criança deve se basear em uma avaliação neuropsicológica e psicológica completas, incluindo a análise de comentários por escrito feitos sobre o comportamento da criança do ponto de vista dos pais e dos professores.

Enfatizamos que, até mesmo se uma criança se beneficia dos medicamentos, eles não devem ser usados como a única abordagem de intervenção. Algumas crianças com sintomas mais moderados de TDAH geralmente reagem bem a uma abordagem de gerenciamento de comportamento consistente ou abordagem de resolução de problemas em casa e na escola; algumas delas, porém, podem não responder prosperamente às medicações. O programa de resolução de problemas que defendemos se baseia em grande parte no trabalho de Myrna Shure, autora de *Raising a Thinking Child* e *Raising a Thinking Preteen* . Essa abordagem, na qual as crianças são envolvidas na identificação do problema, analisa as possíveis soluções e seus resultados, e então seleciona a solução que parece ter a melhor chance possível de sucesso, sendo um programa que pode ser usado com uma criança que esteja ou não tomando medicamentos.

Mais especificamente, em termos do seu filho, seria importante discutir com ele o problema da desorganização e da hora certa para estar pronto para a escola. Envolva-o em um diálogo sobre (a) os problemas resultantes de não estar pronto na hora certa, (b) o que está interferindo para que ele não consiga se aprontar a tempo, e (c) possíveis soluções. Por exemplo, trabalhamos com famílias nas quais as crianças escolhem na noite anterior as roupas que usarão no dia seguinte, e também arrumam todo o material escolar dentro da mochila antes de irem para a cama. Tão simples quanto isso pode parecer, quanto mais coisas são preparadas na noite anterior, menos probabilidade há de a criança ficar desesperada, procurando coisas na manhã seguinte.

Outras casas usarão uma lista feita pela criança e pelos pais para lembrá-las do que precisa ser feito de manhã pela criança. Uma menina, preocupada que pudesse esquecer o que estava na lista que foi colocada na porta de seu quarto, pediu que a lista também fosse colocada em um quadro na cozinha e na porta do banheiro. Ela reconheceu suas dificuldades para se organizar e seguir rotinas, percebeu que no momento precisava do maior número de lembretes visuais possível. Considerando que a menina ajudou a criar esses lembretes visuais, ela se sentiu mais responsável e, assim, se lembrava de conferir as listas. Mais importante ainda, seu envolvimento em uma abordagem de resolução de problemas criou uma mentalidade confiante e segura. Mas, lembre-se, nem toda intervenção terá êxito, e muitas levarão tempo antes de serem assimiladas.

Mas, lembre-se, nem toda intervenção terá êxito, e muitas levarão tempo antes de serem assimiladas.

A presença desses tipos de abordagens de comportamento para aumentar o autocontrole e as relações mais satisfatórias com os colegas nos obriga a enfatizar outro ponto. Muitos pais acreditam incorretamente que, se as crianças com TDAH tomarem medicamentos durante vários anos, elas desenvolverão autocontrole mais rapidamente e, em algum ponto, poderão parar com a medicação e continuar bem. Infelizmente, para algumas crianças, o primeiro dia sem medicação parece o dia anterior ao início do tratamento. Assim, tratar muitas crianças com TDAH com medicamento é semelhante a tratar diabéticos com insulina. Quando a medicação é tomada, o paciente melhora. Remova a medicação, e observe um rápido regresso, mesmo depois de um longo período de tratamento bem-sucedido. Assim, acreditamos que, junto com o medicamento, devemos continuar ajudando as crianças com atraso de desenvolvimento de autocontrole a acelerar suas habilidades para desenvolver a autodisciplina e a capacidade de resolução de problemas.

PERGUNTA

A palavra difícil é uma palavra justa para ser usada para descrever o temperamento de algumas crianças? Ela soa tão negativa... Sei que algumas pessoas descrevem tais crianças como intrépidas ou desafiadoras. É possível, ao rotular esse comportamento negativamente, os pais criarem mais problemas para eles? Também é possível que os pais de algumas dessas crianças possam não ter dificuldade para criá-las ou que esse padrão temperamental possa, algum dia, provar ser uma vantagem para algumas delas?

Resposta

Você coloca algumas perguntas realmente importantes. Gostaríamos de começar pela última delas. Há muitas pessoas bem-intencionadas que argumentam que o que foi rotulado em crianças como "temperamentos difíceis" pode, de fato, ser um presente ou uma vantagem. Ouvimos como as crianças que assumem riscos têm mais chances de se tornarem prósperos empresários do que crianças reservadas, ou como crianças desatentas são as principais candidatas a empreendimentos criativos. Embora tenha se tornado popular para alguns escritores sugerirem que as crianças com temperamentos difíceis podem se tornar grandes inventores, exploradores ou operadores de bolsa de valores, enquanto as crianças com temperamentos lentos podem desenvolver maior empatia, há pouca, se houver alguma, pesquisa científica que apóie tais afirmações. Além disso, sabemos que as crianças não são bobas. Elas são bem conscientes de suas lutas diárias para ser bem-sucedidas. Porém, quando confrontadas com frustração contínua, elas freqüentemente desenvolvem comportamentos combativos em um esforço para pouparem sua frágil autoestima ou evitarem parecer maus aos olhos das outras pessoas. Para muitas crianças, as estratégias de combatividade nas quais elas confiam provam ser ineficazes ou contraproducentes. É pouco provável que essas crianças acreditem quando sugerimos que, embora elas possam estar lutando hoje com seus padrões de comportamento, isso lhes ajudará de alguma maneira a alcançar grandeza e sucesso no futuro. Queremos desenvolver esperança e otimismo em nossas crianças, mas, para isso, devemos ser empáticos com seus apuros e lhes ensinar modos mais efetivos de combatividade e de comportamento.

No outro lado da moeda, concordamos com você que é preciso ter cuidado para não pegarmos rótulos como "difícil" ou "lento" e aplicá-los de forma que eles venham a representar a personalidade inteira da criança. Quando isso acontece, os pais e outros adultos podem cair na armadilha de enxergar tais crianças como incapazes de mudar suas personalidades básicas e reagirem a elas de um modo que, de fato, aumentem os comportamentos negativos. Da mesma maneira que não queremos que as lutas das crianças sejam minimizadas, enxergando seu temperamento difícil como uma vantagem, também não queremos que elas sejam marcadas com rótulos indeléveis que pareçam incapazes de modificação.

Os rótulos certamente têm um papel importante em nossas reações às crianças. Como descrevemos uma criança: aventureira ou inquieta, intrépida ou hiperativa, destrutiva ou inquisitiva? As palavras que escolhemos para descrever o comportamento de nossos filhos, de fato, influenciam o que pensamos realmente sobre esse comportamento e como vamos reagir a ele. Porém, pedimos aos pais que não definam o problema em termos de um rótulo para o temperamento da criança, mas, em vez disso, em termos do comportamento desejado e dos objetivos que esses pais desejam alcançar. Assim, quando trabalhamos com pais que caracterizam seus filhos como difíceis e hiperativos, lhes pedimos que focalizem os comportamentos que eles gostariam de ver em lugar dos comportamentos que eles desejam excluir. Também lhes pedimos que descrevam os momentos quando seus filhos exibem os comportamentos que eles gostariam de ver para que possamos saber sob que condições a criança não é "difícil". Então, os pais podem discutir com seus filhos os comportamentos problemáticos e possíveis estratégias para mudar tais comportamentos. Os rótulos nem mesmo devem fazer parte desse diálogo.

As palavras que escolhemos para descrever o comportamento de nossos filhos, de fato, influenciam o que pensamos realmente sobre esse comportamento e como vamos reagir a ele.

A respeito da outra pergunta que você fez, note que o que é temperamento e comportamento aborrecedor para alguns pais, não é para outros. Por exemplo, enquanto alguns pais percebem determinados comportamentos exibidos por seus filhos como difíceis, outros parecem mais dispostos a rotular tais comportamentos como fenômenos normais de desenvolvimento da criança e acham mais fácil focalizar o que fazer em vez de focalizar o que está errado. No entanto, raramente encontramos pais que criam crianças difíceis ou lentas que não percebam que o comportamento de seus filhos não é problemático em algum aspecto ou que, quanto a isso, ofereçam qualquer tipo de vantagem adaptável.

Em essência, é importante que os pais entendam o temperamento único de seus filhos. Em vez de colocar certas características temperamentais em um pedestal enquanto outras características são rotuladas como patologias, é mais importante apreciar as potencialidades e vulnerabilidades de cada criança e reagir de modo a ajudar cada criança a desenvolver uma mentalidade confiante e segura. Nunca devemos usar rótulos para definir a criança inteira ou para colocar um julgamento de valor sobre elas.

Finalmente, costumamos brincar com os pais dizendo que o tempo antes das crianças nascerem é definido como "AC", que não significa "Antes das Crianças", mas, sim, "Antes do Caos"! Considere o tipo de pai e/ou mãe que você pensou que seria e o tipo de criança que você imaginou criar. Quando as crianças não se enquadram em nossas expectativas, a criação dos filhos se torna uma tarefa mais desafiadora. Obviamente, quando as crianças demonstram extremos de temperamento, tais desafios são aumentados, mas acreditamos que esses podem, sim, ser administrados.

PERGUNTA

Ouvi a descrição de vocês sobre aceitar as crianças, mas estou confusa com uma coisa: qual a diferença entre aceitar as crianças como elas são e o que elas podem fazer versus *ceder ante elas. Por exemplo, nossa filha de 8 anos não está sendo fácil de criar. É difícil para ela aceitar um "não". A menina desafia nossas regras e freqüentemente reclama que as coisas são injustas. Às vezes, quando está brava, ela pode dizer coisas muito más, como "cala a boca" e "você é idiota". Ela é assim desde o nascimento. Não acredito que causamos esse problema, mas também não tenho certeza se fizemos muito para ajudar. O que realmente que dizer "aceitar seus filhos"? Ela sempre diz que amamos suas irmãs mais do que a amamos. Odeio admitir isso, mas talvez tenha razão, pois as suas irmãs são muito mais fáceis de criar do que ela. Comecei a me sentir culpada dessa situação depois que ela repetiu várias vezes que meu marido e eu amávamos mais suas irmãs e que nós a deixávamos falar e dizer coisas que não toleraríamos nas outras. Então, deveríamos definir alguns limites, mesmo sendo esse o temperamento básico de minha filha e mesmo sabendo que será difícil para ela mudar?*

Resposta

Muitos pais bem-intencionados travam um cabo-de-guerra diário para aceitar seus filhos como eles são e não como eles imaginam ou querem que eles sejam. Aceitar nossas crianças como elas são é uma tarefa mais assustadora do que pode parecer. Alguns pais até fazem questão de dizer que aceitam seus filhos como eles são, mas não reconhecem que há sempre um "mas" oculto, não-verbalizado, ou um "contanto que" depois do voto de aceitação. Por exemplo: "Eu aceito meu filho, *contanto que* ele escute o que tenho a dizer" ou "Eu aceito minha filha, *contanto que* ela tire boas notas na escola" ou "Eu aceito minha filha, *mas* só quando ela se veste da maneira como eu acho que deve se vestir". As crianças têm plena consciência desses critérios instáveis de aceitação, e eles representam exemplos do amor condicional que nós descrevemos no Capítulo 5.

Porém, acabar com uma mentalidade que constantemente inclui as palavras *mas* e *contanto que* não deve ser entendido como permitir que nossos filhos façam tudo o eles querem ou que temos que ceder ante eles e não os responsabilizar por suas atitudes. Aceitar significa entender que certos comportamentos fazem parte do temperamento de nossos filhos e que nós ainda os amamos mesmo quando tais comportamentos emergem. A aceitação ajuda os pais a definirem metas e expectativas realistas para os filhos. Metas e expectativas que são baseadas no nível de desenvolvimento e temperamento de cada criança. Por exemplo, alguns pais permitem sem problemas que o filho de 9 anos atravesse uma rua movimentada para ir até uma loja comprar doces, enquanto outros não, pois temem que seus filhos prestem pouca ou nenhuma atenção ao semáforo.

Aceitar significa entender que certos comportamentos fazem parte do temperamento de nossos filhos e que nós ainda os amamos mesmo quando tais comportamentos emergem.

A aceitação também envolve avaliar cuidadosamente quais comportamentos de nossa criança são impróprios ou contraproducentes e ajudar a alterar esses comportamentos. Claro que uma dimensão importante dessa tarefa é ser seletivo e não tentar mudar todos os comportamentos associados ao temperamento de nossos filhos — um objetivo impossível. Como diz o velho ditado: "Escolha cuidadosamente quais lutas valem a pena ser travadas".

Claramente está sendo difícil criar sua filha, que experimenta um baixo limite emocional e uma alta intensidade de reação. Quando angustiada, ela é propensa a projetar sua raiva e frustração sobre as outras pessoas. Considerando que sua filha é difícil de agradar, ela rapidamente percebe o mundo como injusto e incapaz de satisfazer a suas necessidades. Isso a leva a pensar no que você considera regras e expectativas razoáveis como imposições. É muito fácil até mesmo para o mais compreensivo dos pais perder a paciência em tais situações, especialmente se eles se desviam de seus estilos para acomodar o estilo de seus filhos. Infelizmente, quando os pais reagem com fúria, eles muitas vezes reforçam o comportamento negativo de seus filhos — já que a criança acredita que sua própria reação furiosa tem justificativa.

O que você poderia fazer com sua filha, dada sua aparente indigência e percepção do mundo como injusto? Obviamente, conseqüências devem ser definidas quando ela for desrespeitosa, mas também pense sobre adotar uma abordagem proativa ou preventiva. Para ajudar a compensar os sentimentos dela de que não é amada, você pode usar a empatia e lhe dizer que você sabe que ela nem sempre se sente amada ou que sente que você não passa muito tempo com ela. Sugiro que você estabeleça um "tempo especial" todas as noites (ou a cada duas noites) só para ela. (Você teria que fazer o mesmo com suas outras duas filhas, mas achamos que, quando as crianças necessitadas sentem que estão recebendo um pouco mais de atenção exclusiva, elas podem tolerar melhor os momentos em que seus irmãos estiverem recebendo alguma atenção.)

Também, tente o máximo possível apresentar algumas escolhas para sua filha. Isso é importante para todas as crianças, porém é mais ainda para crianças que sentem que sempre estão recebendo ordens sobre o que devem fazer. Observe o que você diz quando pedir para sua filha que faça algo e, quando possível, inclua opções. Por exemplo, "Você quer guardar os brinquedos sozinha ou quer que eu a ajude?" ou "Você quer que eu a lembre um pouco antes da hora de se preparar para ir dormir?" Muitos pais de crianças aparentemente opositoras nos falaram que as opções ajudam de fato a diminuir as lutas de poder.

Além disso, deixe sua filha saber que, quando estiver brava, ela pode contar para você, mas não pode fazer isso de modo agressivo, com xingamentos. Diga: "Você tem uma escolha. Pode me falar quando estiver brava e aí vamos ver juntas o que está acontecendo ou pode me xingar, e isso vai ter uma conseqüência ou uma perda de privilégio para você". Como mãe, decida qual privilégio será perdido; é melhor que seja algo sobre o qual você tem controle, como levá-la ao shopping em vez de mandá-la de castigo para o quarto. Ajudar sua filha a se sentir bem com ela mesma e melhorar o relacionamento entre vocês duas não é um processo fácil, dado o temperamento dela. Porém, se você assumir uma posição proativa, se selecionar seus campos de batalha cuidadosamente, e se a ajudar a ver que as conseqüências são baseadas nos comportamentos dela, certamente a situação melhorará.

PERGUNTA

Quando penso em meu filho de 10 anos, geralmente fico deprimida. Reconheço que alguns de meus sentimentos estão relacionados ao fato de ele não ser o tipo de criança com a qual eu sonhei. Sinto-me culpada sobre esse sentimento. Todas as manhãs, digo a mim mesma que vou aceitá-lo mais, porém, essa lembrança dura apenas alguns minutos. Minha aceitação se dissolve rapidamente quando vejo como ele é desorganizado, apesar de estarmos sempre tentando ajudá-lo. Sua mochila da escola parece que acabou de sair de dentro de um tornado. Quando percebo que ele não encontrou sua lição de casa de novo nem penteou o cabelo para ir para a escola, tudo o que quero fazer é gritar. O que mais posso fazer? Odeio admitir isso, mas tenho vergonha de ser a mãe dele. Em lugares públicos, me preocupo se as pessoas estão fazendo algum comentário sobre a péssima mãe que pareço ser. Eu devo desistir de alguns sonhos que tenho para ele ou isso seria injusto com nós dois?

Resposta

Nenhum pai ou mãe quer que seu filho seja desorganizado ou pareça desleixado. Assim como você, muitos acreditam que, caso seus filhos não se apresentem de um modo aceitável para as outras pessoas, isso é um reflexo da efetividade deles como pais. Quando o comportamento de nossos filhos é notadamente diferente dos sonhos que tivemos para eles, é provável que a frustração e raiva surjam. Alguns pais acham relativamente fácil abandonar os sonhos ou fantasias iniciais que eles tiveram para seus filhos quando se confrontam com quem seus filhos realmente são. Outros pais têm muita dificuldade para deixar esses sonhos de lado, e nós descobrimos que as principais razões envolvem as próprias inseguranças dos pais. Um menino de 9 anos que atendemos em sessões de terapia disse algo bastante interessante e verdadeiro: "Uma das razões para meu pai querer que eu tire notas mais altas e vá bem nos esportes é porque isso o fará se sentir um bom pai".

Não está claro por que sua reação aos problemas do seu filho é tão intensa. É óbvio que você reconhece que deve aceitá-lo mais, porém, depois de apenas alguns minutos, você não consegue fazer isso. No nível intelectual, você parece entender que o comportamento de seu filho faz parte do temperamento e do estilo dele, e que levará tempo para mudar. Já no nível emocional, é difícil para você o aceitar. Também é óbvio que está muito preocupada com o que as outras pessoas pensarão de você por causa do comportamento de seu filho.

Os sonhos que alimentamos para nossos filhos devem ser modificados constantemente e, dessa forma, todos os pais precisam deixar de lado parte de seus sonhos.

Os sonhos que alimentamos para nossos filhos devem ser modificados constantemente e, dessa forma, todos os pais precisam deixar de lado parte de seus sonhos. Isso não significa abrir mão de todos os nossos sonhos ou expectativas, mas simplesmente que aprendemos a ser mais realistas e a modificar esses sonhos quando indicado. Caso ache que não pode aceitar seu filho e continue interessada demais na opinião das outras pessoas, sugerimos que busque ajuda profissional para o seu próprio bem-estar e o do seu filho.

PERGUNTA

Minha esposa e eu temos duas crianças com temperamentos difíceis, uma menina de 12 anos e um menino de 10. Constantemente sentimos que estamos gritando com eles para que façam suas tarefas ou ajudem em casa. Eles nos falam que estamos "pegando no pé" e nós lhe dizemos que apenas queremos lembrá-los de suas responsabilidades. Se nós não repetimos a mesma coisa várias vezes, eles acabam não fazendo nada. Como podemos começar a desenvolver uma atitude mais cooperativa? Como aceitá-los mais e ajudá-los a ser mais responsáveis?

Resposta

Uma das características principais das crianças confiantes e seguras é que elas possuem senso de responsabilidade. E sabem o que é esperado delas, satisfazendo essas expectativas geralmente sem que seja preciso lembrá-las disso. Algumas crianças desenvolvem tal capacidade com aparente facilidade. É quase como se, desde o nascimento, elas comunicassem o seguinte: "Basta me darem as responsabilidades e eu as cumprirei". Em contraste, outras crianças lutam com suas responsabilidades por uma variedade de razões diferentes — como o temperamento ou o estilo cognitivo, quão claramente essas responsabilidades são definidas pelos pais, ou a percepção das crianças do que significa para elas realizarem o que é esperado. (Por exemplo, algumas crianças envolvidas em lutas de poder com seus pais encaram a satisfação de suas expectativas como "ceder" para eles.)

Quando você constantemente lembra suas crianças de fazerem algo, elas descrevem suas ações como "pegação no pé"; como psicólogos, nós chamamos isso de reforço negativo. Algumas crianças, por causa de seus temperamentos ou ambiente, recebem uma grande quantidade de reforço negativo. Isto é, os pais gastam um tempo excessivo exortando, importunando ou bajulando seus filhos. Muitas crianças obedecem aos pedidos, não porque desejam concluir a tarefa, mas para se livrarem da conseqüência aversiva, isto é, a fúria de seus pais. O reforço negativo freqüentemente é sedutor. Parece funcionar quando você age assim, mas, com o passar do tempo, aumenta a probabilidade de as crianças não responderem positivamente a menos que alguém "pegue no pé" delas. Além disso, lembretes constantes reduzem a oportunidade das crianças desenvolverem um senso de responsabilidade, e, assim, é contraproducente para o desenvolvimento de uma mentalidade resiliente. Uma outra desvantagem importante da "pegação no pé" — eventualmente, à medida que as crianças envelhecem, muitas apenas podem se recusar a fazer o que você quer, incitando-o a usar formas mais fortes de reforço negativo. As lutas de poder prosperam em tal atmosfera, e todas as partes envolvidas sofrem.

Sugerimos que você comece considerando os quatro princípios importantes. Primeiro, sirva como um modelo de responsabilidade para suas crianças. Como diz o ditado, as crianças necessariamente não fazem o que dizemos, mas, sim, o que fazemos. Elas notarão se você cumpre suas responsabilidades. Trabalhamos com muitas famílias nas quais os pais se queixam da falta de responsabilidade de seus filhos e acabam ouvindo uma ladainha de exemplos dados por seus filhos do fracasso dos pais em cumprirem suas próprias responsabilidades. Um menino nos falou que seu pai constantemente perdia "momentos familiares" com os quais ele tinha se comprometido por causa de exigências do seu trabalho. Uma adolescente que foi castigada pelo seu "quarto desarrumado e sujo" descreveu como seus pais raramente guardavam as próprias roupas. Outra adolescente acreditava, de forma correta, que era uma hipocrisia seus pais ficarem bravos quando eles a flagravam bebendo cerveja, uma vez que os dois fumavam maconha regularmente. A réplica era: "Nós somos adultos e podemos tomar essas decisões". Esse tipo de pensamento não serve de modelo com crianças.

Outro modo de exemplificar o comportamento responsável é o que discutimos no Capítulo 4, isto é, a coragem para mudar roteiros negativos. Se algo que estamos fazendo como pais não estiver funcionando, nossa habilidade para mudar uma abordagem pode ser vista por nossos filhos não como uma "desistência" da nossa parte, mas como o reconhecimento de quando o comportamento responsável exige uma nova abordagem. Assim, como recomendamos nas respostas anteriores, surpreenda seus filhos dizendo-lhes que você acha que está, sim, "pegando em seu pé". Provavelmente eles concordarão de imediato. Então, transforme a discussão em uma sessão de resolução de problemas na qual você lhes conta sua vontade de mudar, mas deixe claro que eles também têm alguma responsabilidade no processo. Esse tipo de diálogo pode ajudar a articular as expectativas e como cada membro da família gostaria de ser lembrado sobre uma não cumprida.

Segundo, ofereça oportunidades às suas crianças, de acordo com o nível de desenvolvimento delas, para reforçar o comportamento responsável por meio do ato de ajudar outras pessoas. Discutiremos esse princípio com mais detalhes no Capítulo 9. A premissa básica é que, quando dizemos às nossas crianças que precisamos de sua ajuda, há muito mais probabilidade de elas cumprirem suas responsabilidades do que quando dizemos: "Lembre-se de suas tarefas". Há uma necessidade inata nas crianças de ajudar as outras pessoas e, como pais, deveríamos usar tal necessidade para lhes proporcionar as oportunidades de ajudar os outros e se sobressaírem. Pessoas confiantes e seguras sentem que estão fazendo uma diferença em seu mundo.

Terceiro, certifique-se de que você está distribuindo as responsabilidades de maneira razoável. Nem todas as responsabilidades são entusiásticas (algumas se classificam na categoria de "tarefas domésticas"). Reconheça que algumas atividades são tediosas ou enfadonhas, mas explique para seus filhos por que elas devem ser feitas se todos queremos que a casa funcione tranqüilamente. Divida as responsabilidades entre os membros da família e estabeleça um esquema para mudá-las a cada duas semanas, assim todos, inclusive os pais, participam de diferentes atividades. Também, como dissemos anteriormente, crie um jeito para se lembrar das responsabilidades, como por meio do uso de listas. Quanto menos "pegação no pé", melhor será para todos.

Quarto, sugerimos que você tenha uma "visão de helicóptero" da vida de seu filho. Uma visão de helicóptero lhe proporcionará uma perspectiva mais ampla e o ajudará a contrapor o que muitos pais fazem ao colocar muito peso em uma área particular na qual seus filhos parecem irresponsáveis, quando, na realidade, em muitas outras áreas de suas vidas eles são bastante responsáveis. Alguns pais nos falaram que seus filhos são "totalmente irresponsáveis", mas, quando nós os questionamos sobre essa avaliação, eles começam a oferecer exemplos de comportamento responsável, tais como concluir a lição de casa, chegar no horário para um trabalho ou oferecer ajuda a um vizinho da terceira idade para carregar as sacolas de compras. Pergunte a você mesma como seus filhos se comportam na comunidade ou na escola. Se eles estão bem e demonstram compor tamento responsável, sugerimos que você comece discutindo e reforçando esses exemplos à medida que tentar começar a estabelecer um sistema e estratégias para motivar seus filhos a demonstrar um nível semelhante de responsabilidade em casa. Use os sucessos deles como um ponto de partida para mudar a sua perspectiva e o comportamento de seus filhos.

Acreditamos que, se você conseguir seguir esses quatro passos, seu filho e sua filha começarão a demonstrar mais responsabilidade.

7

Criando Ilhas de Competência

A Experiência da Satisfação e do Sucesso

PERGUNTA

De um ponto de vista do senso comum, pode parecer que, quando uma criança tem êxito em alguma tarefa, essa experiência contribui para o desenvolvimento de uma mentalidade resiliente. Sei que quero que meus filhos tenham êxito no que eles fazem, mas isso garantirá que eles se tornem confiantes e seguros?

Resposta

A resposta para sua pergunta é realmente muito mais complexa do que parece — como é a maioria dos assuntos sobre criação de filhos. Quanto mais sucessos uma criança experimenta, mais provavelmente ela desenvolverá uma mentalidade confiante e segura. Porém, há qualificações para essa declaração. Dois fatores principais que determinam se os sucessos de uma criança criam uma mentalidade confiante e segura são (*a*) se a criança acredita que os sucessos são baseados, pelo menos em parte, em seus próprios recursos e esforços, e (*b*) se os sucessos são julgados como importantes para a criança e significantes para outras pessoas (amigos, pais) em sua vida.

Quanto mais sucessos uma criança experimenta, mais provavelmente ela desenvolverá uma mentalidade confiante e segura.

Vamos ver o primeiro fator. A teoria da atribuição fornece uma estrutura que examina a que as crianças atribuem seu sucesso. Crianças com mentalidades confiantes e seguras que obtêm sucesso em diferentes tarefas — como jogos esportivos, acadêmicos, ou arte —, além de reconhecerem que os adultos em suas vidas as ajudaram, também acreditam que elas são os principais contribuintes ao seu próprio sucesso. E não fazem isso de um modo convencido ou para se vangloriar, mas, sim, com um senso de confiança. Em contraste, quando as crianças com baixo amor-próprio obtêm êxito em uma atividade, rapidamente subtraem o papel delas e atribuem o sucesso a fatores externos — como sorte ou chance. Por exemplo, trabalhamos com muitas crianças com problemas de aprendizagem. Algumas reagiram a uma boa nota na prova com tal comentário: "Eu tive sorte" ou "O professor deu uma prova fácil". Se uma criança atribui o sucesso a variáveis fora de seu controle, então ela não sentirá o mesmo senso de alegria e realização que uma criança que assume o crédito por seu sucesso. Também, uma criança que não experimenta a responsabilidade por uma realização não será confiante sobre ter sucesso no futuro.

A implicação para os pais é que nossa resposta ao sucesso das crianças deve incluir comentários que reforcem seus esforços, sua diligência e sua perseverança. Se nossos filhos pensam que tiveram "sorte", podemos responder: "Sei que você acha que teve sorte, mas é a pessoa que faz a própria sorte, e você não deve se esquecer de que fez muito para ter êxito aqui". É pouco provável que uma declaração como essa mude a atitude de seu filho imediatamente, mas pode assentar a base para uma perspectiva mais positiva. Os pais também devem ter cuidado ao ajudar os filhos com certas tarefas para não fazerem demais, pois, assim, eles podem achar que o sucesso é, de fato, dos pais, e não deles mesmos. Por exemplo, nós conhecemos um adolescente que pediu para o pai revisar um texto que ele tinha escrito para sua aula de inglês. Quando o pai devolveu o texto ao filho, repleto de correções, o garoto observou: "Agora o texto é seu, não meu. Pai, nenhum aluno da sétima série escreve desse jeito". Esse menino usou apenas algumas sugestões de mudança do pai, querendo assegurar que verdadeiramente o texto era dele, um texto pelo qual ele poderia assumir responsabilidade.

O segundo fator também é um muito importante. Se as crianças são bem-sucedidas em atividades que elas julgam de pouca importância ou relevância para os membros de sua família, então, infelizmente, esse sucesso pode ter pouca, se tiver alguma, contribuição para o desenvolvimento de uma mentalidade resiliente. Nós conhecemos um menino com inaptidões de aprendizagem. A mãe dele lhe falou que, apesar de seus problemas de aprendizagem, ele era uma criança afável, generosa e afetuosa. Uma noite, quando ele estava se lamentando sobre como se sentia bobo, sua mãe foi empática com ele, mas também fez um comentário sobre seus pontos fortes — como a bondade e a compaixão. O filho respondeu: "É, mas isso não me faz tirar notas altas na escola e ainda zombam de mim sobre meu rendimento". Embora essa mãe tenha feito a coisa certa ao usar a empatia com ele e mostrar seus pontos fortes, a dor que o menino estava experimentando na escola e com seus colegas não lhe permitia enxergar suas qualidades e seus pontos fortes. Tomara que, em algum momento, ele consiga enxergá-los.

Além disso, algumas crianças têm êxito em atividades que não são altamente valorizadas em suas famílias. Conhecemos um adolescente que amava cuidar de plantas. Seus pais reconheciam que ele gostava dessa atividade e era muito bom nisso, mas eles enxergavam a jardinagem basicamente como uma atividade frívola comparada a realizações na escola e nos esportes. Porém, esse rapaz não gostava de esportes e tinha problemas na escola. Infelizmente, ele não recebeu quase nenhuma avaliação positiva dos pais ou colegas para os seus talentos de jardinagem, de forma que suas realizações nessa área não trouxeram os sentimentos de satisfação e realização que criariam uma mentalidade confiante e segura. Imagine o que teria acontecido se os pais tivessem dito ao filho: "O seu trabalho com as plantas realmente é muito bom. Você tem mesmo um 'dedo verde'. O que acha de comprarmos umas mudas diferentes e alguns livros de jardinagem para você aprender técnicas novas e ficar ainda melhor?"

Como pais, temos que reconhecer que os sucessos de nossos filhos se mostram de muitas formas e maneiras e em diferentes momentos. Se esses sucessos contribuem para uma mentalidade resiliente, devemos achar oportunidades para desfrutar e reconhecer o que nossos filhos fazem e reforçar o desempenho deles para seus próprios sucessos.

PERGUNTA

Eu notei algo sobre minha filha de 9 anos que me entristeceu e não sei como proceder a esse respeito. Até mesmo quando ela faz algo bem, parece não ter prazer algum. É como se sempre fosse tudo igual. Outro dia, ela chegou em casa com um 10 de nota e não parecia nada feliz. Quando eu a elogiei, ela fez que nem ouviu. Aí perguntei qual era o problema, e a única resposta foi um: "Nada". Algumas semanas atrás, no campeonato de vôlei da escola, ela jogou muito bem. Eu sei que algumas crianças são modestas e mais retraídas, mas, quando as colegas de equipe da minha filha foram abraçá-la pela vitória, em parte por sua causa, ela nem mesmo sorriu. Por que uma criança não ficaria feliz com coisas assim? Ainda por cima, quando questionei sua atitude tão fechada, ela ficou brava comigo. O que eu posso fazer para ajudá-la a ser mais feliz?

Resposta

A descrição de sua filha se ajusta a um tipo de temperamento que parece influenciar o sentimento de sucesso de uma criança. Anos atrás, antes de percebermos como cada criança é diferente desde o nascimento, era muito fácil jogar a culpa da perspectiva negativa de uma criança sobre os pais (por exemplo, acreditava-se que os pais eram muito exigentes ou não eram encorajadores). Porém, com o avanço das pesquisas sobre o impacto do temperamento inato das crianças em sua percepção delas mesmas e do mundo, agora reconhecemos que algumas, desde muito pequenas, têm mais dificuldade para experimentar a alegria do sucesso comparadas a outras. Tais crianças necessariamente não são deprimidas nem têm problemas psiquiátricos sérios. Elas simplesmente vêem o mundo através de "lentes obscurecidas". É difícil os pais e outros adultos entenderem esse sentimento, especialmente se eles mesmos não experimentaram isso. Porém, imagine como você se sentiria se suas realizações, elogiadas e reforçadas pelas outras pessoas, simplesmente não provocassem em você qualquer tipo de alegria ou prazer. O processo pelo qual o domínio de uma atividade nutre um sentimento de sucesso e constrói uma ilha de competência é descarrilado para essas crianças. Elas rapidamente anulam suas realizações e habilidades — como parece ser o caso da sua filha.

Embora não esteja claro por que isso acontece, a melhor explicação que podemos oferecer é que parece ser uma vulnerabilidade biológica que algumas crianças trazem ao mundo que impede, mas não necessariamente evita, que elas aprendam a experimentar a alegria do sucesso. Uma questão geralmente complicada para essas crianças é a percepção delas de que suas ações têm pouco a ver com seus sucessos. Assim, elas enxergam o sucesso como algo sobre o qual quase não têm controle. Elas podem perder não apenas a experiência da alegria do sucesso, como também perceber qualquer triunfo como simplesmente uma função da sorte em lugar da habilidade, esforço ou aptidão.

Em um de nossos workshops, uma mãe deu uma descrição de seu filho que se assemelha muito às características de sua filha. Apesar de triste com a atitude dele, ela desejou saber, meio jocosamente, se havia alguma pílula que o filho pudesse tomar para lhe dar uma atitude mais positiva. Não há nenhum medicamento para corrigir esse problema, mas há, sim, alguns passos que os pais podem seguir para começar a mudar o panorama negativo de seus filhos. Como já mencionamos várias vezes neste livro, o primeiro passo é você ser empática e se esforçar para entender a visão de mundo de sua filha. Se nós não formos empáticos, nossas frustrações podem nos levar a dizer coisas que podem piorar o problema. Um pai, aborrecido com sua filha, que ele descrevia como tendo uma "constante carranca em seu rosto e alguém que nunca demonstrava prazer em nada", gritou com ela: "Você nunca será feliz se continuar se depreciando e caminhando ao redor como se tivesse todos os problemas do mundo sobre seus ombros". Obviamente, isso não ajudou a situação. Baseado em nosso trabalho de terapia com crianças semelhantes à sua filha, sabemos que elas amariam experimentar um maior senso de alegria e realização; porém, basta lhes dizer "anime-se" que isso freqüentemente é sentido como se sal fosse lançado sobre uma ferida, mesmo sem que o pai ou a mãe tenham essa intenção.

Caso possa manter uma posição empática, então você poderá começar o lento processo de mudança da perspectiva de sua filha. Como exemplo, perguntamos aos pais se eles notam qualquer ocasião na qual seus filhos parecem desfrutar do sucesso. Embora alguns não consigam pensar em nada do tipo, a maioria consegue. Um pai de uma adolescente observou que o comportamento da filha mudava totalmente quando ela ajudava a cuidar de crianças menores. Se você puder identificar tais situações de prazer, assegure-se de que haja oportunidades contínuas para sua filha se ocupar dessa atividade e, sem muito estardalhaço, comente sobre o bom trabalho que ela está fazendo.

Também, quando sua filha demonstrar pouco encantamento com suas realizações, em vez de fazer um comentário sobre sua infelicidade, elogie seu sucesso, e não se importe se ela nem ao menos responder com um "Obrigada". Nos momentos em que ela parecer triste, mesmo depois de uma realização, pergunte se há qualquer coisa de errado. Se a resposta for um "não", você pode dizer de um modo encorajador que ela parece meio infeliz e, se for o caso, que você gostaria de saber se poderia ajudar de alguma forma. Respondendo dessa maneira, você está mantendo um canal aberto para sua filha refletir sobre o assunto e começar a mudar a reação dela a várias situações.

PERGUNTA

Eu gosto da metáfora "ilhas de competência". Você mencionou em um workshop que os pais deveriam identificar e reforçar as ilhas de competência de cada criança. Tenho três filhos. Com dois deles é fácil fazer isso. Minha filha mais velha é uma atleta e tanto. Meu filho é um artista maravilhoso e ama criar coisas. Seus desenhos estão espalhados tanto nas paredes de casa quanto nas de sua classe, na escola. Agora, com minha filha mais nova, de 9 anos, a história é outra. Ela tem problemas sociais e de aprendizado. Tenho vergonha de dizer que, se você me perguntar quais são suas ilhas de competência, não sou capaz de identificar sequer uma só. Porém, reconheço que ela é uma menina atenciosa e carinhosa.

Resposta

Sabemos que é fácil sugerir que os pais identifiquem e realcem os atributos que ajudam cada um de seus filhos a brilhar e a experimentar um senso de realização — o difícil é localizá-los, como você mesmo nos conta, e ainda ajudar as crianças a tirar vantagem desses atributos. Às vezes, o processo de localizar a ilha de competência de uma criança pode exigir que alguns pais "viajem metade do planeta" para encontrá-la. Para outros, isso não é preciso, pois a ilha ou as ilhas de competência estão bem à mão. Porém, mesmo que a procura seja prolongada e o destino obscuro, essa é uma viagem muito importante que devemos fazer. Afinal, é por meio de nossas forças e habilidades que encontramos alegria, prazer e sucesso na vida.

É por meio de nossas forças e habilidades que encontramos alegria, prazer e sucesso na vida.

No caso de sua filha mais nova, então, localizar uma ilha de competência provavelmente é muito importante para ela, dados seus problemas sociais e de aprendizagem. Parece-nos que ela não experimentou muitos sucessos comparados aos de seus irmãos. Várias crianças com quem trabalhamos que tinham problemas na escola se consideravam pouco inteligentes porque comparavam suas notas com o Q.I. Muitas delas parecem nadar em um oceano de insuficiência caracterizado por sentimentos de competência e habilidade diminuídos. Ainda acreditamos que toda criança possui pelo menos uma pequena ilha de competência, uma área que é ou tem potencial para ser uma fonte de orgulho e realização. Quando essas áreas são localizadas e reforçadas, as crianças começam a crescer.

Apesar de você dizer que não conseguiria identificar sequer uma ilha de competência de sua filha, na verdade, acabou fornecendo informações importantes sobre o que poderia servir como uma ilha de competência. Você reconhece que ela é uma pessoa atenciosa e carinhosa. Com essas qualidades, sua menina talvez goste de ajudar os outros — ela poderia, por exemplo, ensinar algum joguinho para uma criança mais nova, o que lhe daria grande satisfação.

Ser uma pessoa atenciosa e carinhosa é uma ilha de competência importante que pode servir muito bem a sua filha. Essa pode ser uma porta estável e inestimável ao longo da vida dela, proporcionando-lhe experiências que fortalecerão sua confiança e seu senso de dignidade.

PERGUNTA

Por que algumas crianças se envergonham de suas realizações? Eu notei que, quando elogio meu filho de 11 anos, ele parece chateado, mesmo quando ninguém está ao redor. Se faço isso quando outras pessoas estão por perto, então, aí é que ele se aborrece mesmo. Até se digo um simples "bom jogo" depois de uma partida de futebol, ele já olha para baixo e seu rosto fica corado. Devo parar de elogiá-lo, uma vez que ele parece tão incomodado com isso?

Resposta

Estranhamente, muitos pré-adolescentes se envergonham quando seus pais ou professores os elogiam na frente de seus colegas. As razões para isso podem ser variadas. Algumas crianças com a idade do seu filho podem sentir que muita atenção está sendo colocada sobre eles, fazendo com que se sintam inibidos, enquanto outras podem não acreditar que merecem a avaliação positiva. Por exemplo, uma garota nos falou que seus pais a elogiam tanto que "nesse momento eu realmente não sei no que, de fato, sou boa. Sinto que só fazem isso porque pensam que não me sinto bem sobre mim mesma."

Alguns adolescentes podem achar que os elogios realmente são para crianças menores, ainda mais se é um elogio sobre uma atividade que não parece valer muito a pena aos olhos de seus colegas. Por exemplo, durante uma sessão de terapia familiar, um menino de 10 anos gritou com seus pais, dizendo que estava bravo por eles terem comentado na frente de alguns amigos que ele tinha arrumado muito bem seu quarto. Outro caso é o de uma garota com quem trabalhamos cuja professora a tinha elogiado diante da classe toda por ter escrito um dos melhores textos que ela já tinha lido. Outras crianças nos falaram que, quando seus pais as elogiam, normalmente em seguida vem um sermão sobre quanto elas poderiam ter feito melhor se tivessem se esforçado mais. Um adolescente disse: "Posso fazer de tudo, e eles esperam mais. Tremo quando ouço um elogio, pois sei que expectativas mais altas virão a seguir." E, como já dissemos em uma resposta anterior, algumas crianças atribuem o sucesso a coisas fora de seu controle, assim, os elogios parecem ocos.

Queremos enfatizar que, quando as crianças têm dificuldade para aceitar elogio, isso não significa necessariamente que elas não querem receber o elogio. Muitos pais, que vivem recebendo uma resposta pouco entusiástica depois de oferecer aos seus filhos um comentário positivo, poderiam fazer a pergunta que você fez: "Devo parar de elogiá-lo, uma vez que ele parece tão incomodado com isso?" Acreditamos que, quando as crianças merecem comentários e avaliações positivos, devemos dá-los, sim, mas, como pais, temos que achar um jeito de fazer isso de modo a diminuir qualquer possível embaraço ou qualquer rejeição imediata aos nossos comentários.

Muitos pais nos falam que suas crianças aceitam os elogios mais facilmente quando ninguém está presente. Porém, no caso de seu filho, ele tem dificuldade para aceitar elogios até mesmo nessa situação. Não sabemos ao certo por que isso acontece e, é claro, precisaríamos de uma quantidade de informações maior para classificar os fatores que poderiam estar alimentando esse comportamento. Uma possível abordagem, porém, seria você escrever um bilhete para seu filho no qual você o elogia. O benefício de um bilhete é que ele pode lê-lo sozinho e, em vez de rejeitar o que você escreveu de imediato, ele pode refletir sobre isso. Trabalhamos com pais que escreveram tais bilhetes e até admitiam no começo do texto que sabiam que a criança não gostava de receber elogios, mas eles queriam muito que ela soubesse como eles se sentiam. Um pai que adotou essa abordagem nos ligou para dizer que seu filho estava muito mais aberto a aceitar comentários positivos por meio de bilhetes e, de vez em quando, se sentia mais à vontade para receber os elogios pessoalmente.

Se seu filho jogou bem, você ainda pode dizer "bom jogo", mas, se ele é inibido, não faça isso perto de outras pessoas. Também, esteja preparado para o caso de ele se sentir apreensivo ao ouvir seu elogio. Se parecer apropriado, comente que há tempos você vem reparando que ele está indo muito bem em determinada coisa, mas que você está procurando encontrar o melhor modo para lhe falar. Outra sugestão é tentar relacionar os momentos de maior receptividade aos elogios a alguns fatores que possam estar atuando para isso

Nosso conselho básico é que, quando o elogio é merecido, devemos elogiar nossas crianças, sim, mas de um modo que elas possam aceitar mais facilmente o que temos a dizer. Precisamos assegurar que nossos comentários positivos não as envergonhem, temos que focalizar as contribuições da criança ao seu próprio sucesso e, importante, *não* devemos dizer logo em seguida que suas realizações poderiam ter sido até maiores se elas tivessem se esforçado um pouco mais.

PERGUNTA

Você pode mimar as crianças exagerando sobre alguns de seus sucessos? Sei que as crianças precisam de elogios. Eu sempre grito muito quando minhas crianças marcam um gol no futebol ou fazem um ponto no jogo de beisebol. Minha esposa diz que eu os elogio por qualquer coisinha e que, assim, eles nunca vão aprender que o verdadeiro sucesso requer esforço e trabalho duro. Acho que ela não os elogia porque tem medo de mimá-los. Quem está certo?

Resposta

Se você não se importar, não nos ocuparemos de um debate sobre quem tem razão — se você ou sua esposa. Em vez disso, faremos alguns comentários sobre o papel do elogio e da avaliação positiva no desenvolvimento de uma criança. Esperamos que esses comentários sirvam como um catalisador para você e sua esposa discutirem e refletirem depois. Talvez vocês possam mudar um pouco seu comportamento.

As crianças merecem e apreciam a avaliação positiva, mas, como qualquer tipo de reação por parte dos pais, ela deve ser feita de um modo razoável. Se seu filho marca um gol, não vemos nada de errado com você gritar: "Que golaço!" Porém, se você for demasiadamente exuberante, se o elogio parecer dirigido a uma estrela do futebol, isso pode, de fato, envergonhar seu filho. Declarações encorajadoras devem ser comensuráveis de acordo com o que a criança realizou. As crianças sabem quando um certo nível de elogio não é merecido e, quando isso acontece, diminui o senso de sucesso delas.

Se os pais elogiarem uma criança em quase tudo, então o elogio perde o sentido. Acreditamos que os pais podem encorajar as crianças em suas atividades e reconhecer o compromisso delas com uma tarefa ou sua paixão por um jogo sem constantemente dizer-lhes quão maravilhosas elas são. Um perigo de simbolicamente colocarmos uma criança em um pedestal é o tamanho da sua queda quando ela tiver um jogo ruim ou tirar uma nota baixa na escola. A criança se sentirá menos amada, menos aceita?

Obviamente não estamos presentes quando você faz os comentários positivos para seus filhos. Repare se isso acontece "por qualquer coisinha" e se suas reações devem mesmo ser modificadas. Também, repare o que você diz e faz depois de um jogo em que suas crianças não se saem tão bem. Falamos com pais que levam seus filhos para sair somente se o time da criança ganhar o jogo ou se ela tiver uma participação muito boa. Esse tipo de reação dos pais é semelhante ao amor condicional e, na verdade, isso só diminui o sentimento de realização.

Da mesma maneira que acreditamos que há coisas que você deveria considerar quando elogia seus filhos, também acreditamos que sua esposa deve refletir sobre a posição dela. Se for verdade que ela não oferece avaliação positiva por medo de mimar os filhos, então ela deve ter cuidado para que eles não pensem que ela não se preocupa com eles ou não valoriza seus sucessos. Em nossas práticas clínicas, conhecemos muitos adultos cujos pais raramente lhes faziam um comentário positivo. Uma mulher não pôde recordar uma única vez em que seu pai disse algo positivo em relação às suas realizações. Ela disse com tristeza e raiva: "Minha mãe sempre dizia que meu pai estava orgulhoso de mim, mas, se isso fosse verdade, por que ele não me falava diretamente?"

As crianças devem saber que nós as amamos e as aceitamos incondicionalmente. Nossa avaliação positiva deve servir para reforçar os sentimentos de sucesso da criança de maneira realista. O elogio indiscriminado ou a carência de elogio privarão a criança desse sentimento de realização.

PERGUNTA

Meu filho de 11 anos tem problemas com leitura e matemática. Ele recorre ao reforço na escola. Ele compareceu a uma reunião que nós tivemos com sua professora para analisar seu progresso e definir metas para o ano seguinte. Eu achei uma boa reunião. Porém, meu filho disse algo muito interessante no caminho de volta para casa. Ele reparou que, no começo da reunião, a professora falou que ele era bom em Ciências e em Estudos Sociais e imediatamente passou a discutir os problemas dele com leitura e Matemática. Ele é uma criança bastante observadora e perguntou: "Por que os adultos passam tanto tempo discutindo os problemas das crianças em vez de falar sobre o que elas fazem bem?" Eu fiquei impressionada com o que ele disse. E percebi que eu focava mesmo mais os problemas do que seus pontos fortes, e não sabia qual a melhor maneira de reagir. O que posso fazer e sugerir aos professores dele sobre focar mais seus pontos fortes?

Resposta

Seu filho é muito perceptivo e levantou uma questão importante e freqüentemente negligenciada. Enquanto vários pais e professores podem mencionar e reconhecer os pontos fortes das crianças, muito de nossa energia é dirigida a resolver problemas ou fraquezas com a errônea convicção de que, fazendo assim, as crianças serão mais felizes e mais prósperas em sua transição para a vida adulta. Infelizmente, há muito pouca pesquisa que sustente tal convicção. Na realidade, parece ser o oposto. Quando crianças com históricos problemáticos na área das realizações escolares, como seu filho, são entrevistadas na fase adulta, elas raramente descrevem suas experiências escolares como a base para qualquer sucesso, satisfação ou felicidade que alcancem em vida. Em geral, ocorre o oposto. Particularmente entre adultos com históricos de inaptidões de aprendizagem que passaram para a vida adulta de maneira próspera, é a identificação de suas forças e habilidades combinada a oportunidades para reforçar e exibir essas ilhas de competência que é percebido como o verdadeiro "segredo" do sucesso.

Sugerimos que você deixe seu filho saber que ele fez uma observação muito interessante e que, na realidade, os adultos não deveriam apenas focar as áreas problemáticas dele, mas também seus pontos fortes. Focar os pontos fortes não significa simplesmente listá-los, mas, sim, descobrir como aproveitá-los da melhor maneira possível. É por isso que defendemos que os planos pedagógicos comecem com uma lista dos pontos fortes da criança e uma descrição de como tais pontos fortes serão usados. Considerando que seu filho é proficiente em Ciências e Estudos Sociais, o pensamento deveria ser voltado para como uma pessoa poderia empregar essas habilidades para ajudá-lo a se sentir mais competente. Uma possibilidade seria programar horários para ele ajudar uma criança mais nova com as experiências de Ciências. Quando as crianças têm oportunidades para brilhar e desenvolver as ilhas de competência, elas se sentem mais prósperas. Esse sentimento de sucesso real abastecerá a confiança e aumentará a vontade da criança de se engajar em áreas acadêmicas que requerem mais esforço e trabalho duro.

Você pode compartilhar esses pensamentos com os professores do seu filho. Quando trabalhamos com professores na identificação e exibição das ilhas de competência de uma criança, os professores geralmente relatam o aumento da motivação que eles observam na criança. Uma professora nos falou sobre um menino da quinta série: "No passado, ele negava ter dificuldade com certos trabalhos acadêmicos e resistia a qualquer ajuda, mesmo quando não estava indo bem. Porém, ele é um artista maravilhoso. Quando eu lhe pedi que fizesse alguns cartazes, que depois pendurei na classe, e quando lhe pedi que mostrasse para as crianças do jardim de infância como desenhar personagens de história em quadrinhos, ele não apenas ficou eufórico, mas se tornou mais aberto a aceitar ajuda quanto aos assuntos acadêmicos."

PERGUNTA

Um de meus filhos responde a qualquer tipo de fracasso ou frustração desistindo das coisas. Ele realmente possui muitas habilidades, mas, como sempre acaba desistindo de tudo, ele realmente não desenvolveu o que vocês chamam de uma ilha de competência. Como posso ajudá-lo a permanecer tempo suficiente em uma atividade de forma que isso se torne um ponto positivo?

Resposta

Muitas crianças que lutam com questões de auto-estima rapidamente desistem de algumas atividades que provam ser desafiadoras. É como se elas fossem guiadas pela seguinte mentalidade: "Se eu não puder fazer isso agora, nunca vou poder. Assim, eu simplesmente desisto." Conhecemos várias crianças que requerem tempo extra e prática para obter êxito, mas, de acordo com a descrição de seu filho, ele tem dificuldade em acreditar que muitas tarefas desafiadoras podem ser superadas. Há algumas possíveis abordagens. Repare se há quaisquer atividades nas quais ele persevera e comece reforçando-as. Em geral, se as crianças conseguem experimentar o sucesso em uma área, há mais chances de tentarem o sucesso em outras áreas. Use o sucesso do seu filho em um domínio particular para discutir como algumas coisas podem parecer difíceis no começo, mas que, com a prática, freqüentemente são aprendidas.

Em geral, se as crianças conseguem experimentar o sucesso em uma área, há mais chances de tentarem o sucesso também em outras áreas.

Além disso, você poderia discutir com seu filho a questão de assumir um compromisso para se manter em uma atividade. Por exemplo, você pode lhe dar uma opção de um entre dois esportes e dizer a ele, com antecedência, que o compromisso é para o semestre inteiro. Se, depois de alguns jogos, ele disser que quer desistir, você o lembra de que ele assumiu um compromisso para o semestre inteiro e deve honrá-lo. Conhecemos um menino que quis aprender a tocar clarinete. Inicialmente, ele pôde usar o clarinete da escola, mas, depois de um mês, ele teve que decidir se continuaria tendo aulas do instrumento, o que implicaria a compra de um clarinete próprio. Ele disse que queria continuar. Considerando que tinha um histórico de desistência das coisas, seus pais conversaram com ele e disseram que comprariam o instrumento, mas ele teria que assumir um compromisso de freqüentar as aulas durante o ano escolar inteiro. Ele concordou. Cerca de dois meses depois, como estava tendo problemas para aprender a tocar, ele disse para os pais que o instrumento "fedia" e não queria mais tocar.

Os pais usaram a empatia com ele, mas o lembraram do compromisso que tinha assumido. Ele disse depressa: "Bem, as pessoas não podem mudar de idéia? Vocês já não mudaram de idéia antes?" Eles responderam "sim" a ambas as perguntas, mas disseram que se preocupavam com a freqüência com que ele mudava de idéia, e sentiam que ele não se dava uma chance para ver o que poderia realizar — por isso que eles tinham lhe pedido que assumisse um compromisso com eles antes que comprassem o clarinete. Embora no começo o menino não tenha ficado contente com a posição dos pais, ele continuou tendo aulas. Isso provou ser uma lição importante, pois ele se tornou um tocador de clarinete cada vez melhor e até tocou sozinho em uma festa na escola. Mais importante ainda, ele aprendeu que as habilidades levam tempo para se firmarem e, desistindo muito depressa, você perde a oportunidade de desenvolver suas ilhas de competência e seu senso de realização.

PERGUNTA

Depois de ouvir vocês em um workshop, eu fiquei intrigado pela noção das ilhas de competência. Parece óbvio que todas as crianças precisam de algumas áreas nas quais sintam um senso de realização ou orgulho. Mas vocês poderiam esclarecer como o sentimento de possuir uma ilha de competência contribui para uma mentalidade confiante e segura? Importa qual seja essa ilha de competência? É relevante que os pais ou outras crianças vejam isso como uma habilidade importante?

Resposta

Acreditamos que, para as crianças desenvolverem uma mentalidade confiante e segura, elas devem ter pelo menos uma ou duas ilhas de competência, ou áreas de pontos fortes. Se as crianças não acreditam que são competentes em qualquer área, é provável que se sintam inseguras e vulneráveis. Por causa da baixa auto-estima e da falta de confiança das crianças, elas são propensas a desistirem de desafios ou se ocuparem de estratégias de combatividade contraproducentes — como desistir ou se intimidar para evitar possível humilhação. Lembre-se de que uma característica importante de uma mentalidade resiliente é a convicção de que temos pontos fortes. O sucesso cria o sucesso. Identificar e reforçar uma ilha de competência pode servir como um catalisador para tentar outros desafios e para lidar mais efetivamente com os erros.

Você levanta várias perguntas vitais sobre a importância de uma ilha de competência para a criança e se é relevante os pais ou outras crianças enxergarem a ilha como algo de valor. De certo modo, já respondemos a essas perguntas em questões anteriores deste capítulo, mas acreditamos que vários pontos merecem ser enfatizados. A realidade é que a força de uma ilha de competência para uma criança é definida em grande parte pelo modo como as outras pessoas percebem a relevância dessa ilha. Quanto mais valorizada for a ilha para pessoas significantes na vida de uma criança, mais a criança incorpora um senso de orgulho e realização. Assim, uma criança que é proficiente em jogos de bolinhas de gude, mas mora em uma comunidade e/ou casa onde ninguém mais joga o jogo ou tem interesse nele, não terá tanta satisfação comparada a uma criança cujos amigos também valorizam o jogo. Como pais, isso não significa que deveríamos desencorajar nosso filho a jogar bolinhas de gude. Em vez disso, nós poderíamos lhe sugerir que convidasse os amigos e lhes ensinasse o jogo. Também poderíamos pensar em encorajar outras ilhas de competência que tenham maior reconhecimento entre seus colegas.

Como pais, temos que criar ilhas de competência até mesmo quando elas não forem de grande interesse para nós ou para os amigos de nossas crianças. Deveríamos fazer isso por pelo menos duas razões. Uma delas é transmitir a nossos filhos que nós reconhecemos e apreciamos seus pontos fortes únicos. Esse senso de aceitação servirá como uma importante base para a resiliência. A segunda razão é que, enquanto uma ilha em particular pode não parecer ser relevante agora, em algum ponto, ela poderá assumir maior significação aos olhos das outras pessoas. Devemos ter cuidado para não impor às nossas crianças o que achamos que seus pontos fortes deveriam ser e prestar mais atenção aos reais pontos fortes de nossos filhos. Nós trabalhamos com muitas crianças que foram desviadas de certas atividades que lhes traziam muita alegria (por exemplo, jardinagem) para ser dirigidas para outras atividades (por exemplo, esportes) que os pais valorizam mais, porém nas quais a criança tem pouco interesse. É muito difícil uma criança ter um senso de orgulho em uma determinada atividade quando outras pessoas importantes para elas diminuem a relevância dessa atividade.

Como pais, temos que criar ilhas de competência mesmo quando elas não forem de grande interesse para nós ou para os amigos de nossas crianças.

Em essência, ter ilhas de competência contribui grandemente para uma mentalidade confiante e segura; nós devemos criar essas ilhas em nossos filhos e transmitir a eles o nosso orgulhoso por suas realizações.

8

Os Erros São Experiências com as Quais Aprender

PERGUNTA

Vocês sugeriram que o modo como as crianças pensam sobre os erros e como os sentem é mais importante do que os erros em si. Porém, acho que nossa cultura hoje ensina as crianças a evitá-los. Como, então, os erros podem contribuir para uma mentalidade confiante e segura?

Resposta

Enquanto várias pessoas acreditam que os erros devem ser evitados, nós somos da opinião de que há muitas que reconhecem que os erros, se controlados efetivamente, podem servir como uma força importante para desenvolver uma mentalidade confiante e segura. Na realidade, não há um modo de evitar totalmente os erros e fracassos, pois eles fazem parte da vida de qualquer indivíduo. Tentar superproteger nossas crianças e nos intrometer sempre que sentimos que elas podem falhar em uma tarefa, para que elas não enfrentem o fracasso contínuo, acaba roubando dessas crianças uma lição importante: que os erros são experiências com as quais aprender. Isso também passa outra mensagem sutil — ou não tão sutil assim —

para elas: não acreditamos que vocês sejam fortes o bastante para lidar com obstáculos e erros.

Não estamos dizendo para você jogar seu filho em uma piscina funda sem que ele saiba nadar e lhe diga que essa experiência poderá ser útil para alguma coisa. Não é isso... O fato é que podemos fornecer oportunidades nas quais monitoramos os tipos de erros que as crianças cometem e asseguramos que o modo como elas lidam com essas situações conduzirá ao aprendizado e ao crescimento.

As maneiras como as crianças entendem e reagem aos erros e revezes são um componente fundamental de uma mentalidade resiliente. Crianças confiantes e seguras perseveram quando encontram tarefas difíceis. Em geral, acabam atribuindo os erros, particularmente se a tarefa for realizável, a coisas que elas podem mudar. As crianças vêem os pais e outros adultos como disponíveis para ajudá-las e não hesitam em buscar ajuda quando necessário. Assim, quando as crianças resilientes fracassam em uma prova na escola ou fazem uma jogada errada em uma partida de futebol, elas consideram o que podem fazer de maneira diferente para ter sucesso da próxima vez, além de quais adultos elas podem chamar para pedir ajuda. As crianças podem procurar a professora ou os pais para buscar informação sobre como estudar mais efetivamente ou, então, procurar o treinador para tentar melhorar como jogadoras.

As crianças resilientes também possuem a perspicácia e a coragem para reconhecer quando uma tarefa pode apresentar demandas que estão além de suas habilidades. Nessas ocasiões, em vez de se sentirem rejeitadas, elas dirigem suas energias para outras tarefas que estão dentro de sua capacidade. Tais crianças possuem uma das características mais importantes de uma mentalidade confiante e segura: a convicção de que a adversidade pode conduzir ao crescimento. Elas vêem situações difíceis como desafios e não como tensões a serem evitadas. A resiliência dessas crianças é reforçada toda vez que confrontam e dominam esses desafios. Se as crianças não foram "testadas", então como elas saberão o que são capazes de alcançar?

As maneiras como as crianças entendem e reagem aos erros e revezes são um componente fundamental de uma mentalidade resiliente.

Em contraste, crianças que geralmente não são resilientes percebem a maioria dos erros e fracassos como eventos que estão além de seu controle. É como se cada erro reforçasse a convicção: "Sou um fracassado" ou "Sou um idiota" ou "As coisas não podem melhorar, mesmo". Uma criança pessimista nos falou: "Nasci para perder e foi Deus que me fez assim". Quando as crianças possuem esse tipo de mentalidade e acreditam que não têm a habilidade para aprender com os erros, elas freqüentemente tentam mascarar esse sentimento confiando em modos contraproducentes de lidar com as situações — aí acabam desistindo das tarefas, culpando as outras pessoas ou não assumindo responsabilidade. Nós usamos a palavra *contraproducente* porque esses modos de reagir servem para minorar a possibilidade de sucesso futuro e o aparecimento de uma mentalidade confiante e segura. Por exemplo, observamos a reação de um menino que, em um jogo de beisebol, rebateu para fora nas duas vezes em que esteve com o bastão. Depois da segunda vez, ele arremessou o bastão e gritou com o árbitro (que era um pai voluntário atuando como árbitro naquele dia): "Você é cego! Alguém já lhe falou alguma vez que você é cego?" Então, o menino saiu do campo se recusando a voltar ou conversar com o treinador. Ele culpou o árbitro, mas, quando nós o assistimos, pudemos notar quanto ele se sentiu culpado.

Em essência, como você verá em nossas respostas às perguntas a seguir, acreditamos que, contanto que as crianças vejam os erros como uma base para o aprendizado, o amor-próprio, a auto-estima e a confiança delas aumentam. Porém, se elas se abatem com os erros, a auto-estima e a confiança diminuirão, dificultando-lhes ainda mais a percepção dos possíveis aspectos positivos dos erros e fracassos. Assim, como pais, devemos refletir sobre como nós reagimos aos erros de nossos filhos e perguntar para nós mesmos se estamos comunicando a seguinte mensagem: "Todos nós cometemos erros. Acreditamos que você pode aprender com esses erros dadas as suas habilidades e competência e estamos aqui para ajudá-lo nesse processo".

PERGUNTA

Meu filho de 13 anos sempre foi bastante quieto e tímido. Quando começou a ir para a escola, ele tinha dificuldades para se separar do pai ou de mim. Ele tem poucos amigos, é raro participar ativamente na classe, mas é comportado e bom aluno. Quando era menor, meu filho tinha medo de quase tudo. E, hoje, muitas das atividades das quais as outras crianças desfrutam, ele evita, explicando que simplesmente não gosta daquilo. Achamos, isso, sim, que tais atividades o deixam nervoso. Ele também tende a se preocupar com coisas as quais são irrelevantes para ele — como o estado financeiro de nossa família ou até mesmo se temos gasolina suficiente no carro. Nós nem sequer sabemos como ele reage aos erros, já que vive evitando toda e qualquer situação na qual ele percebe que pode não ter êxito. Meu filho se exclui das atividades sociais e das extracurriculares na escola. Sentimos que ele está perdendo muitas oportunidades. Por que ele faz isso? Será medo de errar? O que podemos fazer?

Resposta

Sua descrição sugere que seu filho experimenta um grau excessivo de ansiedade ou preocupação em comparação a outras crianças. Problemas com ansiedade são a forma mais prevalecente de dificuldades nos adultos, e eles aparecem mais freqüentemente em crianças se comparados a outras questões psiquiátricas. As dificuldades com a ansiedade podem assumir muitas formas, mas suas características básicas são tensão, preocupação, choro e apreensão. Algumas crianças parecem ser ansiosas desde o nascimento, parecendo bastante tímidas, caladas e isoladas e, como você mesma disse, evitam qualquer situação na qual possam falhar. Infelizmente, quando as crianças demonstram problemas para se separar de seus pais quando vão à escola, elas são mais vulneráveis a problemas contínuos associados à ansiedade.

A ansiedade da separação é bem comum. A característica essencial dessa condição é a ansiedade da separação das pessoas das quais as crianças são mais próximas, normalmente os pais. Muitas crianças que apresentam a ansiedade da separação também experimentam outros medos e preocupações. Mesmo quando as crianças se acostumam com a separação de membros da família, elas continuam demonstrando outros problemas relacionados à preocupação excessiva. Esse parece ser o caso do seu filho. Como há tempos ele apresenta tais dificuldades, sugerimos que você busque ajuda profissional. Sua criança pode estar lutando com o que chamamos de uma desordem de ansiedade generalizada. As crianças nessa situação são descritas como previdentes. Elas se preocupam com eventos presentes e futuros. E freqüentemente se sentem culpadas por falhas reais ou imaginárias. Elas tendem a ser perfeccionistas, evitando muitas atividades, porque, como você mesmo relatou, temem os erros. Às vezes, essas crianças experimentam sintomas físicos como dor de estômago ou dor de cabeça. Outras vezes, não.

De acordo com suas observações sobre seu filho, ele parece ter um problema adicional que se tornou mais bem conhecido dos profissionais nos últimos 10 anos — a ansiedade social ou fobia social. Crianças com esse problema parecem incomodadas ou nervosas em situações sociais. Elas freqüentemente se retraem, limitando suas atividades sociais como um meio de evitar o sentimento de inadequação. Diferente de algumas crianças que percebem os erros como coisas ruins, indicadoras do quão inadequadas elas são, as crianças com desordens de ansiedade evitam situações nas quais percebem que podem facilmente se sentir mal. Assim, o problema dessas crianças não é tanto o medo de erros, mas o esforço para evitar o sentimento de desconforto quando percebem que tarefas difíceis estão à frente.

Já sabemos, de acordo com a descrição dessas diferentes formas de ansiedade, que qualquer pai e/ou mãe pode se sentir desencorajado com o diagnóstico de seu filho. As boas notícias são que os problemas de ansiedade em crianças e adultos são as condições mais efetivamente tratadas em toda a psiquiatria. Você pode ser pego de surpresa ao saber que o melhor tratamento para esse problema não é medicamento, mas sessões de aconselhamento conhecidas como terapia comportamental cognitiva. Com essa forma de aconselhamento, as crianças aprendem a identificar a ansiedade ou as situações que provocam a ansiedade, e a desenvolver uma mentalidade para administrar seus sentimentos e, eventualmente, confrontar e superar as atividades desafiadoras.

Há um outro ponto que queremos enfatizar. Embora você não tenha mencionado isso em sua pergunta, conhecemos alguns pais amorosos que ficam tão frustrados (e se sentem tão desamparados) com as preocupações de seus filhos que eles podem dizer coisas que fazem a criança se sentir ainda pior, apesar de suas boas intenções. Quais são esses comentários? Alguns exemplos: "Seja um menino (menina) valente, esquece esse medo todo", "Ninguém gosta de você porque você não faz esforço algum para dizer oi para as pessoas", "Se você continuar desistindo de fazer as coisas, nunca vai ser feliz.", "Não entendo por que você tem medo de tudo; não há nada a temer" e "Você deveria tentar com mais afinco". Uma criança nos falou: "Eu me preocupo com tantas coisas e, então, quando meus pais ficam bravos comigo por causa disso, eu fico ainda mais preocupado porque sei que eles estão bravos comigo e eu os desapontei".

O que as crianças ansiosas precisam ouvir são declarações empáticas que reconheçam sua angústia e ofereçam uma esperança realista. Como um exemplo, os pais poderiam dizer: "Eu sei que há muitas coisas com as quais você se preocupa e isso não é fácil para você. Sei também quanto você gostaria de não se preocupar tanto. Há pessoas que podem ajudar com esse problema e nós vamos procurar ajuda, sim." Tal comentário, acompanhado por um abraço, pode ser muito útil para a criança.

PERGUNTA

Nossa filha de 12 anos realmente nos frustra muito. Nós não achamos que somos pais perfeccionistas ou que esperamos demais dela, mas constantemente ela desiste das coisas quando não obtém sucesso de imediato. Por exemplo, ela teve aulas de violino durante dois meses e disse que o instrumento era muito difícil de aprender e simplesmente desistiu de tudo. Apesar de não ter deixado o time de futebol do clube, pois ela se preocupa com o que as outras crianças possam dizer, sempre joga com pouco entusiasmo e já nos falou que não quer jogar novamente no ano que vem. Estamos preocupados, pois tememos que nossa filha não consiga lidar com o fato de não ser perfeita. O que podemos dizer a ela?

Resposta

Anos atrás, não era incomum os profissionais da área da saúde mental culparem os pais caso a criança fosse perfeccionista. O primeiro pensamento era: "Esses pais devem ter colocado muita pressão nessa criança para que ela fosse perfeita". Ainda que o estilo dos pais possa contribuir para seu filho ser perfeccionista, hoje nós sabemos que biologicamente algumas crianças têm tendências mais fortes ao perfeccionismo desde o nascimento, muito mais do que outras. Uma mãe nos falou que, quando o filho dela tinha 18 meses de idade, ele costumava construir uma torre de blocos. Se os blocos não se alinhassem perfeitamente, ele derrubava a torre e gritava: "Blocos feios". Essa mãe ainda disse: "Ele tinha apenas 18 meses de idade e já parecia pressionado a fazer as coisas de maneira perfeita. Hoje ele tem 9 anos e ainda fica transtornado quando as coisas não saem como ele quer. Se comete um erro em uma prova, é como se fosse o fim do mundo. E, assim como ele culpava os blocos, dizendo 'blocos feios', agora ele culpa a professora."

Enquanto a predisposição biológica de uma criança exerce seu papel no perfeccionismo, devemos ter cuidado para não dizer ou fazer coisas que reforcem a convicção dessas crianças de que a perfeição é o único nível aceitável de desempenho. É crucial evitar criar expectativas muito altas, ou tecer comentários negativos quando nossos filhos cometem erros, ou proferir observações humilhantes sobre a capacidade deles (por exemplo: "Você alguma vez já usou o seu cérebro?" e "Você é tão burro assim?"). Essas experiências negativas facilmente poderiam levar uma criança a acreditar que ser perfeita é o único nível aceitável de desempenho.

Quanto à sua filha, assumindo que nenhuma pressão excessiva foi colocada sobre seu desempenho, é razoável concluir que ela possui fortes necessidades inatas em relação ao perfeccionismo. Você não mencionou como ela está indo na escola. Freqüentemente, as crianças com boas habilidades escolares, combinadas com o perfeccionismo, conseguem se sair bastante bem até as demandas aumentarem no ensino médio e na faculdade. Então, a partir daí, muito poucas crianças conseguem executar suas tarefas de forma perfeita. Nessas situações, muitas delas enfrentam problemas, em geral se sentindo inadequadas apesar de um histórico de desempenho excelente.

De certo modo, crianças perfeccionistas precisam ser insensibilizadas. A insensibilidade é um termo usado quando indivíduos, por meio da exposição repetida a um evento que provoque ansiedade ou temor, se sentem mais confortáveis enfrentando e lidando com esse tipo de evento. Às vezes, os pais podem fazer isso sozinhos, mas, de acordo com nossa experiência, a contribuição de um profissional que aconselhe os pais e a criança geralmente é indicada. O processo normalmente começa ajudando as crianças a explorar seus sentimentos sobre a necessidade de ser perfeito e, com o passar do tempo, confrontar e concluir tarefas que elas podem não conseguir executar perfeitamente. Ao examinar a necessidade das crianças de serem perfeitas, um profissional poderia perguntar algo como: "O que acontece quando você comete um erro?", "Como você se sente quando as coisas não saem perfeitas?", "Você alguma vez já cometeu um erro e depois disso as coisas deram certo?" (Essa última pergunta ajuda a avaliar as ocasiões em que o perfeccionismo não foi proeminente.) Os profissionais podem encorajar as crianças perfeccionistas a correr alguns riscos realistas e fazê-las considerar as possíveis conseqüências. Muitas crianças descobrem que o medo de não ser perfeito é exagerado.

Por exemplo, nós nos lembramos de um menino de 13 anos que vimos em terapia que ficava acordado até tarde da noite para concluir todo seu trabalho e estudar até que ficasse exausto. Ele acreditava que, se não conseguisse um 10 de média, seus pais ficariam desapontados e ele poderia não entrar em uma boa faculdade. Nas sessões de terapia familiar, seus pais reafirmaram que não esperavam que ele tirasse somente notas altas, e que haveria muitas faculdades boas nas quais ele poderia entrar mesmo se não tirasse somente 10. Os pais examinaram alguns de seus comentários que poderiam ter reforçado o perfeccionismo do filho. Esse episódio é bastante peculiar, pois, a maioria das famílias com quem trabalhamos nos procura por causa das notas baixas de seus filhos, e a ironia desse caso é que a indicação de nosso sucesso na terapia com esse menino foi quando ele tirou um 8 no boletim escolar e conseguiu fazer humor com o fato de não ser perfeito.

Focalizando especificamente os problemas de sua filha, você poderia discutir com ela, de um modo empático, a pressão que ela está exercendo sobre si mesma. Talvez isso lhe permitirá falar sobre as preocupações que ela relaciona aos erros. Como esse problema parece estar afetando muitas áreas da vida de sua filha, talvez fosse melhor buscar ajuda de um profissional da área da psicologia.

PERGUNTA

Nós temos dois filhos, de 11 e 14 anos. O filho mais novo parece colocar pressão excessiva sobre si mesmo e acaba se frustrando e ficando bravo quando não atinge suas metas. Porém, achamos que parte do problema é o fato dele estabelecer metas muito altas. Quando nosso filho mais velho tinha 11 anos, ele foi o maior marcador de pontos na liga de basquetebol. Nosso filho mais jovem é um ótimo jogador, mas não é o maior marcador de pontos da liga. Notamos que ele culpa os colegas do time por não lhe passarem a bola ou o juiz por não punir o time adversário quando ele acha que as regras foram infringidas. Constantemente ouvimos desculpas. Assim, temos duas perguntas: como ajudar uma criança a ser mais realista sobre seus pontos fortes e suas fraquezas, e como podemos ajudá-la a lidar com os fracassos e erros?

Resposta

Sem querer soar muito técnico, seu filho mais novo parece ter o que chamamos de local de controle externo. Isto é, ele percebe os eventos da vida como se esses fossem controlados por forças além de seu alcance. Quando as crianças têm essa visão, elas sentem dificuldade até mesmo para assumir seus sucessos, e freqüentemente atribuem suas realizações à sorte ou a alguma chance. Apesar de algumas crianças não verbalizarem essa convicção, elas acreditam nisso.

Crianças que usam esse local de controle externo culpam as outras pessoas quando falham. Como já dissemos em respostas anteriores, geralmente isso acontece porque elas atribuem os erros a coisas que não podem alterar. Considerando que elas acreditam que não podem corrigir seus erros, essas crianças lançam a culpa em algum outro lugar. Como você disse, elas são rápidas para dar desculpas e acham difícil assumir alguma responsabilidade pelos eventos em suas vidas. Essa é uma questão extremamente importante. Todos nós podemos pensar em adultos com quem escolhemos não interagir porque raramente eles assumem a responsabilidade por suas ações ou comportamentos.

Há vários passos que você precisa seguir para ajudar seu filho a desenvolver uma mentalidade mais confiante e segura em relação aos erros. Embora ajudar as crianças a modificar sua percepção dos erros seja um processo lento, esse passo é muito importante. Sua meta será ajudar seu filho a reconhecer que, embora não possa controlar todos os eventos de sua vida, ele desempenha algum papel no resultado de muitos deles. Gostaríamos de revisar quatro princípios básicos que você pode seguir.

Embora ajudar as crianças a modificar sua percepção dos erros seja um processo lento, esse passo é muito importante.

Primeiro, você deve servir como um exemplo de como lidar com erros e revezes. Pode levar bastante tempo, mas, se seu filho o observar lidando com erros de um modo razoável e responsável, há a probabilidade desse padrão ser moldado. Em nossas práticas clínicas, ficamos impressionados com a maneira como as crianças observam atentamente o que seus pais dizem e fazem quando se deparam com erros.

Segundo, tenha certeza de que suas expectativas são realistas — algo que nós discutimos anteriormente neste livro. Quando as expectativas são muito altas, nossas crianças experimentam diversas situações de fracasso que contribuem para que elas sintam que não são muito competentes.

Terceiro, é importante enfatizar que os erros não apenas são aceitos como também esperados. Como pais, podemos fazer isso de uma variedade de modos. Quando houver um problema na família, você pode tentar que os membros da família considerem soluções alternativas, e, quando uma solução for obtida, você pode declarar: "No caso disso não funcionar, qual é a nossa solução reserva?" Essa pergunta transmite que nem todas as soluções serão bem-sucedidas e que, quando não forem, há alternativas que podem ser usadas. Criar esse tipo de atmosfera em sua casa facilita dizer a seu filho (quando ele culpar os outros): "Eu sei que acha que seus colegas de equipe não estão passando a bola para você ou que o juiz não está fazendo um bom trabalho, mas talvez existam coisas que você possa fazer de maneira diferente". Assim, primeiro, você estará valorizando os sentimentos do seu filho (lembre-se, valorizar não significa concordar) e também o estará encorajando a ter uma visão mais responsável.

Finalmente, como seu filho parece estar se comparando ao irmão, é importante você fazer algo para diminuir esse comportamento. Repare se você sutilmente — ou não tão sutilmente assim — pode estar expressando pensamentos que reforcem essas comparações. Às vezes, como pais, nós nem mesmo percebemos quando estamos fazendo isso. Conhecemos uma família que afetuosamente se referia a um filho como "o cérebro", ao outro como "o atleta", e ao terceiro como o "Sr. Personalidade". Apesar desses pais usarem esses rótulos de uma maneira que eles consideravam amorosa, seus filhos entendiam tais títulos como moldes nos quais eles deveriam se encaixar. Para compensar sentimentos de comparação, certifique-se de que você identifica e reconhece as ilhas de competência do seu filho mais novo, especialmente quando essas ilhas são diferentes das áreas fortes do seu filho mais velho.

PERGUNTA

Nós temos quatro filhas. Observando o comportamento delas é difícil imaginar que estão sendo criadas na mesma casa. Duas delas sempre parecem mais serenas e controlam os erros de uma maneira tranqüila e eficaz. Elas simplesmente analisam o que fizeram e tentam trabalhar de maneira diferente em uma próxima vez. As outras duas são exatamente o oposto. Elas ficam tão chateadas com os erros que acabam ou dizendo que são burras ou que a prova estava cheia de pegadinhas, e ainda culpam os professores por não saberem ensinar a matéria. Uma de nossas filhas, que joga futebol, culpou a bola por sua má atuação no jogo, dizendo que ela estava "muito murcha". Se o comentário dela não tivesse sido tão triste, teria sido cômico. Por que crianças que crescem na mesma casa são tão diferentes? O que podemos fazer como pais?

Resposta

Como já mostramos, crianças nascidas dos mesmos pais chegam ao mundo com suas próprias "maquiagens" únicas. Desde o nascimento, as crianças têm temperamentos diferentes que influenciarão os modos como elas reagirão aos erros. Não estamos sugerindo que os pais não possam exercer alguma influência nessa maquiagem, mas, sim, que essa maquiagem influencia como os pais reagem aos seus filhos e como os filhos percebem o mundo. Assim, geralmente é regra, e não exceção, que crianças que crescem na mesma casa demonstrem padrões muito diferentes de temperamento e reação a erros e estresses. Algumas crianças nascem com uma predisposição para reagir mais forte e negativamente aos erros que outras. Portanto, elas têm mais chances de experimentar a frustração e se envolver em estratégias contraproducentes para enfrentar os problemas.

Lembre-se de que as crianças terão suas próprias interpretações e conclusões sobre as experiências que experimentarem. Tais interpretações e conclusões podem ser muito diferentes das nossas. O que você pode fazer quando isso acontece? Primeiro, é importante que entenda como cada uma de suas filhas reage ao estresse dos erros, já que sua reação a cada uma delas se baseia nessa compreensão. Obviamente, a sua filha que culpa a "bola murcha" parece estar transmitindo uma mensagem muito clara: "Eu não aceito a responsabilidade pelo meu desempenho, e a culpa é da bola". O que ela também está comunicando é a convicção de que pode não conseguir mudar e, assim, precisa culpar um objeto externo.

Em tal situação, normalmente é útil valorizar o que sua filha está dizendo (nós enfatizamos mais uma vez que valorizar não significa concordar) e então sugerir uma abordagem diferente. Assim, você poderia comentar: "Eu sei que parece que essa bola não estava tão cheia quanto você está acostumada, mas, talvez, ainda haja coisas que você possa fazer com a bola assim para melhorar sua atuação em uma outra partida de futebol". Se os sentimentos de sua filha sobre a condição da bola forem muito solidificados, você pode dizer: "Talvez possamos tentar outra bola, mas ainda pode ser importante aprender a jogar com qualquer bola, já que nunca sabemos como a bola realmente estará em uma partida".

Um segundo ponto importante que enfatizamos ao longo deste livro é sempre começar com os aspectos positivos. Para as suas quatro filhas, faça uma lista das situações nas quais elas perseveraram e não reagiram negativamente aos erros. Tente entender quais fatores podem estar contribuindo para a visão mais otimista de suas filhas quanto aos erros. Isso é especialmente importante para as duas que têm dificuldades para lidar com erros. Sugerimos que você comece com essas experiências, ajudando as meninas a reconhecer que há ocasiões em que deverão enfrentar os desafios sem desistir.

E, terceiro, observe seus comentários, não apenas quando suas filhas cometem erros, mas quando elas dão desculpas para esses erros. Suas expectativas estão de acordo com a capacidade de cada uma delas? Se suas filhas culpam outras pessoas, você fica brava com elas (uma reação natural) e diz algo negativo ou valoriza o que elas estão dizendo para que sejam mais receptivas a ouvir algumas possíveis soluções?

Como pais, precisamos nos lembrar de que nossos filhos nascem com diferentes percepções sobre os erros. Apesar de não produzirmos tais percepções, temos responsabilidade por descobrir os modos mais efetivos de ajudar a mudar as visões que impedem nossos filhos de perceber que os erros são verdadeiramente experiências com as quais aprender.

PERGUNTA

Meu filho tem problemas na escola para desenvolver as habilidades de autocontrole necessárias para concluir seu trabalho em um nível condizente com o que sabe. Sua professora usa um sistema de administração de comportamento. Ele ganha uma nota diária que lhe rende recompensas. Com o passar do tempo, meu filho começou a reagir cada vez mais negativamente a isso. Quando comentei que esse programa de administração de comportamento foi projetado para ajudá-lo, ele respondeu: "Você não entende, mãe, eles não gostam de mim, eles não gostam do jeito que eu sou; estão sempre tentando me corrigir". Como eu posso responder? Como posso ajudar meu filho a lidar com a situação de uma maneira mais bem-sucedida?

Resposta

Mesmo na melhor das circunstâncias, algumas crianças percebem que nossos esforços bem-intencionados para ajudar são baseados em nossa antipatia por certos aspectos de suas habilidades, comportamento e personalidade. Nessas circunstâncias, as crianças vêem quaisquer castigos ou recompensas que são oferecidos como esforços para consertar algo quebrado em lugar de processos para lhes ajudar a ter êxito. De muitas formas, seu filho está correto. A maioria dos planos educacionais é escrita para crianças que apresentam problemas de aprendizagem, comportamento ou socialização. Eles tendem a focalizar o que está errado com a criança e prestam pouca atenção aos pontos positivos e a como desenvolver as potencialidades.

Acreditamos que o problema pode não estar no programa, mas em quaisquer comentários feitos para seu filho, assim como também nos pensamentos e sentimentos dele sobre esse programa. Sua pergunta não informa se seu filho foi um participante ativo na criação do programa de classe. Sabemos que, quando um programa é desenvolvido, a criança deve ser envolvida no processo de sua criação. Deveríamos discutir com as crianças seus pontos positivos e negativos. Deveríamos assegurar que as crianças entendem a natureza de suas dificuldades e como um programa de intervenção focalizará tais problemas. Também devemos embutir oportunidades para as crianças exporem suas idéias sobre o andamento do programa, para que possamos proporcionar ajuda. Desenvolver esse tipo de parceria com as crianças nutre um senso de responsabilidade e controle e reforça as habilidades de resolução de problemas — todos componentes de uma mentalidade resiliente.

Por não sabermos até que ponto seu filho foi envolvido na implementação do programa de administração de comportamento da classe, nesse momento sugerimos que você comece falando com a professora. Houve alguma mudança no programa da escola? Houve uma ocasião em que um comentário sobre o programa foi feito pela professora ou por outros alunos que tenha sido recebido negativamente pelo seu filho? Acreditamos que também é importante você ter uma perspectiva mais ampla, ou "visão de helicóptero". Esse programa de administração de comportamento foi efetivo? Seu filho melhorou depois do seu início? É importante você ajudar seu filho a focalizar essa mudança positiva. Também acreditamos que o objetivo maior desses tipos de programas de administração de comportamento é não alterar o comportamento positivo, que deve permanecer intacto. Quando a professora reduzir o programa gradualmente à medida que seu filho obtém sucesso, ele deve poder reconhecer a importância desse programa; e começar a assumir responsabilidade por seu comportamento, desenvolvendo daí o lugar interno de que falamos quanto às mudanças positivas em seu comportamento e desempenho na escola.

Há uma última questão importante que desejamos reforçar que está ligada à declaração de seu filho de que a escola está tentando "consertá-lo". Como já dissemos, muitos planos educacionais negligenciam relacionar os pontos positivos de uma criança ou especificar como essas potencialidades serão usadas e exibidas na escola. Acreditamos que o programa do seu filho deveria incluir uma descrição das ilhas de competência dele e como essas podem ser utilizadas na escola. Por exemplo, uma criança com quem trabalhamos tinha dificuldades com autocontrole, mas adorava ajudar as outras pessoas (o desejo de ajudar é verdadeiro para quase todas as crianças). Ela gostava especialmente de cuidar de certas tarefas da escola. Como parte de seu plano educacional, ela chegava um pouco mais cedo todas as manhãs e ajudava o supervisor com tarefas específicas; tarefas essas que contribuíram para que ela se sentisse útil na escola e que lhe proporcionaram um sentimento de realização. Esse senso de realização logo se espalhou para seu rendimento acadêmico.

PERGUNTA

Em um de seus workshops vocês mencionaram que crianças resilientes acreditam que os erros são experiências com as quais aprender e não fatos que as façam se sentir derrotadas. Vocês disseram que elas acreditam que existem adultos que podem ajudar — pais, professores, treinadores. Mas nosso filho de 9 anos parece pedir ajuda todo o tempo. Quando dizemos que ele deveria primeiro tentar fazer as coisas sozinho, ele diz que não consegue e que precisa de nossa ajuda. Quando uma criança pede ajuda para tudo, todo o tempo, isso pode ser um sinal de baixa auto-estima e falta de confiança e segurança?

Resposta

Se uma criança solicita ajuda muito rapidamente, em geral isso é uma indicação de baixa auto-estima, pouco amor-próprio e insegurança — definitivamente isso não é um sinal de confiança e segurança. Quando crianças resilientes pedem ajuda, elas possuem um quadro realista de suas capacidades e aceitam a ajuda com a convicção de que isso as levará a ter maior êxito no futuro. Também, geralmente, elas apenas buscam ajuda depois de já terem fracassado algumas vezes com a tarefa. No extremo oposto, temos crianças como seu filho: a resiliência dele é tão frágil que ele busca ajuda sem descobrir primeiro o que é capaz de fazer. Freqüentemente tais crianças temem cometer erros e parecer tolas e, assim, não arriscam a possibilidade disso acontecer. Ao contrário, elas preferem contar com as outras pessoas. Apesar dessas crianças obterem alívio temporário se um adulto as ajuda a resolver o problema à mão, o alívio dura muito pouco, já que não fortifica a confiança e a segurança delas nem proporciona a coragem para tentar novos desafios sozinhas.

Quando crianças resilientes pedem ajuda, elas possuem um quadro realista de suas capacidades e aceitam a ajuda com a convicção de que isso as levará a ter maior êxito no futuro.

Na tentativa de ajudar seu filho, note se há momentos em que ele não pede sua ajuda imediatamente. Você pode criar uma lista de situações nas quais seu filho age de maneira independente. Como essas situações diferem daquelas nas quais ele hesita em proceder? Quando ele pedir ajuda muito rapidamente, você pode dizer que o ajudará, mas que gostaria que primeiro ele visse o que consegue fazer sozinho. Para facilitar esse processo, você pode ajudá-lo a começar, dando algumas dicas de como proceder, para depois se afastar. Se ele parecer resistir a isso, você deve ser empática e dizer que algumas coisas não são fáceis de realizar no princípio, mas depois cite as situações nas quais ele obteve sucesso sozinho. Ao focar os aspectos positivos, isto é, as situações nas quais seu filho demonstrou independência e confiança, você pode reforçar a noção de que ele tem a capacidade para agir mais independentemente. O reforço dessa convicção, em geral, é um processo em longo prazo com constante encorajamento e apoio dos pais. Reconheça que pode levar vários anos para seu filho se sentir bem para enfrentar sozinho os desafios cotidianos.

Como você está envolvida em ajudar seu filho a se tornar menos dependente de você, é importante que entenda a mentalidade dele. Ele se sente desamparado porque teme cometer erros? Ele percebe que você espera muito dele? Suspeitamos que nenhum desses seja o problema aqui, mas, sim, o temperamento do seu filho; temperamento esse que dificulta a construção de um reservatório de sentimentos positivos à medida que ele enfrenta novos desafios. Se esse for o caso, então, quanto mais você puder realçar os pontos fortes dele, quanto mais oferecer oportunidades para que ele se destaque e quanto mais fornecer avaliações realistas, mais bem preparado ele estará para assumir responsabilidades.

PERGUNTA

Nosso filho se dá por vencido muito facilmente. Ele culpa qualquer um por seus erros. Ele nos pediu que lhe comprássemos um modelo de avião para montar, o que nós fizemos. Ele teimou em montá-lo sozinho, porque é isso que normalmente faz. As asas não se encaixaram direito e havia cola por todo lado. Nós lhe falamos que ele não tem nenhum cuidado e que ele deveria ter aceitado nossa ajuda. Seu argumento foi o de que a cola é que era ruim. No dia seguinte, vimos que ele tinha jogado todas as peças do avião no lixo. Eu fiquei tão brava que acabei dizendo coisas que não deveria. Gritei com ele e falei que tudo o que ele sabia fazer era desistir de tudo. Ele saiu do quarto furioso. Eu gostaria de saber o que dizer nesses momentos e como ajudá-lo a aprender a não desistir das coisas.

Resposta

Entendemos sua frustração. Tal relato indica que seu filho verdadeiramente luta com aquilo que pode vir a provocar um erro. É interessante notar, porém, que a maneira como algumas crianças enfrentam esses problemas é fazendo as coisas sozinhas, quase como um modo de provar que elas são competentes e não precisam de ajuda alguma. Infelizmente, em geral, elas requerem ajuda quando subestimam a complexidade da tarefa e o resultado final é que elas não alcançam o sucesso. Ao enfrentarem um fracasso, elas assumem posições defensivas, culpando as outras pessoas, em lugar de assumir responsabilidade por suas ações.

Um dos desafios que você enfrenta como mãe é ajudar seu filho a entender que todos nós cometemos erros e que há pessoas disponíveis com quem podemos aprender a superar esses erros no futuro. Se você se sentir muito frustrada e transmitir comentários negativos, isso acentuará a atitude defensiva do seu filho, e ele será menos receptivo a aprender com você. Como já percebeu, comentários sobre a falta de cuidado dele ou dizer que ele se dá por vencido facilmente prejudicam o desenvolvimento de uma mentalidade confiante e segura, pois contêm um tom acusador.

O que poderia ajudar é começar a reforçar o desejo de seu filho de fazer as coisas de forma independente, mas sempre deixando claro que você está por perto para ajudar. Você pode dizer: "Que bom que você quer tentar fazer as coisas sozinho. Mas essa pode ser uma tarefa complicada, assim, se você precisar de ajuda, me avise." Esse tipo de declaração comunica que você reconhece que a tarefa é difícil e que seu filho pode não ter sucesso sozinho, mas que está lá para dar o seu apoio. Tal comentário pode servir para diminuir a atitude defensiva de seu filho. Você pode reforçar essa mensagem dizendo que há algumas tarefas para as quais todos nós precisamos de ajuda e, então, ofereça exemplos de sua própria vida. Seja consertando eletrodomésticos, arrumando o carro ou visitando o dentista, você pode explicar que nenhum de nós possui habilidades suficientes para entender ou concluir independentemente muitas das demandas e tarefas complexas que enfrentamos todos os dias.

Com o estabelecimento dessa base, sugerimos que você mantenha as linhas de comunicação abertas. Ofereça a seu filho a oportunidade para buscar ajuda se ele sentir que precisa dela. Se um erro for cometido, em vez de imediatamente apontá-lo, ajude seu filho a pensar sobre o que ele fará diferente na próxima vez. Sabemos que ele pode rejeitar sua oferta no começo. Várias interações irritantes podem ser necessárias, mas, por fim, sua paciência, apoio e disponibilidade ajudarão seu filho a lidar mais efetivamente com os erros e as frustrações.

Finalmente, se na realidade seu filho se ocupa da maioria das tarefas sem planejamento ou reflexão suficientes, se ele parece agir por impulso, e se tem dificuldade para manter a atenção e o esforço, parte do problema pode ser uma imaturidade no desenvolvimento de suas habilidades de planejamento e autocontrole. Se esse for o caso, além de seu apoio, as atividades que ajudam a construir habilidades como essas oferecidas por Myrna Shure em seu livro *Raising a Thinking Child* podem ser bastante úteis. No Capítulo 10, também ofereceremos sugestões adicionais baseadas no trabalho da Dra. Shure.

9

Responsabilidade, Compaixão e Consciência Social

Doando a Si Mesmo

PERGUNTA

Não quero parecer antiquada, mas lembro que, quando criança, eu tinha responsabilidades com as tarefas domésticas e fazia o que meus pais esperavam que eu fizesse. Entretanto, hoje tenho a impressão de que estamos criando crianças bem egoístas. Nossa filha de 15 anos parece ser desse modo. Ela é capaz de passar duas horas no telefone ajudando uma amiga com algum problema, mas não faz nada em casa. Outra noite, tudo o que pedimos para ela fazer foi guardar a louça da janta. Nisso, uma amiga ligou e as duas ficaram conversando um tempão. Finalmente, tivemos que a lembrar da louça. Ela, então, reclamou, e disse que eu vivo "pegando no pé" dela. Fiquei tão brava que acabei gritando que "pegava no pé" dela porque era uma filha irresponsável. Sua resposta foi que estava ajudando a amiga com problemas com o namorado. E, aí, eu perguntei por que ela não nos ajudava também, já que nós somos seus pais. Como posso me comunicar melhor com minha filha e ajudá-la a ser mais responsável?

Resposta

Muitos pais caem na armadilha de comparar uma criança que ajuda em casa a uma criança responsável. Enquanto concluir tarefas for um sinal de responsabilidade, isso não deve nunca ser usado como critério exclusivo para determinarmos se uma criança é responsável ou não. De fato, embora possa parecer um pouco estranho dizer isso, de acordo com a descrição de sua filha, ela está demonstrando responsabilidade, sim, mas não na área das tarefas domésticas. Você mencionou que sua filha pode gastar horas no telefone para ajudar uma amiga ao mesmo tempo em que negligencia guardar a louça do jantar. Apesar de não querermos negar que há responsabilidades, tais como lavar e guardar a louça, tirar o lixo ou limpar o quarto, que ajudam a vida familiar a fluir mais tranqüilamente, os pais não devem perder a perspectiva das muitas coisas positivas que uma criança está fazendo. Ajudar uma amiga é uma expressão de responsabilidade que toca valores importantes como compaixão e cuidado e pode ser mais importante até do que limpar pratos.

Achamos que, infelizmente, muitos pais citam as tarefas domésticas como as primeiras responsabilidades que eles esperam que seus filhos cumpram. Freqüentemente, apesar do fato de seus filhos serem membros responsáveis na escola e na comunidade em geral, os pais podem interpretar o não-cumprimento das tarefas domésticas como um sinal de que a criança é irresponsável. Embora não sejamos contra ajudar em casa, também não conhecemos nenhuma pesquisa que indique que as crianças que fazem as tarefas domésticas se tornam adultos mais atenciosos e responsáveis do que aquelas que não as fazem. Freqüentemente, nós nos espantamos com a quantidade de tempo que os pais gastam falando para seus filhos arrumarem a cama ou pendurarem a toalha no varal e não na porta. Embora fazer todas essas coisas possa ser "socialmente correto", não achamos que isso seja indicador de qualquer coisa importante em termos do desenvolvimento de uma criança.

É por isso que defendemos que os pais tenham uma "visão de helicóptero" sobre o que seus filhos estão fazendo. Uma visão de helicóptero lhe permitirá reservar um momento para pensar em sua filha e seu comportamento dentro de uma perspectiva mais ampla. Quando estamos preocupados com as responsabilidades cotidianas que esperamos de nossos filhos, como as tarefas domésticas, freqüentemente perdemos a visão das muitas áreas nas quais eles são responsáveis. Em lugar de rapidamente rotular sua filha como irresponsável, sugerimos que você mude o roteiro e comece elogiando sua preocupação, disponibilidade e apoio com a amiga. Depois que você reconhecer isso, acreditamos que será mais fácil discutir a ajuda dela nas responsabilidades familiares. Você pode explicar que não quer que ela ignore a amiga, mas que gostaria que ela pensasse em algum modo de equilibrar as coisas e cumprir com suas responsabilidades também em casa.

Quando estamos preocupados com as responsabilidades cotidianas que esperamos de nossos filhos, como as tarefas domésticas, freqüentemente perdemos a visão das muitas áreas nas quais eles são responsáveis.

Esse tipo de comentário pode incitar uma discussão sobre as responsabilidades mais importantes e quais podem ser consideradas secundárias. Por exemplo, nós trabalhamos com uma família na qual a mãe insistia para que seus três filhos arrumassem suas camas todas as manhãs. Isso parecia ser uma atividade regularmente negligenciada. Quando os pais se ocuparam de uma discussão com seus filhos sobre a questão das tarefas domésticas, essa mãe pôde mudar seu roteiro e tirar a arrumação da cama da lista de expectativas. Enquanto essa abordagem pode não funcionar com todas as famílias, a flexibilidade dessa mãe levou os três filhos a realizarem suas outras responsabilidades e, como você pode adivinhar, a casa não caiu porque as camas não foram arrumadas. Além disso, o humor matinal de todos melhorou muito.

Em essência, se você reconhecer e elogiar as atividades positivas nas quais sua filha está envolvida, provavelmente ela se tornará mais receptiva a escutar suas preocupações e considerar ativamente maneiras nas quais pode realizar certas expectativas. Dessa forma, as habilidades de resolução de problemas de sua filha são reforçadas, assim como seu senso de responsabilidade.

PERGUNTA

Eu acho que esse é um problema mais meu do que dos meus três filhos. Costumo focalizar problemas secundários, como deixar de tampar a pasta de dente ou arrumar suas camas. Porém, às vezes, eu me pergunto se essas realmente são tarefas secundárias. Se as crianças não cumprem agora tais tarefas, como elas poderão desenvolver o senso de responsabilidade? Parece que muitas crianças esperam que as coisas apareçam prontas para elas, colocadas em uma bandeja de prata. Eu quero evitar que meus filhos tenham essa idéia.

Resposta

Sua pergunta está relacionada à primeira questão deste capítulo, algo que ouvimos constantemente dos pais. Há um ditado popular que diz: "Não negligencie as pequenas coisas". É fácil supor que as crianças são irresponsáveis se por cinco dias consecutivos você precisa lembrá-las de tampar a pasta de dentes ou pendurar seus casacos e elas simplesmente não fazem. E também é fácil tirar conclusões precipitadas de que você está criando filhos irresponsáveis. Descobrimos que, quando os pais reparam muito no que seus filhos *não estão* fazendo, freqüentemente eles não notam o que seus filhos *estão* fazendo. De acordo com seu relato, nao podemos dizer se eles cumprem suas principais responsabilidades. Se sim, talvez você esteja correta ao dizer que esse é um problema mais seu do que dos seus filhos quanto às suas suposições sobre o que implica ser responsável. Porém, se eles não estiverem cumprindo a maioria das responsabilidades, então isso deve ser discutido, sim.

O que poderia ajudá-la a determinar se seus filhos são responsáveis ou não é notar seus comportamentos nos próximos dias. Liste as coisas que eles estão fazendo que mostram que eles estão cumprindo com suas responsabilidades e também aquelas que você acredita que são indicadores de falta de responsabilidade. Quando os pais fazem esse exercício, eles se surpreendem ao descobrir quanto seus filhos realmente são responsáveis. Por exemplo, uma mãe notou os seguintes atos responsáveis de seu suposto filho "irresponsável":

- Ele me ajuda a carregar as compras para fora do carro sem eu pedir.
- Ele ajuda o irmão mais novo a jogar no computador.
- Ele se lembra de ligar para o avô para lhe desejar feliz aniversário.
- Ele oferece carona em sua bicicleta nova (a mãe dele achava que a principal motivação da carona era andar de bicicleta, mas suas ações realmente envolvem a ajuda às outras pessoas).
- Ele explica a lição de casa para um colega quando esse está doente e não vai à escola.
- Ele sempre faz suas lições de casa sem reclamar.

Para alguns pais, essas atividades podem parecer coisas pequenas. Porém, acreditamos que elas representam exemplos de uma criança que cumpre suas responsabilidades, muitas delas envolvendo a ajuda a outras pessoas.

Quanto ao não-cumprimento de suas responsabilidades, a mãe listou os seguintes comportamentos:

- Ele precisa de lembretes para arrumar a cama.
- Ele não tira seu prato da mesa depois do jantar.
- Ele esquece de colocar as roupas sujas no cesto.

Embora não seja nossa intenção minimizar a importância desses comportamentos "irresponsáveis" (tudo bem, talvez seja), depois de ler essas duas listas, responda o que você considera mais importante em termos do desenvolvimento da mentalidade confiante e segura de uma criança. Muitos pais repensam suas prioridades quando confrontam essas duas listas, principalmente eliminando alguns comportamentos irresponsáveis. A mãe que criou a lista que acabamos de descrever decidiu que não era necessário o filho arrumar a cama, bastava não bagunçar tanto o quarto. Como ela notou: "Às vezes, em nossas tentativas para criar filhos responsáveis, perdemos a visão do que queremos que eles realmente aprendam".

Esperamos que esse exercício seja útil para você quando examinar o comportamento de seus filhos.

PERGUNTA

Há algum tempo, percebi algo bastante interessante. Eu tenho dois filhos, de 12 e 14 anos de idade. É difícil conseguir que eles me ajudem em casa. Normalmente eles não se oferecem, a menos que percebam alguma vantagem na ação. Porém, quando eles eram pequenos, tudo o que eles mais queriam era me ajudar. Eu ficava imaginando se havia um gene que promovia o comportamento da ajuda nas crianças pequenas. Quando meus filhos tinham 3 e 5 anos, eles viviam pedindo para eu os deixar cortar a grama, levar o lixo para fora, varrer o quintal e até mesmo dirigir o carro. Por que parece que as crianças abandonam esse padrão? Há alguma coisa que eu possa fazer para que eles continuem agindo de maneira responsável e útil em relação às outras pessoas?

Resposta

Você está correta ao dizer que as crianças pequenas parecem ser fortemente motivadas a ser úteis. É maravilhoso observar como a maioria das crianças tem prazer ao ajudar os pais e adoram ser elogiadas e valorizadas por isso. Apesar de desconhecermos um "gene altruísta", é quase como se as crianças nascessem com a necessidade de ser úteis e valorizadas. Da mesma forma que você, também gostaríamos de saber se a nossa cultura não reforça essa necessidade de maneira completa, resultando, por fim, em crianças mais velhas que se voltam cada vez mais para si mesmas e cada vez menos para as pessoas ao seu redor. Acreditamos que, enquanto as crianças podem, às vezes, ser muito egocêntricas, colocando suas próprias necessidades em primeiro lugar, a maioria das crianças alcança um senso genuíno de alegria e realização ao serem prestativas e úteis.

As recordações de infância mais positivas que ouvimos em nossas práticas clínicas e workshops se relacionam a momentos em que as pessoas tiveram oportunidade de ajudar os outros. Aproveitar essas oportunidades é um dos modos mais efetivos de criar responsabilidade e resiliência. Isso comunica aos nossos filhos a convicção de que eles podem verdadeiramente fazer uma diferença no mundo. Isso também reforça a responsabilidade, ensina compaixão e ajuda a desenvolver uma consciência social.

Há muitas coisas que os pais podem fazer para criar essa atitude de ajuda. Usar frases como: "Eu preciso de sua ajuda" em vez de "Lembre-se de fazer suas tarefas" destaca a importante contribuição que as crianças podem dar. Talvez nenhuma criança vá sair respondendo: "Eu estou muito contente por ser útil", mas sabemos que isso traz, sim, satisfação a elas. Crianças envolvidas em atividades de caridade, como ir com você a uma creche entregar brinquedos ou a um asilo levar alimentos, aprendem de um modo maravilhoso o valor de ser solidário e de ser responsável. As crianças ganham muito com essas experiências. Esse senso de responsabilidade também reforçará a vontade delas de assumir responsabilidade por seu comportamento, outra característica importante de uma mentalidade confiante e segura.

Vamos considerar essa necessidade aparentemente inata de ajudar e tentar mantê-la acesa ao longo da vida de nossos filhos.

PERGUNTA

Em um de seus workshops, vocês mencionaram que é importante dar responsabilidades às crianças desde bem cedo, mas, em vez de lembrá-las de suas tarefas domésticas, vocês sugeriram dizer a elas algo como "nós precisamos de sua ajuda". Isso me parece apenas um jogo de palavras. Será que realmente faz diferença? Nós temos um filho de 4 anos. Em que podemos solicitar a ajuda dele?

Resposta

À primeira vista, pode parecer um jogo de palavras, sim, mas sabemos que as palavras são forças poderosas que moldam nossos pensamentos, sentimentos, e, por fim, nosso comportamento. Por exemplo, você pode enxergar o comportamento de certas pessoas como cuidadoso e reagir afirmativamente ou pode enxergar o mesmo comportamento como lento e reagir negativamente. Há uma razão importante para ajudar as crianças a interpretar os comportamentos responsáveis como atos de colaboração em vez de imposições semelhantes a um trabalho forçado. A maioria de nós reage diferentemente quando nos mandam fazer alguma coisa e quando solicitam nossa ajuda. Por exemplo, um pai que também treina um time de futebol escreveu para nós depois de assistir a um de nossos workshops. Ele disse que, em vez de dizer ao time para recolher o equipamento depois do jogo, ele primeiro mencionava que precisava da ajuda deles. Assim, observou que "todos se mostravam muito mais cooperativos". E completou: "É interessante como uma mudança em algumas palavras pode fazer tamanha diferença".

Faça uma experiência, e, depois de uma semana, note a diferença nas reações de seu filho. Nos primeiros dias, mande-o fazer uma "tarefa doméstica", e, depois, peça-lhe ajuda para a mesma tarefa. Podemos apostar que ele se sentirá mais motivado quando perceber que está ajudando você.

Há várias atividades condizentes com as habilidades do seu filho que você pode pedir que ele faça em casa. Ele pode colocar os guardanapos na mesa de jantar, guardar coisas e até mesmo ajudar a lavar o carro. Fora de casa, você pode envolvê-lo em uma atividade de caridade, como ir com você levar mantimentos em um asilo.

PERGUNTA

Eu realmente gosto de sua definição de mentalidade resiliente. E também acredito que as crianças devem cumprir suas responsabilidades. Algumas até fazem o que lhes solicitamos sem problemas, mas, a maioria das vezes, parecem se ressentir com o fato de terem de fazer isso. Como podemos ajudar as crianças a entender e a aceitar suas responsabilidades de modo a promovermos um desenvolvimento de uma mentalidade resiliente em vez de só gerarmos ressentimento?

Resposta

Sua pergunta é muito importante. Como você sabe, acreditamos que, para as crianças desenvolverem uma mentalidade confiante e segura, elas têm que aprender a aceitar responsabilidades para que não cresçam sem conhecer a importância de ajudar as outras pessoas. Se as crianças fazem o que lhes é pedido, mas se ressentem por isso, em algum ponto elas simplesmente podem se recusar a fazer ou então se "esquecer" de fazer essas coisas — já que elas investem pouco, se investem, na atividade. Como pais, temos que entender como ensinar nossas crianças a importância do cumprimento das responsabilidades de forma que essas não sejam vistas como imposições que têm pouca relevância para a vida delas. É por isso que enfatizamos a necessidade de ajudar as outras pessoas como uma força motivadora.

Como pais, temos que entender como ensinar nossas crianças a importância do cumprimento das responsabilidades de forma que essas não sejam vistas como imposições que têm pouca relevância para a vida delas.

Há cinco princípios-chave para ajudar as crianças a desenvolver responsabilidade, compaixão e consciência social. Primeiro, é importante você servir como um modelo de responsabilidade. Nossas crianças são observadoras astutas de nosso próprio comportamento e reparam se nós somos praticantes entusiasmados do que pregamos. Se elas nos vêem tendo prazer quando nos ocupamos de atos de bondade e generosidade, é mais fácil se sentirem bem fazendo o mesmo.

Segundo, como enfatizamos ao longo deste capítulo, certifique-se de proporcionar oportunidades para seus filhos sentirem que estão ajudando as outras pessoas. A convicção de que nossas ações têm impacto sobre a vida dos demais é um poderoso incentivo para cumprir responsabilidades de forma que isso não seja visto como um "trabalho árduo".

Terceiro, acreditamos que é importante desenvolver tradições e se tornar uma família praticante da solidariedade. Isso está intimamente ligado aos primeiros dois princípios, porém, um deles merece ser destacado separadamente. A caridade em família desenvolve uma tradição de engajar todos os membros na ajuda ao próximo. Fazendo assim, os pais reforçam em seus filhos a convicção de que eles são importantes, que são capazes de ajudar as outras pessoas, que são valorizados e que podem fazer a diferença na vida do próximo. Também, quando as famílias trabalham juntas nesse intuito, isso nutre relações familiares mais íntimas.

Quarto, devemos reconhecer para nossos filhos que nem tudo é entusiástico ou divertido. Assim, é importante distribuir as responsabilidades (tarefas) de uma maneira justa e consistente em casa. Uma atitude que pode ajudar nesse processo é criar uma lista de responsabilidades que devem ser realizadas e fazer um rodízio dessa lista a cada semana ou mês de forma que cada membro da família experimente cada uma das atividades (a menos que determinada tarefa não esteja ao alcance das habilidades da criança).

Finalmente, defendemos a adoção de uma visão de helicóptero da vida de seu filho. Como já dissemos, muitos pais podem se concentrar em uma responsabilidade não-cumprida e chegar à conclusão de que seu filho é irresponsável. Adotar uma perspectiva de helicóptero geralmente nos permite observar as muitas maneiras nas quais nossos filhos são compassivos e úteis e demonstrar a eles nossa apreciação por tudo aquilo que estão fazendo.

PERGUNTA

Esta pode ser uma pergunta que vocês não ouvem muito freqüentemente. Na verdade, achamos nossa filha de 11 anos responsável demais. Ela fica muito ansiosa se não conclui qualquer tarefa, mesmo se lhe falamos que não há problema algum nisso. Ela até pergunta se pode fazer algo mais para ajudar. Outro dia, ficamos sabendo que, quando seu irmão de 10 anos não tira os pratos da mesa, uma tarefa sua, ela faz isso por ele. Minha filha sempre parece estar disposta a ajudar os outros. É saudável? O que podemos fazer para ajudá-la a não ser tão assim, prestativa? Claro que queremos que ela ajude as outras pessoas, mas não que assuma sobre seus ombros as dores do mundo.

Resposta

Apesar de as crianças deverem aprender a cumprir responsabilidades e ajudar as outras pessoas, até mesmo os comportamentos positivos podem ser levados a um extremo. Idealmente, gostaríamos que as crianças não ajudassem as outras pessoas por se sentirem pressionadas internamente a fazê-lo, mas, sim, por se sentirem bem sabendo que esse é o certo. De acordo com sua descrição, não temos certeza se sua filha é "responsável demais". Em vez disso, ela parece ficar muito ansiosa se uma tarefa não é concluída. Não está claro por que isso acontece, mas, de nosso ponto de vista, ela parece ter assumido o papel de manter a harmonia na família e assegurar que tudo fique em ordem.

O fato de uma criança pedir para ajudar geralmente é um fenômeno saudável. Porém, quando esse papel está arraigado na ansiedade, quando uma criança parece preocupada por não conseguir cumprir todas as suas responsabilidades, é óbvio que muita pressão está envolvida e que a alegria de ajudar é eclipsada por sentimentos de preocupação.

Na sua pergunta, nada sugere que você possa estar pressionando excessivamente sua filha, mas nós sempre achamos importante os pais monitorarem o que dizem aos seus filhos e o que fazem com eles. Algumas crianças são muito sensíveis desde o nascimento, e interpretam os pedidos normais dos pais como críticas, como se elas não estivessem cumprindo suas responsabilidades.

Embora você tenha mencionado ter dito a sua filha que não há problema em não concluir uma tarefa, recomendamos que você discuta com ela suas preocupações, dizendo que talvez ela esteja tentando fazer coisas demais. Esclareça quais são as suas expectativas e defina alguns limites à ajuda que ela dá ao irmão. Se sua ansiedade persistir no nível atual, isso pode ser um sinal da necessidade de uma ajuda profissional.

PERGUNTA

Quando comento com meu filho que eu aprecio como ele cumpre suas responsabilidades e realiza suas atividades, ele normalmente responde que eu estou supervalorizando coisas pequenas apenas para fazê-lo se sentir bem. A verdade é que faço esses comentários porque quero que ele veja sua importância e continue assim, responsável. Por que ele responde desse modo e o que posso lhe dizer?

Resposta

Sem querer soar muito simplistas, sugerimos que você responda mais honesta e diretamente possível. Deixe seu filho saber que, embora ele sinta que você o elogia apenas para que ele se sinta bem, na realidade você faz isso para ter certeza de que ele sabe que você gosta até mesmo das pequenas coisas que ele faz. Enfatize que, com seus elogios, você não necessariamente está "supervalorizando" isso. Acrescente que você acha que muitos pais negligenciam o fato de deixar seus filhos saberem quanto eles são valorizados, e que você não quer ser esse tipo de mãe.

Considere, também, lhe perguntar como ele gostaria de ser reconhecido por cumprir suas responsabilidades. Um pai nos contou com um sorriso que, quando ele fez essa pergunta à sua filha, ela respondeu: "Que tal algum dinheiro?" Ele, então, lhe pediu uma segunda opção. Quando ela respondeu que não conseguia pensar em mais nada, ele disse que continuaria dizendo "obrigado", a menos que ela lhe desse outra alternativa — o que ainda não ocorreu, e a menina continua ajudando.

PERGUNTA

Meu marido e eu mostramos respeito por nosso filho de 10 anos e por nossa filha de 12. Achamos que damos o exemplo de respeito e compaixão. Porém, notamos que, às vezes, eles dizem coisas muito más sobre alguns de seus colegas. Por exemplo, outro dia, nosso filho chamou uma criança de "idiota" e eles quase começaram uma briga. Não sabemos por que disse isso. Ele não quis falar sobre o assunto. Por que ele foi tão mau com essa outra criança? Será que ele agirá assim quando crescer? O que deveríamos fazer?

Resposta

Até mesmo crianças aparentemente solidárias, criadas em casas com pais muito atenciosos, podem, em algum momento, dizer ou fazer coisas más para seus colegas. O comportamento insensível não deve ser ignorado pelos pais, mas também devemos ter cuidado para não ter reações exacerbadas ou assumir que isso seja um indicativo do futuro comportamento de nossos filhos. Se, na maioria do tempo, suas crianças demonstram compaixão, não deixe que um deslize ocasional a preocupe, achando que elas se tornarão adultos insensíveis e imprudentes. Conhecemos muitos adultos atenciosos que, às vezes, "deslizam" e dizem coisas das quais posteriormente se arrependem.

Quando seus filhos cometerem um deslize, tire proveito disso como uma oportunidade de ensinamento. No exemplo que deu sobre seu filho, você fez a coisa certa lhe perguntando por que ele chamou a outra criança de "idiota". É importante obter a percepção da criança sobre o evento. Considerando que seu filho não quis falar sobre isso, você poderia dizer que espera que, em algum momento, ele possa dizer o que desencadeou aquele comentário. Acrescente que, qualquer que seja a razão, é normal ficarmos bravos, mas ele deve refletir sobre o que fez e se perguntar se chamar outra criança de "idiota" é útil, especialmente porque isso quase conduziu a uma briga. Você pode encorajá-lo a pensar em outras possíveis reações e respostas.

Se, na maioria do tempo, suas crianças demonstram compaixão, não deixe que um deslize ocasional a preocupe, achando que elas se tornarão adultos insensíveis e imprudentes.

Além disso, você e seu marido devem continuar servindo como modelos de respeito e compaixão. Suas crianças aprenderão muito observando vocês.

10

Ensinando Nossas Crianças a Tomar Decisões e a Resolver Problemas

PERGUNTA

Em seu workshop, vocês realmente enfatizaram as habilidades de resolução de problemas como um componente básico da resiliência. Isso certamente faz sentido, mas eu gostaria de entender de que maneira tais habilidades contribuem para a confiança e a segurança de uma criança. Alguém que não possui as habilidades de resolução de problemas ainda pode ser resiliente?

Resposta

Vamos começar com a última parte da sua pergunta. O processo da resiliência, como nós mostramos, é formado por muitas habilidades diferentes. Assim, é certamente possível que alguém com habilidades limitadas ou insuficientes de resolução de problemas possa ser confiante e seguro. Porém, de acordo com nossa experiência, as habilidades de tomada de decisão e de resolução de problemas são componentes básicos de uma mentalidade resiliente, e alguém sem essas habilidades tem dificuldades para superar desafios e adversidades.

Ao aprender a resolver problemas de maneira competente e confiante, as crianças se sentem fortalecidas.

É difícil imaginar um dia só sem que as crianças tomem decisões e façam escolhas. Ao aprender a resolver problemas de maneira competente e confiante, as crianças se sentem fortalecidas. Elas aprendem a confiar em suas capacidades quando enfrentam desafios. Aprendem o que podem e o que não podem controlar. Aprendem a antecipar possíveis obstáculos para as escolhas que fazem e, ainda, a lidar com erros e revezes, encarando-os como experiências com as quais aprender.

Se as crianças não possuem essas habilidades, provavelmente elas agirão antes de pensar, tomando decisões e fazendo escolhas que não conduzem à resolução efetiva dos problemas, e continuarão a se ocupar de roteiros negativos e comportamentos defensivos. Mais importante ainda, esse fracasso na resolução de problemas interferirá no desenvolvimento do senso de controle sobre suas próprias vidas, uma das características mais importantes de uma mentalidade resiliente. A capacidade de resolução de problemas e a tomada de decisões são realmente ingredientes essenciais da resiliência.

PERGUNTA

Eu tenho um problema com minha filha de 3 anos e meio que freqüenta a pré-escola. Sei que devemos deixar as crianças fazerem algumas coisas sozinhas, mas ela não aceita ajuda para quase nada. Outro dia, ela estava com dificuldades para vestir uma de suas bonecas. Eu fui ao seu auxílio e ela teve um "chilique", gritando que podia fazer aquilo sozinha — algo que acontece constantemente. Acho que é importante ajudá-la a aprender o modo correto de fazer as coisas, mas ela não aceita isso. E, aí, quando não consegue fazer algo sozinha, ela se frustra, mas, mesmo assim, não pede minha ajuda. Não sei mais o que fazer.

Resposta

Grande parte do prazer das crianças na fase pré-escolar é ter uma oportunidade de fazer coisas sem ninguém para ajudá-las. É dessa forma que elas se tornam mais independentes e exibem suas competências. Como pais, precisamos caminhar em uma corda bamba para decidir quanto e até onde devemos intervir para ajudar as crianças em fase pré-escolar. Se nos apressamos em socorrê-las, transmitindo, assim, a mensagem: "Não acredito que você tenha a habilidade para fazer isso sozinha", nós as privamos de experimentar o verdadeiro sucesso. Por outro lado, se permanecemos nos bastidores enquanto nossas crianças se frustram cada vez mais por não conseguirem realizar uma tarefa, corremos o risco de vê-las não apenas desistindo das coisas, mas também de sentirem que nós não nos preocupamos com elas. Esse é um delicado ato de equilíbrio, especialmente quando nossas crianças dizem que podem fazer algo sozinhas, mas descobrem que precisam de ajuda.

Quando caminharmos nessa corda bamba, devemos nos lembrar de que, com apoio e encorajamento, muitas crianças pequenas exibirão impressionantes habilidades de resolução de problemas. Também temos que embutir maneiras para que elas aceitem nossa contribuição sem sentirem que estamos nos intrometendo ou que as achamos incapazes de administrar desafios. Muitos pais podem não gostar da capacidade das crianças pequenas de resolver problemas. Não estamos aconselhando que você deixe sua filha ter a palavra final em todas as decisões, mas que, quando apropriado, você honre o pedido dela.

Muitos pais podem não gostar da capacidade das crianças pequenas de resolver problemas.

Quanto à sua filha, sugerimos que você deixe que ela decida se vai lhe pedir ajuda ou não, mas permita que ela saiba que você está disponível. Assim, quando ela estiver colocando o vestido na boneca, você pode dizer: "Nem sempre é fácil vestir a boneca, mas estou feliz por você estar tentando isso sozinha. Se precisar de ajuda, é só falar, está bem?" Acreditamos que tal declaração tornará mais fácil para ela pedir sua ajuda, pois, dessa forma, sua filha ainda se sentirá no controle da situação. Também, se você a ajudar, tenha cuidado para não fazer mais do que o necessário. Lembre-se, sua meta é reforçar as habilidades de resolução de problemas e o senso de controle de sua filha.

Mesmo quando os pais fazem o que estamos sugerindo, algumas crianças podem estar tão entrincheiradas em seu desejo de fazer as coisas sozinhas que ainda assim não pedirão auxílio. A menos que a situação seja uma questão de segurança, é melhor deixar a decisão de pedir ajuda com sua filha. Se você for paciente mesmo diante da frustração, mais provavelmente sua filha vai procurá-la. A ajuda oferecida nesse tipo de interação quase sempre é aceita. Porém, tenha cuidado para não oferecer auxílio de uma maneira crítica ou julgadora. Não comente com sua filha as dificuldades dela ou que seu pedido de ajuda poderia ter sido feito mais cedo, poupando, assim, tanta frustração. Simplesmente elogie os esforços dela e ofereça a ajuda que pedir.

PERGUNTA

Eu realmente tenho dúvidas sobre como os pais devem ajudar seus filhos com a resolução dos problemas cotidianos — aqueles que surgem na vida de qualquer criança. Problemas como suas relações com outras crianças, o cumprimento de suas tarefas domésticas e a dedicação ao estudo. Como posso saber quando devo intervir e quando isso não é indicado?

Resposta

Nós gostaríamos de poder dar uma resposta precisa e fácil à sua pergunta. Infelizmente, não há fórmula alguma que possa ser dada, nem um caminho dourado a seguir sobre quando intervir e ajudar suas crianças e quando as encorajar a participar ativamente do exercício de resolução do problema em questão. Todos nós sabemos como cada criança é diferente e como cada uma delas enfrenta uma variedade de situações no dia-a-dia. O que podemos fazer é dar algumas diretrizes gerais sobre quando intervir, mas essas devem ser adaptadas à criança e à situação do momento.

Primeiro, queremos enfatizar que uma base para ajudar as crianças a aprender a resolver problemas começa com os pais servindo de modelos. Como dissemos muitas vezes, as crianças são observadoras astutas de nosso comportamento. Se elas nos vêem engajadas em tomadas de decisão efetivas, há muito mais probabilidade de elas agirem da mesma forma. Entretanto, se, como pais, nós tendemos a protelar decisões ou agir impulsivamente, não proporcionamos aos nossos filhos a oportunidade de aprender conosco as boas habilidades de resolução de problemas. Como você acha que seus filhos responderiam às seguintes perguntas?

1. "Como seus pais resolvem problemas e tomam decisões?"
2. "Como eles o ensinam e o envolvem na tomada de decisões?"

Não surpreendentemente, em algumas famílias a efetiva resolução de problemas parece uma parte natural das atividades cotidianas; em outras, a maioria das decisões é tomada arbitrariamente com pouca participação das crianças.

Segundo, é importante proporcionar escolhas a seus filhos desde bem cedo. Lembre-se, não ofereça opções com as quais você não se sente bem. Mesmo se seus filhos sugerirem outras opções, mantenha as que você ofereceu — a menos que as opções deles tenham sentido.

Terceiro, à medida que seus filhos crescerem, progrida com as opções simples para envolvê-los com as habilidades de resolução de problemas. Se a situação puser em risco questões de segurança e saúde, você pode ter que intervir e dizer a eles que esse é um item não-negociável (por exemplo, ficar acordado até mais tarde durante o período de aulas); porém, como a maioria das situações não é dessa natureza, você pode pedir para seus filhos pensarem em pelo menos duas ou três soluções para o problema e decidirem qual será a melhor.

É importante você dar o exemplo e ensinar seus filhos o processo da resolução de problemas que descrevemos com mais detalhes na próxima pergunta.

PERGUNTA

Eu sei que devemos dar opções às crianças, mas tive uma experiência que quero compartilhar. Minha filha de 7 anos, com problemas de aprendizagem, entra em lutas de poder sobre quase qualquer coisa. As manhãs são especialmente difíceis porque ela nunca parece estar pronta na hora certa para a escola. Ela pode ficar paralisada pensando no que vai vestir durante vários minutos. Eu ouvi vocês dizerem que, quando as crianças têm esse tipo de problema, é melhor já separar e escolher na noite anterior o que vai vestir na manhã seguinte. Mas não sei como continuar a fazer isso. Várias vezes já lhe dei até seis opções e, mesmo assim, ela ainda leva muito tempo para se decidir. Será que, algum dia, ela vai conseguir aprender a resolver problemas e tomar decisões de uma maneira mais efetiva?

Resposta

Com paciência e apoio, mesmo as crianças que têm dificuldade para fazer as escolhas mais simples podem aprender a ter mais confiança em suas habilidades de decisão. Apesar de sabermos muito pouco sobre sua filha, queremos lhe pedir que considere se ela está ansiosa ou preocupada ao enfrentar outras situações além das escolhas que deve fazer. Ela é excessivamente medrosa? Ou excessivamente preocupada — a ponto de ficar pensando em coisas para as quais o restante de nós nem liga? Se esse for o caso, então, além de ajudá-la a aprender a resolver problemas, ajude-a a lidar com a preocupação ou ansiedade excessivas que ela sente quando enfrenta decisões simples.

O processo de resolução de problemas segue um conjunto lógico de passos. As principais características desse processo incluem:

1. *Articule o problema e concorde que é um problema.* É importante que os problemas sejam claramente definidos e que as crianças concordem com os pais que eles existem. É importante que você e sua filha concordem que a dificuldade dela para se vestir pela manhã é um problema que a leva a se atrasar para ir à escola.

2. *Considere duas ou três possíveis soluções e o provável resultado de cada uma delas.* Este passo exige que você faça um "discurso" para sua filha. Encoraje-a a gerar o máximo possível de soluções. Seja cautelosa para não rejeitar alguma sugestão, a menos que ela vá contra as regras não-negociáveis da família. Nesse caso, você ofereceu até seis opções de roupas para sua filha. Acreditamos que lhe proporcionar escolhas é a abordagem certa, mas seis delas pode ser excessivo. Para algumas crianças, especialmente aquelas com problemas de aprendizagem, duas opções pode ser o número máximo com o qual elas podem lidar.
3. *Desenvolva um modo para lembrar um ao outro se alguém esquecer o que foi acertado.* Muitas crianças podem esquecer algo com o qual elas concordaram. Quando nós as lembramos disso, em geral elas assumem uma posição defensiva (para sermos honestos, temos que admitir que nossos lembretes freqüentemente soam como críticas) e nos dizem que estamos "pegando no pé". Porém, se lhes perguntamos como gostariam de ser lembradas caso esqueçam o combinado, há menos chance de elas ouvirem nossas lembranças como "pegação no pé", pois elas é que deram a dica.
4. *O que fazer se isso não funcionar.* Também sugerimos que vocês definam várias estratégias de reserva (ou planos B) para o caso da escolhida não obter sucesso. Esse é um passo fundamental, pois ajuda as crianças a entender que nem toda solução é efetiva e aumenta sua capacidade para lidar com desafios e erros.

Assim, você pode discutir com sua filha, de maneira empática, que a seleção das roupas todas as manhãs parece ser um problema. Envolva-a em um diálogo de resolução de problemas e descubra o que ela considera útil para ajudar. Se ela parecer intimidada ou sem ação, diga que nem sempre é fácil pensar em soluções e depois considerar algumas delas como efetivas. Uma solução poderia ser você ou ela selecionar duas roupas à noite. Antes de sua filha ir para a cama, ela pode selecionar uma das roupas para usar no dia seguinte e recolocar a outra no armário ou na gaveta. Diga-lhe que, se isso não funcionar, vocês podem pôr em prática o plano B previamente acertado. A meta é sua filha se tornar mais ativa para tomar decisões sozinha, com pouca intervenção de sua parte.

PERGUNTA

Quando éramos crianças, não nos ensinaram a "resolver problemas" em casa ou na escola. Mesmo assim, nos saímos bem em nossa vida adulta. Hoje, como pais, parece que nós sempre temos que oferecer opções aos nossos filhos ou deixá-los tomar suas próprias decisões. Às vezes, penso que damos muita "trela" às nossas crianças. O que elas estão aprendendo é como não ser responsáveis. Vocês não acham que lhe damos controle demais, não?

Resposta

Embora sem saber como era a rotina em sua casa quando você era criança, arriscaríamos dizer que havia várias situações que, de fato, você enfrentava, as quais lhe exigiam resolver problemas e tomar decisões. Também diríamos que seus pais, professores e treinadores estavam disponíveis — até mais do que os de seu filho hoje — para lhe dar alguma ajuda. Assim, não temos certeza se concordamos com sua declaração de que as gerações anteriores não aprenderam as habilidades de resolução de problemas. É provável que muitas famílias, por meio de suas experiências diárias, exemplifiquem a resolução de problemas para seus filhos.

Considerando-se as mudanças em nossa sociedade e a complexidade de nossa cultura, hoje é até mais importante que há 30 anos as crianças pequenas aprenderem a tomar boas decisões; isso é especialmente verdade quando consideramos os riscos cada vez maiores que elas enfrentam sentando-se na frente de um teclado de computador com a Internet dentro de suas próprias casas.

Ensinar as crianças a resolver problemas e lhes proporcionar escolhas não é sinônimo de lhes dar controle excessivo ou privá-las de experiências com as quais elas aprenderão a ser mais responsáveis.

Ensinar as crianças a resolver problemas e lhes proporcionar escolhas não é sinônimo de lhes dar controle excessivo ou privá-las de experiências com as quais elas aprenderão a ser mais responsáveis. Como pais, nós ainda fornecemos estrutura e orientação. As escolhas que oferecemos e o processo de resolução de problemas que já destacamos em uma resposta anterior servem para ajudar nossas crianças a ser mais competentes e mais responsáveis. Dando opções às crianças, exemplificando a resolução de problemas, lhes permitindo experimentar o sucesso ou o fracasso como conseqüência de suas escolhas dentro de uma estrutura de apoio, nós as criamos e as protegemos enquanto elas aprendem a ser mais responsáveis — um componente fundamental da mentalidade confiante e segura.

PERGUNTA

Ultimamente, tenho notado que, quando minha filha de 12 anos chega a uma solução que não tem êxito, ela não a considera uma alternativa. Se me aproximo dela e peço que pense em outra solução, ela fica brava e se mostra resistente. E ainda me diz que eu não consigo aceitar qualquer coisa que ela faça e que estou sempre tentando controlá-la. Isso faz parte da adolescência, ou estou fazendo algo de maneira errada?

Resposta

Rejeitar os comentários dos pais, às vezes, faz parte da adolescência, sim, mas não temos certeza se isso explica todo o comportamento de sua filha. De fato, quando refletíamos sobre a sua pergunta, desejamos saber o que sua filha faz quando a solução dela não tem êxito. Ela desiste? Continua procurando o caminho para o sucesso? Alguma vez já pediu sua ajuda?

Embora não seja essa a intenção, parece que sua filha percebe seu comportamento como uma crítica às suas habilidades de tomada de decisão e falta de confiança nela. Ela parece sentir que você está tentando impor suas convicções; uma situação que incitará a maioria dos adolescentes a repelir os pais.

Um primeiro passo para melhorar a relação com sua filha é pensar sobre como você pode estar sendo interpretada por ela. Também, se há ocasiões nas quais ela pede sua opinião, quando isso acontece e em que aspectos essas ocasiões são diferentes de outras situações? Há momentos em que ela aceita sua ajuda mais facilmente e por que você acha que isso acontece?

Quando ponderar sobre essas questões, você pode descobrir um momento tranqüilo para dizer a ela que você respeita sua habilidade de tomar decisões, mas, às vezes, as decisões que tomamos podem não funcionar e é prudente termos alternativas. Diga-lhe, também, que você não quer ser vista como alguém que deseja mandar na vida dela, mas que gostaria de saber como oferecer apoio e ajuda sem parecer crítica ou mandona. Nós achamos que discutir abertamente com o adolescente como somos percebidos e como as coisas poderiam melhorar define o tom para um diálogo mais positivo. Isso também exemplifica uma abordagem de resolução de problemas.

PERGUNTA

Não é responsabilidade dos pais tomarem decisões por seus filhos? Meu filho de 4 anos diz que a vida é dele. Assim, se ele quiser colocar um brinco, vai colocar e pronto. Ele também diz que o quarto é dele e, se estiver bagunçado, isso não é problema nosso. Quando é certo um pai e/ou mãe limitar as escolhas e dizer a seus filhos o que eles devem fazer?

Resposta

Uma das perguntas mais comuns que recebemos dos pais é aquela que trata das decisões que devemos permitir que nossas crianças tomem sozinhas. Apesar de acreditarmos ser importante envolver nossos filhos o máximo possível na tomada de decisões sobre suas vidas, também acreditamos que é responsabilidade nossa, como pais, tomar as decisões conclusivas quando questões de segurança e bem-estar estão envolvidas. É claro que as crianças podem ter uma opinião muito diferente da nossa sobre o que constitui segurança e bem-estar. Para assegurar que nossos filhos não se sintam enganados mesmo quando lhes damos opções, devemos deixar bem claro para eles e fazê-los entender que há certos parâmetros ou limites que eles podem escolher. Porém, algumas questões não são negociáveis — como comparecer a festas nas quais não há supervisão de nenhum adulto.

Quais decisões nossos filhos devem ter permissão para tomar são menos claras quando envolvem questões de preferência ou estilo pessoais. Freqüentemente, aconselhamos aos pais que selecionem seus campos de batalha com cuidado. Proporcionar algumas opções às nossas crianças nas quais o item segurança não seja uma questão (por exemplo, usar um brinco ou uma roupa em particular), geralmente, facilita a definição de limites sobre questões mais importantes do que brincos e quartos arrumados. Se nossas crianças sentem que as estamos privando de alguma escolha, elas brigarão conosco sobre qualquer decisão oferecida.

Para assegurar que nossos filhos não se sintam enganados mesmo quando lhes damos opções, devemos deixar bem claro para eles e fazê-los entender que há certos parâmetros ou limites que eles podem escolher.

Algumas famílias não têm dificuldade para aceitar um filho que usa brincos (contanto que a orelha seja perfurada por alguém habilitado) enquanto outras têm. Conhecemos alguns pais que permitiram que seus filhos comprassem um brinco, mas não antes de seu décimo sexto aniversário. Assim, sugerimos aos pais que não apenas examinem suas restrições quanto a uma decisão específica, mas também como seus filhos estão agindo em outras áreas importantes da vida.

Por exemplo, se seu filho é um bom aluno, se ele se comporta adequadamente, se tem amizades sólidas e geralmente segue as regras e limites da sociedade, então acreditamos que as duas questões, do brinco e da arrumação de seu quarto (contanto que o quarto não pareça um chiqueiro e a vigilância sanitária não precise se envolver no caso), não deveriam se tornar o motivo para a Terceira Guerra Mundial. Por outro lado, se essas duas questões são apenas a ponta de um iceberg que reflete uma criança que não consegue corresponder às expectativas da escola e da comunidade, então provavelmente você está enfrentando problemas muito maiores do que apenas um brinco ou um quarto arrumado. Em tal situação, você deve analisar atentamente tudo aquilo que está acontecendo na vida de seu filho e de que maneira pode ajudar.

PERGUNTA

Minha filha de 10 anos chegou em casa da escola e disse que soube por uma amiga que outra menina estava dizendo coisas horríveis sobre ela. Minha filha me perguntou o que deveria fazer. Considerando que ela me pediu ajuda, eu imediatamente disse que ela deveria chamar a outra menina e descobrir o que realmente ela estava dizendo a seu respeito. Minha filha disse que não poderia fazer isso. Aí fiquei brava e reclamei: "Então, por que você me perguntou o que fazer?" Eu sei que poderia ter lidado com a situação de uma maneira melhor. Mas como?

Resposta

Como pais, geralmente queremos intervir nos problemas que nossos filhos enfrentam e a partir daí já ajudá-los. Isso é mais freqüente quando eles nos pedem conselhos. Apesar de nosso instinto natural ser oferecer soluções, devemos ser cautelosos quanto ao tempo que levamos para fazer isso. Na situação com sua filha, acreditamos que você teria ajudado mais sendo empática com seu problema e envolvendo-a no processo de resolução de problemas — já descrito neste capítulo.

Mais especificamente, você poderia lhe dizer que sabe quanto magoa saber que alguém falou mal de nós. Quando sua filha perguntou o que deveria fazer, uma possível abordagem poderia ter sido: "Não tenho certeza; vamos pensar em algumas possibilidades". Caso sua filha não conseguisse pensar em solução alguma (de fato, achamos que a maioria das crianças proporá algumas soluções), você então poderia dar algumas sugestões. Se você levantasse a possibilidade de ligar para a menina para descobrir o que estava acontecendo e sua filha dissesse que não conseguiria fazer isso, em vez de ficar brava com ela, você poderia desejar saber por que não. Por exemplo, algumas crianças não ficam à vontade confrontando um amigo, pois não sabem ao certo o que dizer; depois de receber alguma orientação, aí, sim, se sentem mais confiantes para fazer a ligação. Você também poderia ter procurado outras maneiras para se comunicar com a garota em questão ou analisado se, de fato, seria necessário considerar soluções alternativas.

Às vezes, quando parece que as crianças estão pedindo nosso conselho, o que elas realmente estão fazendo é buscando nosso conforto, empatia e apoio.

O que estamos sugerindo é que você use situações difíceis como essa enfrentada por sua filha como oportunidades para reforçar as habilidades de resolução de problemas. Lembre-se de que, às vezes, quando parece que as crianças estão pedindo nosso conselho, o que elas realmente estão fazendo é buscando nosso conforto, empatia e apoio.

PERGUNTA

Quando ofereço minha ajuda para resolver os problemas, meus filhos reclamam, dizendo que eles querem resolver os problemas sozinhos ou que eu os estou perturbando. Como posso ser útil sem parecer crítica?

Resposta

Estranhamente, há momentos em que nossas palavras de ajuda, orientação ou educação se mostram contraproducentes. Nós corrigimos nossos filhos sob a errônea convicção de que se falarmos com eles, lhes mostrarmos um caminho ou os orientarmos, eles escutarão, observarão e melhorarão. De que outra maneira eles poderão aprender, nós perguntaríamos, se não lhes mostrando seus erros? Nós gostaríamos que nossos filhos aprendessem as lições da vida sem erros ou revezes. O problema é que, quando adotamos essa abordagem, nós, na verdade, diminuímos as oportunidades de nossos filhos aprenderem a dominar situações difíceis. Para ajudar nossos filhos a aprender a resolver problemas sem parecermos críticos, sugerimos as seguintes quatro diretrizes:

- **Diretriz Um: Deixe a empatia ser seu guia.** Reserve um tempo não apenas para entender, mas faça um esforço para experimentar a perspectiva de seus filhos. Esse é um componente fundamental da resiliência, pois lhe permite assumir uma postura de ajuda e não de "correção". Por exemplo, em lugar de oferecer um comentário ou sugestão imediatamente, comece observando os problemas de seu filho e introduza a idéia de que, juntos, vocês talvez encontrem uma solução. A empatia é um bom ponto de partida para resolver problemas.

- **Diretriz Dois: Morda sua língua, observe e escute.** Com freqüência, quando ajudamos nossas crianças, nós rapidamente expressamos nosso ponto de vista e lhes dizemos o que fazer. Você tem que aprender a observar e escutar primeiro. Conselho em excesso, mesmo quando bem-intencionado, pode ser interpretado facilmente como crítica ou pode evitar que nossos filhos desenvolvam sozinhos a habilidade para resolver problemas.
- **Diretriz Três: Entenda antes de responder.** Ligada às duas primeiras diretrizes está a terceira, isto é, respeitar o que nossos filhos desejam em uma determinada situação. Às vezes, eles não querem nossa ajuda e a encaram como uma invasão em suas vidas ou uma indicação de que nós não confiamos em suas habilidades. Outras vezes, a ajuda que oferecemos é incompatível com a maneira como eles encaram o problema. Quando nossas tentativas para ajudar são recebidas com raiva ou rejeição, é fácil se aborrecer e/ou desistir ou pressionar ainda mais. Em vez disso, sugerimos que você faça comentários como: "Há alguma maneira de ajudar?" ou "Se você precisar de mim, estou aqui, ouviu?" As crianças se aproximam mais de seus pais para pedir orientação e apoio quando esses criam uma atmosfera na qual as crianças percebem que eles verdadeiramente estão interessados em entender seu ponto de vista e não estão lá para dizer o que elas devem fazer. Temos que pensar antes de agir como pais, e entender antes de reagir.
- **Diretriz Quatro: Elogie e seja paciente.** *As oportunidades surgirão por si mesmas.* Tão óbvio quanto pode parecer, é melhor você elogiar e reforçar as atitudes das crianças antes de mostrar suas insuficiências ou problemas. Desenvolver as habilidades de resolução de problemas e aprender com os erros é um processo que requer tempo e prática. Pode ser difícil ser paciente, dado o nível de energia emocional e o investimento que os pais fazem em seus filhos. Mas o importante é usar essas oportunidades como momentos de ensinamento nos quais você substitui as correções por auxílio e orientação. Esse é um aspecto básico para a criação de crianças confiantes e seguras.

11

Autodisciplina e Auto-estima

As Chaves para o Sucesso

PERGUNTA

Constantemente eu me chateio quando tenho que disciplinar meu filho e minha filha. Sinto que gasto a maior parte do meu tempo gritando com eles. Não imaginava que minha vida como mãe pudesse ser assim. Parece que nunca temos chance de discutir o que está acontecendo conosco. É uma bronca atrás da outra. E olha que meus filhos só têm 7 e 9 anos de idade. Meu marido e eu temos medo de pensar no que poderá acontecer em nossa casa quando eles forem adolescentes. O que posso fazer para realmente começar a solucionar esse problema?

Resposta

Você não é a única a ter dúvidas sobre disciplina — esse é o assunto número um dos livros dedicados aos pais. No seu caso, parece que a disciplina em sua casa é orientada para crises. O que queremos dizer é que constantemente você age com seus filhos *depois* que o problema já surgiu, em vez de adotar uma abordagem proativa e olhar para o que pode ser feito para *evitar* que os problemas apareçam. Isso pode não ser muito útil, mas podemos garantir que a maioria das perguntas que recebemos sobre disciplina enquadra-se na categoria de intervenção de crises em lugar de prevenção de crises.

Para complicar as coisas ainda mais, parece ser uma ocasião rara quando três "especialistas" em criação de filhos concordam sobre práticas disciplinares. Não é surpresa, então, que muitos pais estejam confusos e perplexos sobre as maneiras mais efetivas de disciplinar seus filhos. Obviamente, a disciplina é uma questão importante na criação das crianças. A falta de disciplina com freqüência é citada por políticos, religiões e departamentos legais como a responsável pelo aumento dramático dos problemas dos jovens nos últimos 30 anos. Uma coisa é certa, um dos papéis mais importantes que você desempenha como pai e/ou mãe é o de disciplinador. Porém, a maneira como você cumpre essa responsabilidade pode diminuir ou reforçar o amor-próprio, a dignidade, a esperança, e, por fim, a confiança e a segurança de seus filhos.

No dicionário, encontramos que um dos significados da palavra disciplina é a relação de subordinação do aluno ao professor, de forma que ela pode ser entendida como um processo pedagógico.

No dicionário, um dos significados da palavra *disciplina* é a relação de subordinação do aluno ao professor, de forma que ela pode ser entendida como um processo pedagógico. Porém, como processo educativo e corretivo, é importante que os pais percebam que intimidação, humilhação, força física e constrangimento não são técnicas disciplinares efetivas. Também é importante apreciar duas das principais funções da disciplina. Uma delas é fornecer um ambiente consistente e seguro para nossos filhos. A segunda, igualmente importante, é nutrir a autodisciplina ou autocontrole. Você está certa quanto à sua preocupação de que, se as crianças pequenas não desenvolvem autodisciplina, elas podem criar problemas significantes para si mesmas e para suas famílias na adolescência. A autodisciplina implica que uma criança interiorizou as regras da comunidade de forma que, mesmo que você ou outros adultos não estejam presentes, ela agirá de maneira apropriada e refletida.

A autodisciplina inclui um componente significante do senso de propriedade e responsabilidade pelo próprio comportamento.

Tornar-se um disciplinador efetivo exige que você seja empático, se comunique efetivamente, esteja aberto a modificar roteiros negativos e aprecie o temperamento único de cada um de seus filhos. O processo da disciplina deve fortalecer uma atitude responsável e compassiva e deve ajudar as crianças a desenvolver as habilidades efetivas de tomada de decisões e resolução de problemas. Disciplinar é ensinar seus filhos a usar a experiência passada para guiar efetivamente o comportamento presente e futuro deles.

Porém, como você aponta, até mesmo com tal conhecimento, disciplinar algumas crianças pode ser um processo difícil. Uma vez entendido seu papel como disciplinador, sugerimos que você use vários princípios — agir de um modo preventivo, trabalhar junto com seu cônjuge, ser consistente em suas convicções, servir como um modelo calmo e racional, selecionar suas batalhas cuidadosamente, entender as capacidades de seus filhos, e, mais importante, entender que os comentários positivos e o encorajamento freqüentemente são as formas mais poderosas de disciplina.

De maneira mais específica, para sair de uma abordagem de intervenção de crises para uma abordagem de prevenção de crises, recomendamos que você inicie uma reunião familiar regular a cada semana para discutir diferentes assuntos da família e articular expectativas para vocês e seus filhos. As crianças também precisam ter oportunidade de compartilhar seus pensamentos e visões. Essas reuniões, que devem acontecer de uma maneira tranqüila, fornecerão uma base na qual regras e conseqüências familiares efetivas podem ser desenvolvidas, diminuindo a raiva e o ressentimento que atualmente prevalecem em sua casa.

PERGUNTA

Minha esposa e eu temos opiniões completamente opostas quando o assunto é disciplina. Eu a acho muito "mole"; e ela me acha rígido demais. Meus filhos não me perguntam se podem comprar algo ou ir a algum lugar. Eles simplesmente vão direto para minha esposa, pois sabem que ela os deixa fazer tudo o que querem. A tensão entre minha esposa e eu sempre é alta quando assuntos sobre a criação de nossos filhos são discutidos. Por causa de suas ações, sinto que meus filhos me vêem como o sujeito ruim. Embora esteja chateado com meus filhos, estou mais ainda com minha esposa, pois acredito que foi ela quem criou essa distância entre mim e as crianças. Com toda essa tensão, nós dois freqüentemente discutimos a disciplina na frente dos meninos — o que só piora as coisas. Não sei por onde ou como começar a resolver esse problema.

Resposta

Embora a fase do namoro freqüentemente proporcione aos parceiros oportunidades para conhecer gostos, antipatias e estilos de comportamento de cada um, somente quando as crianças chegam é que a criação dos filhos se torna um assunto em pauta. Não é incomum um casal discordar sobre como disciplinar as crianças. Cada um de nós forma nossos pensamentos e idéias sobre a disciplina baseados em nossas experiências. Assim, até mesmo casais muito compatíveis podem discordar quanto a esse assunto. Como você demonstra, essas visões divergentes em geral causam uma grande tensão entre os pais. Isso é especialmente verdade quando tais diferenças são expostas na frente das crianças. Aí, então, a tensão afasta, em vez de aproximar, os pais do desenvolvimento de um conjunto de estratégias que ajudará seus filhos a aprender regras e conseqüências bastante claras.

Nós não acreditamos que os pais devam ser clones um do outro e concordar sobre todas as decisões e práticas da criação dos filhos. Mas, quando a diferença nos estilos disciplinares se torna grande e passa a desmantelar o funcionamento familiar, o assunto deve ser considerado. De acordo com sua descrição, seus filhos se tornaram peritos no que os profissionais chamam de "triangulação" ou "divisão" de cada um de vocês. Em uma triangulação, seu filho traz um assunto para cada um de vocês, sabendo que discutirão sobre isso, o que aumenta a probabilidade dele finalmente conseguir fazer o que quer. Seus filhos não se enquadram nesse comportamento porque são ruins, mas, sim, porque as crianças freqüentemente buscam obter o que querem. Não é incomum nesse processo observar crianças que vão de um pai e/ou mãe para outro à medida que almejam persuadir um deles, mesmo se o outro discordar do assunto.

Obviamente, discutir na frente de seus filhos reduz muito a possibilidade de um acordo porque, com as crianças presentes, problemas como desistência, perda de prestígio, inadequação ou injustiça são aumentados. Se vocês têm diferenças, sugerimos que as discutam sozinhos e cheguem a uma posição mutuamente aceitável antes de falarem com seus filhos.

Em sua situação, sugerimos que você e sua esposa cheguem à conclusão de que ambos desejam o melhor para as crianças — apesar do fato de vocês discordarem sobre os meios mais eficientes para alcançar esse objetivo. Comece fazendo uma lista dos assuntos mais importantes que causam conflitos. Em algumas situações, pode ser razoável dividir tais assuntos e concordar que o pai ou a mãe terá a palavra final sobre alguns deles. Em outras, vocês podem achar melhor negociar até chegarem a um acordo sobre o conjunto de estratégias. Porém, é importante que, quando as estratégias forem definidas de comum acordo, elas sejam consistentemente seguidas.

Em sua família, parece que a questão da "triangulação" é bastante importante. Assim, quando aparecerem questões como a disciplina, sugerimos que digam a seus filhos quanto é importante o que eles estão solicitando, mas que uma decisão não será tomada até que o outro cônjuge seja consultado. E não se preocupe se eles o acusarem de não conseguir resolver as coisas sozinho — o que descobrimos ser uma resposta comum das crianças quando seus pais dizem que precisam consultar um ao outro.

Finalmente, sugerimos que vocês dois considerem as diferentes convicções sobre a disciplina como uma oportunidade para refletir sobre as práticas de criação de filhos. Como você diz, discussões acaloradas, conflitos não resolvidos e dois conjuntos de estratégias disciplinares dentro de uma única família não apenas causam tensão e conflito, mas também diminuem a probabilidade de a criança desenvolver uma mentalidade resiliente.

PERGUNTA

Eu sei que vocês têm reservas quanto aos castigos físicos, mas nosso filho de 8 anos simplesmente parece não nos escutar. Tentamos dialogar com ele, mas a única coisa que funciona é o castigo físico. Quando lhe pedimos que faça algo, ele grita conosco.

Então acabo batendo nele. Depois da surra, aí, sim, ele faz o que foi pedido. O problema é que meu filho é um "reincidente", e, alguns dias depois, lá estamos nós batendo nele de novo. Há algo errado no castigo físico, especialmente quando essa parece ser a única coisa que funciona? Como devo proceder?

Resposta

Antes de falarmos do castigo físico, considere o seguinte: se você tentasse uma solução para qualquer problema e descobrisse que o problema surgiu novamente, quantas vezes usaria essa mesma solução? Muitos pais acreditam, inicialmente, que bater funciona, pois com freqüência provoca o resultado desejado de imediato, isto é, as crianças param de fazer o que estavam fazendo. Porém, a verdadeira pergunta é: será que a surra efetivamente ajudará seu filho a se comportar de maneira mais adequada e consistente no futuro?

A verdadeira pergunta é: será que a surra efetivamente ajudará seu filho a se comportar de maneira mais adequada e consistente no futuro?

Sua descrição do problema indica que bater não está conduzindo a uma mudança em longo prazo. Assim, diríamos que continuar a bater no seu filho representa o equivalente físico a um roteiro negativo que já discutimos em detalhes no Capítulo 4. Os roteiros negativos necessariamente não têm que ser representados por meio de palavras, mas podem, de fato, se refletir em ações. Não conhecemos o temperamento de seu filho. Porém, se ele trava lutas para desenvolver autocontrole, um assunto que discutimos no Capítulo 6, suas intervenções precisarão fornecer um componente pedagógico junto com qualquer forma de castigo que você escolha usar. Assumindo que sua criança possui autocontrole adequado, é provável que a falta de mudança de comportamento reflita o que discutimos no Capítulo 4, isto é, o "reforço negativo". Seu filho acaba fazendo o que lhe foi solicitado não porque aceita a responsabilidade por agir assim, mas porque é o modo mais rápido de evitar sua raiva e uma surra.

Depois que a tarefa é concluída, há pouca probabilidade de ele agir de maneira responsável no futuro.

Muitos pais acreditam que a ameaça de uma surra ou castigo corporal "deve" ser suficiente para ajudar as crianças a se comportar de maneira diferente. Porém, esse não parece ser o caso. Quando os pais confiam mais em medidas punitivas para ensinar, quando suas ações em geral são respostas agressivas normalmente abastecidas por raiva, pouca mudança acontece em longo prazo no comportamento das crianças. Se os pais acreditam na surra principalmente quando estão disciplinando seus filhos, o que as crianças aprendem é o ressentimento em vez das razões pelas quais estão apanhando. Bater rouba das crianças a oportunidade de aprender como resolver problemas e mudar o comportamento.

O que você não nos falou em sua pergunta é se o comportamento de seu filho gera raiva em você, embora temos que admitir que o tom de sua pergunta sugere que esse é o caso. Muitos pais perdem a paciência e se chateiam quando seus filhos não fazem o que eles pedem e quando o problema persiste. Infelizmente, até mesmo com pais bem-intencionados, a disciplina pode, às vezes, acabar sendo caracterizada por aspereza — seja ela física ou verbal. Em muitos casos, as razões para esse resultado são complicadas. Elas freqüentemente refletem os históricos de vida dos pais, seu nível de frustração e fúria, como também a errônea convicção de que as crianças aprendem melhor quando sentem medo ou são intimidadas.

Quando a disciplina é transmitida com raiva e castigo físico, as crianças têm mais chances de se lembrar do castigo do que das razões pelas quais elas foram castigadas. Em tal situação, há pouca oportunidade para uma mentalidade confiante e segura se desenvolver, pois as crianças têm poucas chances de experimentar o amor incondicional, de aprender como resolver problemas e tomar decisões ou de aprender com os erros. O que elas aprendem é que, se alguém maior que você não gostar do que fez, essa pessoa pode bater em você em vez de ajudá-lo a entender como solucionar o problema. Quando as crianças apanham, geralmente elas interrompem apenas temporariamente o seu comportamento. O que muitos pais não percebem é que dentro desse paradigma de reforço negativo, muitas vezes, as crianças retomam o comportamento que os pais desejam anular, pois a abordagem paterna muda.

Muitos pais que acreditam que bater é uma prática efetiva assumem que a criança requer mais surra se seus efeitos não durarem. O que eles não percebem é que geralmente a surra gera mais ressentimento. Esse círculo vicioso conduz a mais conflito e mais distância emocional entre pais e filhos. Os resultados seriam bem melhores se os pais usassem conseqüências naturais e lógicas, algo que discutiremos posteriormente com mais detalhes ainda neste capítulo.

PERGUNTA

Embora o mundo esteja muito diferente da época em que eu e meu marido éramos crianças, 30 anos atrás, ele insiste que nós devemos disciplinar nossos filhos da mesma maneira como fomos disciplinados. Para ele, isso significa que as crianças devem fazer o que nós dizemos porque "somos os pais e conhecemos melhor o que deve ser feito". Se elas não obedecem, perdem certos privilégios, como assistir à TV. E podem até mesmo receber uma surra. Meu marido acredita que, como essas práticas foram boas para ele, elas devem ser boas também para nossos filhos de 5 e 7 anos de idade. Eu cresci em uma casa em que a disciplina dada foi semelhante a de meu marido, e não gostei, assim penso que deveríamos disciplinar nossas crianças de maneira diferente. Qual a sua opinião?

Resposta

As suposições que cada um de nós faz sobre como criar filhos influenciam o modo como entendemos e interagimos com eles. Ser um disciplinador efetivo requer entender as suposições e os obstáculos que podem servir como empecilhos para o alcance dessa meta. Sua pergunta destaca uma questão sobre um desses obstáculos significativos. Muitos pais repetem as mesmas formas de disciplina que experimentaram quando crianças, mesmo nos casos em que eles se ressentiram com as práticas disciplinares de seus pais. Tal padrão seria ótimo se os pais cresceram em casas nas quais as práticas disciplinares de seus próprios pais realmente criaram uma mentalidade confiante e segura. Porém, se esse não é o caso, se a disciplina não promove autodisciplina nem habilidades de resolução de problemas, então os pais podem estar repetindo formas ineficazes de disciplina sem perceber.

Queremos que as crianças façam o que nós lhes pedimos simplesmente porque é assim que deve ser. Ora, com certeza esse é um bom ponto de partida, mas será um bom ponto final? Achamos que não. Nós acreditamos que o desenvolvimento da autodisciplina permite que as crianças sigam regras, limites e diretrizes da sociedade na qual vivem não necessariamente porque são obrigadas, mas porque aceitam o sistema e escolhem fazer assim. A restrição de privilégios quando as regras são violadas é certamente uma estratégia de educação apropriada. Como dissemos em uma pergunta anterior, porém, acreditamos que o castigo corporal é uma estratégia ineficaz.

Sugerimos que você e seu marido tentem entender por que cada um, apesar de terem crescido em ambientes disciplinares semelhantes, chegou a conclusões diferentes sobre a efetividade desses ambientes. É provável que, a partir dessa compreensão, um acordo possa ser alcançado. Talvez você não tenha gostado do que seus pais fizeram com você. Talvez tenha sentido suas atitudes como injustas ou irracionais. Um exercício útil é você e seu marido refletirem sobre as práticas disciplinares de seus pais e considerarem se vocês conseguem reescrever o roteiro de maneira diferente, como gostariam que seus pais tivessem feito.

Por exemplo, um casal com quem trabalhamos nos contou como seus pais eram contraditórios, inconsistentes e arbitrários ao castigá-los por comportamentos diferentes. Nós dissemos a esses pais que, embora um dos componentes mais importantes da disciplina seja a consistência, às vezes, o comportamento de nossos filhos torna isso uma tarefa difícil. Também enfatizamos que consistência não é sinônimo de rigidez ou inflexibilidade e que uma abordagem disciplinar consistente convida à modificação refletida das regras e conseqüências, de forma que, quando as crianças chegarem à adolescência, elas terão mais oportunidades para orientá-las. Quando os pais são mais consistentes, menos arbitrários e menos punitivos, eles ficam agradavelmente surpresos quando seus filhos, em vez de tirar vantagem deles (o que todos os pais temem), se tornam, de fato, mais cooperativos. Essas crianças estavam aprendendo autodisciplina e respeito, e seus pais aprenderam que, para a disciplina ser efetiva, ela não precisa estar associada à raiva ou ao medo constantes.

PERGUNTA

Sou muito frustrado com nosso filho de 13 anos e seu fracasso para concluir as lições de casa. Porém, não acredito que nossa reação tem sido punitiva. Se ele não completa a lição de casa, perde o privilégio de assistir aos 90 minutos de TV a que tem direito todas as noites. Assim que nós suspendemos a TV, ele responde que não o amamos. Nosso filho desenvolverá o sentimento de desamor se continuarmos a suspender a TV quando ele não conclui a lição de casa? Eu odiaria pensar que ele passará pela vida sentindo que seus pais não o amam. Isso faria minha esposa e eu sentirmos que não fomos bons pais.

Resposta

Alguns pais acham difícil definir e seguir limites e conseqüências consistentes porque eles pensam que, agindo assim, seus filhos sentirão raiva deles e não os amarão. Muitas crianças são muito sensíveis para perceber esse medo e usá-lo a seu favor, dizendo coisas semelhantes ao que seu filho disse, tais como: "Não amo você" ou "Se você me amasse, me deixaria assistir à TV". A importância de definir limites e conseqüências firmes e consistentes não deve ser esquecida por causa desse fenômeno. É irreal acreditar que, quando você apresenta uma conseqüência, seu filho responda: "Eu sei que você está fazendo isso porque me ama. Que bom que você não me deixa assistir à TV para que eu possa desenvolver minha autodisciplina."

Ser um disciplinador efetivo requer que você desenvolva a habilidade para tolerar temporariamente a raiva de seu filho quando definir limites, especialmente se você entende que esses limites são justos e razoáveis e que seu filho é capaz de concluir a tarefa atribuída.

Ser um disciplinador efetivo requer que você desenvolva a habilidade para tolerar temporariamente a raiva de seu filho quando definir limites, especialmente se você entende que esses limites são justos e razoáveis e que seu filho é capaz de concluir a tarefa atribuída. Queremos enfatizar a palavra *temporariamente*, pois a maioria das crianças em geral aceita bem as regras se elas são consistentes e justas. Recomendamos que você discuta com seu filho os problemas que ele está tendo com a lição de casa e o envolva em um diálogo para que ele diga o que acha que ajudaria a resolver o problema.

Porém, queremos expor outra questão quanto ao fato de seu filho não estar concluindo sua tarefa: isso pode refletir os problemas que ele está tendo na escola. Sugerimos que você comece dizendo que entende as razões da dificuldade do seu filho para concluir a lição de casa. Ainda mais nessa idade, em que ele deve estar para terminar o ensino fundamental e entrar para o ensino médio. Muitas crianças enfrentam problemas com essa transição. Assim, o problema de seu filho pode ser o resultado de uma falta de habilidade com alguma matéria em particular ou de estratégias de aprendizagem ineficazes, e não uma tentativa propositada de evitar fazer a lição de casa. A tarefa, de fato, é um sinalizador em muitas famílias. Reflita se seu filho experimentou problemas para concluir a lição de casa nos anos anteriores. Ele teve dificuldades em matérias específicas? Ele possui as habilidades necessárias para concluir seu trabalho de uma maneira consistente, responsável e independente? Obviamente, se as crianças estiverem tendo dificuldades em relação a alguma matéria, os castigos não são a resposta e não melhorarão a situação.

Na metade do ensino fundamental, uma porcentagem significativa do que seu filho aprende na escola é refletido ou concluído pela lição de casa. Assim, a importância da lição de casa nessa fase não é tanto praticar, mas também aprender de forma independente. É vital que você e seu filho entendam que o tempo gasto com a tarefa, desse ponto em diante, vai contribuir e muito para o sucesso na escola. No final deste capítulo, há um questionário, dividido em sete partes, chamado *Inventário das Habilidades da Lição de Casa*, que nós usamos para ajudar os pais a identificar por que seus filhos podem estar tendo problemas para concluir sua tarefa e uma estrutura para começar a planejar uma intervenção efetiva. Esse é um questionário que você e seu adolescente podem completar juntos. Também incluímos um segundo questionário, *Práticas Positivas dos Pais Quanto à Lição de Casa*. Aqui sugerimos que você responda ao questionário sozinho. Depois de responder aos questionários, comece a identificar as habilidades específicas de seu adolescente, assim como comportamentos para ajudá-lo no processo de mudança da lição de casa, transformando-a, de uma fonte de conflito e raiva dentro da família, em uma atividade que aumenta a realização, independência e confiança da criança.

PERGUNTA

Eu ouvi dizer que os pais devem utilizar, o máximo possível, conseqüências naturais e lógicas ao disciplinar seus filhos. Vocês poderiam explicar exatamente o que isso significa, e por que vocês consideram que essas são formas efetivas de disciplina? Como elas promovem a resiliência?

Resposta

Conseqüências naturais e lógicas podem ser muito efetivas para ajudar as crianças a entender que existem conseqüências para seu comportamento que não são severas nem arbitrárias, mas baseadas na consistência e na lógica. Conseqüências naturais são aquelas que advêm naturalmente das ações da criança. Você não precisa impô-las. Por exemplo, se seu filho deixa a bicicleta no quintal durante a noite, depois de você já ter explicado que ela deve ser guardada, e, dias depois, ela é roubada, a perda é uma conseqüência natural. Como pai e/ou mãe você não teve que fazer coisa alguma. Seu filho aprenderá, então, a nunca mais deixar a bicicleta no quintal durante a noite.

Enquanto as conseqüências lógicas, às vezes, se sobrepõem às conseqüências naturais, as conseqüências lógicas envolvem alguma ação realizada pelos pais com relação ao comportamento de uma criança. Por exemplo, ao notar que a bicicleta foi deixada fora da casa, o pai e/ou mãe pode guardá-la e explicar ao filho que, como uma conseqüência lógica, ele não poderá andar de bicicleta por uns dois dias — já que não consegue se lembrar de tirá-la do quintal.

As conseqüências naturais e lógicas são formas de disciplina que reforçam uma mentalidade resiliente.

Acreditamos que as conseqüências devem se ajustar ao comportamento. Sempre que possível, nossos filhos devem conhecer as regras e as conseqüências com antecedência. As conseqüências naturais e lógicas são formas de disciplina que reforçam uma mentalidade resiliente. Elas envolvem articular com seus filhos os comportamentos que requerem mudança, procurando possíveis soluções e realçando que eles têm opções sobre a solução que será escolhida, mas que cada escolha pode conduzir a uma conseqüência diferente. Esse processo reforça os sentimentos de responsabilidade e propriedade, como também o senso de autocontrole.

PERGUNTA

Nossa filha de 5 anos é uma dessas crianças difíceis sobre as quais vocês falaram. Nós lemos muitos livros que sugerem que o castigo é uma boa técnica para combater o mau comportamento das crianças. Quando nossa filha começa a gritar, nós a mandamos para o quarto. Mas ela simplesmente grita mais alto e diz que não vai. Nós a arrastamos até lá e, de fato, trancamos a porta. Quase sempre, porém, ela começa a lançar coisas ao redor e destrói o quarto todo. Devemos mesmo usar o castigo com ela? O que mais podemos fazer?

Resposta

Primeiro, queremos dizer que não acreditamos que seja necessário você abandonar a prática do castigo. O castigo pode ser uma intervenção muito efetiva para crianças com autocontrole limitado. O castigo oferece a elas uma oportunidade para obter controle e retornar à situação para uma segunda oportunidade. Na realidade, quando um castigo é usado, a mensagem transmitida para seu filho é: "Você precisa de um tempo para se acalmar". E sugerimos que você acrescente: "Avise-me quando estiver mais tranqüilo". Essa declaração coloca controle e responsabilidade nas mãos da criança. O castigo geralmente envolve tirá-la de uma determinada situação para outra quando ela se comportar mal. A razão é que a separação das atividades desejáveis, como também de outras pessoas, como uma conseqüência para o mau comportamento, ajuda a criança a aprender a mudar qualquer comportamento que a levou ao castigo. Freqüentemente, o castigo é uma das técnicas mais usadas por pais como também por professores. Como tal, é provável que seja usada em excesso. Embora um breve castigo de alguns minutos possa ter uma influência positiva no comportamento de uma criança, muitos pais costumam aplicá-lo de maneira ineficaz. Se você for usar o castigo, não se esqueça de:

1. Certificar-se de que sua criança sabe quando o castigo pode ser aplicado.
2. Oferecer uma advertência se um determinado comportamento não for interrompido, e, após isso, aí, sim, aplicar um castigo.
3. Usar o castigo de maneira consistente quando o comportamento ocorrer novamente.
4. Determinar um lugar específico para o castigo e explicar isso à criança.
5. Determinar uma duração específica para o castigo. Sugerimos um período muito breve de três a cinco minutos.
6. Certificar-se de que sua criança entende os comportamentos que conduzem ao castigo.
7. Assegurar-se de que, se você for usar o critério "agora se acalme" para o castigo, sua criança entende que essa é a chave para o término do castigo.
8. Mais importante que tudo: para o castigo ser efetivo, sua criança deve refletir sobre a situação problemática e concordar que uma mudança é necessária.

Acreditamos que o castigo pode perder sua efetividade quando a maioria das crianças atinge os 10 anos de idade. Isso é particularmente verdade quando as crianças são teimosas. Nesses casos, como ocorre com sua criança, a ordem para ir para o castigo geralmente é respondida com um sonoro: "Você não pode me obrigar a nada". Nesse momento, a conseqüência do castigo se torna motivo para uma confrontação adicional. Nós, então, normalmente recomendamos que outras intervenções sejam exploradas quando as crianças forem desafiadoras e resistentes ao castigo. A restrição de um privilégio desejado ou simplesmente os pais deixarem o quarto podem ser castigos efetivos da mesma maneira. Você pode dizer: "Ou você vai para o castigo e se acalma ou perderá um privilégio" (e diga qual é o privilégio). Quando aplicável, você pode acrescentar: "Se você continuar gritando, não terá o que quer. Também não assistirá à TV hoje à noite. A escolha é sua."

É importante que as crianças enxerguem o castigo como uma oportunidade para se acalmar e para refletir sobre alternativas ao seu mau comportamento.

É importante que as crianças enxerguem o castigo como uma oportunidade para se acalmar e para refletir sobre alternativas ao seu mau comportamento. Quando isso acontece, o castigo pode ser uma conseqüência muito efetiva. Porém, se os castigos levam a mais frustração e confrontação, outras estratégias podem ser colocadas em prática.

PERGUNTA

Nós temos um problema de disciplina com nossa filha de 7 anos. Sempre que entramos em um supermercado ou loja de departamentos, ela pede alguma coisa. Eu li que devemos falar com antecedência para as crianças que elas não devem ficar pedindo tudo o que vêem. Faço isso e ela sempre concorda. Entretanto, no momento em que está na loja e vê algo de que gosta, ela quer que eu compre. Quando digo que não, lembrando-a do nosso acordo, ela tem um "chilique". Nós acabamos saindo da loja, para minha inconveniência e, freqüentemente, fico tão brava com isso que lhe dou uma palmada na bunda, o que odeio fazer. Eu estou me sentindo tão frustrada, mas não sei mais o que fazer nesse momento. Vocês têm alguma sugestão?

Resposta

Sua pergunta levanta um obstáculo importante na disciplina efetiva. Uma das questões fundamentais é: esperar que sua filha resista à tentação de pedir coisas simplesmente porque ela prometeu fazer assim antes de entrar na loja é uma situação realista? Quando as crianças não satisfazem nossas expectativas, especialmente se elas prometeram algo, nós normalmente reagimos com raiva e castigo. Mas algumas crianças fazem promessas que não são capazes de cumprir. Se esse é o caso, é justo castigar as crianças por ações sobre as quais elas têm pouco, se tiverem algum, controle?

Sua descrição do problema sugere que sua filha precisa de ajuda para desenvolver o autocontrole. Para isso, você deve ajustar suas expectativas. Embora algo assim possa não ser uma analogia perfeita, como você se sentiria, no seu trabalho, se fosse castigada por não executar uma tarefa sobre a qual você tinha concordado, mas que mostrou estar além de sua capacidade? Supomos que você ficaria muito brava. Provavelmente alegaria que precisaria de instruções e mais oportunidades para aprender primeiro, antes que as conseqüências fossem colocadas em prática.

Atualmente, parece que entrar em determinadas lojas é muito estimulante para sua filha. A expectativa pode estar muito alta. Nós sempre recomendamos que, à medida que nossas crianças melhoram as habilidades cognitivas, podemos aumentar as expectativas de uma forma razoável. Mas, se nossas crianças demonstrarem dificuldade com o nível das expectativas, então podemos ter que baixá-lo, pelo menos por um tempo, até que elas possam obter sucesso. Sugerimos que você comece não levando sua filha a lugares com os quais ela não pode lidar. Considerando que você disse que se sente incomodada por ter que sair da loja quando ela tem um "chilique", faz mais sentido você ir sozinha e deixar alguém cuidando dela. Como um próximo passo, selecione oportunidades nas quais ela possa entrar em lojas e desenvolver um autocontrole razoável. Por exemplo, uma parada rápida em uma loja de conveniência enquanto você compra alguma coisa é um bom lugar para começar. Lentamente, com o passar do tempo, sua filha conseguirá desenvolver o autocontrole necessário para visitar uma loja grande e cumprir os acordos feitos sobre não pedir para comprar nada.

Use os formulários a seguir para identificar as habilidades de seu filho e os seus comportamentos, como pai/mãe, para ajudar no processo da lição de casa. Veja a pergunta e a resposta sobre tarefas escolares nas páginas anteriores.

Inventário das Habilidades da Lição de Casa

Nome da Criança ______________________ Data __________

Responda a cada pergunta marcando no quadrado "Sim" ou "Não".

1. Anotar a tarefa correta dada pelo professor e levar para casa os livros e cadernos adequados para realizá-la.

❑ Sim ❑ Não 1. Você sabe *quando* geralmente o professor passa a lição de casa (por exemplo, diariamente, em determinados dias, antes da aula começar, no final da aula)?

❑ Sim ❑ Não 2. Você sabe *como* geralmente o professor passa a lição de casa (por exemplo, verbalmente, no quadro-negro, em folhas soltas)?

❑ Sim ❑ Não 3. Você anota suas tarefas em uma agenda de lição de casa?

❑ Sim ❑ Não 4. Você leva os materiais (livros, tarefas) de que precisa da escola para casa?

❑ Sim ❑ Não 5. Você controla todas as suas tarefas e suas datas de entrega?

2. Escolher um lugar apropriado para fazer a lição de casa.

❑ Sim ❑ Não 1. Você tem um "lugar de lição de casa favorito" onde pode se concentrar?

❑ Sim ❑ Não 2. Você tem seu próprio material escolar (papel, lápis, réguas etc.) disponível em seu "lugar de lição de casa"?

❑ Sim ❑ Não 3. Você tem uma maneira de manter seu trabalho/material organizado?

❑ Sim ❑ Não 4. Você normalmente começa sua lição de casa em uma hora específica do dia?

❑ Sim ❑ Não 5. Você muda o seu lugar de lição de casa de vez em quando para ver se estuda melhor sob diferentes condições (por exemplo, com e sem música, com luz direcionada, sentado em uma escrivaninha)?

3. Iniciar a lição lendo as instruções e seguindo-as cuidadosamente.

❑ Sim ❑ Não 1. Você normalmente lê as instruções antes de começar uma tarefa?

❑ Sim ❑ Não 2. Você pede ajuda quando não entende o que fazer?

❑ Sim ❑ Não 3. Você tem o número de telefone de outro aluno, caso precise de ajuda com uma tarefa?

❑ Sim ❑ Não 4. Se você não consegue fazer uma tarefa nem obter ajuda, tenta entender a tarefa por conta própria ou pede para o professor ajudá-lo no dia seguinte?

❑ Sim ❑ Não 5. Você procura exemplos no livro ou no caderno de classe para ajudá-lo a entender como fazer a tarefa?

4. Administração de tarefas difíceis ou de tarefas em longo prazo.

❑ Sim ❑ Não 1. Você anota as tarefas em longo prazo e os passos para completá-las em um calendário ou agenda?

❑ Sim ❑ Não 2. Antes de começar uma tarefa difícil, você sublinha ou usa marcadores para realçar palavras-chave, sinais e dicas das instruções de matemática e outras matérias, ou principais idéias das leituras e estudos sociais?

☐ Sim ☐ Não 3. Você faz intervalos para não se cansar muito em tarefas difíceis ou longas?

☐ Sim ☐ Não 4. Você tem maneiras para se lembrar das informações importantes, como anotar as principais idéias, desenhar figuras ou fazer diagramas?

☐ Sim ☐ Não 5. Você faz perguntas a si mesmo ou escreve breves resumos quando está se preparando para uma prova?

5. Atenção contínua com tarefas enfadonhas.

☐ Sim ☐ Não 1. Você passa bastante tempo com a lição de casa mesmo quando ela é enfadonha?

☐ Sim ☐ Não 2. Você normalmente termina sua lição de casa mesmo quando ela é enfadonha?

☐ Sim ☐ Não 3. Você faz intervalos nas tarefas enfadonhas e as retoma mais tarde?

☐ Sim ☐ Não 4. Você se recompensa quando alcança certas metas?

☐ Sim ☐ Não 5. Você tenta tornar "divertida" uma tarefa enfadonha (por exemplo, criando um jogo com ela)?

6. Verificação do trabalho quanto à eficácia e à precisão.

☐ Sim ☐ Não 1. Você confere sua agenda de tarefas para ter certeza de que completou toda a lição de casa passada naquele dia?

☐ Sim ☐ Não 2. Você coloca os cabeçalhos apropriados em seus trabalhos?

☐ Sim ☐ Não 3. Você escreve claramente?

☐ Sim ☐ Não 4. Você confere cada problema ou questão para ter certeza de que respondeu corretamente?

❑ Sim ❑ Não 5. Você pede para outra pessoa conferir seu trabalho para ter certeza de que fez a tarefa corretamente?

7. Entrega da lição de casa quando devido.

❑ Sim ❑ Não 1. Você leva sua lição de casa completa para a escola?

❑ Sim ❑ Não 2. Você tem um lugar em sua escrivaninha, mochila, ou armário para manter a lição de casa concluída?

❑ Sim ❑ Não 3. Você sabe como e quando seus professores recolhem a lição de casa?

❑ Sim ❑ Não 4. Você normalmente entrega sua lição de casa no prazo?

❑ Sim ❑ Não 5. Depois que sua lição de casa é devolvida, você a guarda para usá-la posteriormente para estudar para as provas?

Fonte: *Seven Steps to Homework Success*, de Sydney Zentall e Sam Goldstein. Usado com permissão do editor e dos autores.

Práticas Positivas dos Pais Quanto à Lição de Casa

Nome ________________________________ Data ____________

❑ Sim ❑ Não 1. Você participa voluntariamente das aulas ou de decisões da escola de seu filho?

❑ Sim ❑ Não 2. Você vai a conferências ou reuniões sobre seu filho?

❑ Sim ❑ Não 3. Você pergunta ao professor sobre as práticas de lição de casa de seu filho?

❑ Sim ❑ Não 4. Você sabe do paradeiro de seu filho depois das aulas?

- ☐ Sim ☐ Não 5. Você monitora a lição de casa de seu filho depois da escola ou usa uma pessoa de confiança ou tutor para fazer isso?
- ☐ Sim ☐ Não 6. Você monitora a lição de casa de seu filho depois da escola com uma lista escrita ou gravada e com um telefonema?
- ☐ Sim ☐ Não 7. Você ou seu filho tem horários de lição de casa estabelecidos?
- ☐ Sim ☐ Não 8. Seu filho respeita esses horários? Você o faz cumprir esses horários de lição de casa?
- ☐ Sim ☐ Não 9. Você limita o tempo de TV ou se certifica de liberá-la depois que seu filho fez a lição de casa?
- ☐ Sim ☐ Não 10. Você ajudou seu filho a experimentar diferentes lugares para estudar e diferentes condições dentro da casa (com música/TV ligada, em uma escrivaninha, na cama etc.)?
- ☐ Sim ☐ Não 11. Você oferece almoços saudáveis para seu filho depois da escola?
- ☐ Sim ☐ Não 12. Você ajuda seu filho a identificar atividades ou intervalos que sejam recompensas por completar uma certa quantidade de lição de casa?
- ☐ Sim ☐ Não 13. Seu filho já tem ou você o ajudou a desenvolver um modo para planejar um projeto em longo prazo, com marcações e lembretes?
- ☐ Sim ☐ Não 14. Você pergunta o que seu filho aprendeu na escola naquele dia e sobre seus interesses?
- ☐ Sim ☐ Não 15. Seu filho tem um sistema para colocar a lição de casa em um lugar específico?
- ☐ Sim ☐ Não 16. Você ajuda seu filho a praticar suas habilidades usando jogos com cartões?

❑ Sim ❑ Não 17. Você ajuda seu filho a entender as instruções pedindo a ele que as leia?

❑ Sim ❑ Não 18. Você permite que seu filho use um modo alternativo para demonstrar que ele sabe a matéria (por exemplo, desenhando figuras em vez de escrever ou falar)?

❑ Sim ❑ Não 19. Você lê para seu filho quando o objetivo da lição não é a leitura, mas a compreensão do conteúdo (por exemplo, estudos sociais, solução de problemas de matemática)?

❑ Sim ❑ Não 20. Você oferece maneiras de tornar a lição de casa mais rápida ou mais divertida (pastas coloridas, lápis, organizadores, escolhas, ajuda para começar e comentários positivos)?

❑ Sim ❑ Não 21. Você fornece mensagens gravadas, folhas de conferência, excursões a bibliotecas públicas, referências, escolhas e definição de metas para desenvolver independência?

❑ Sim ❑ Não 22. Você ajuda seu filho a priorizar as tarefas de lição de casa?

❑ Sim ❑ Não 23. Você contrataria um professor particular se o nível de habilidade de seu filho estivesse significativamente abaixo das exigências da lição de casa?

❑ Sim ❑ Não 24. Você encontra maneiras de elogiar seu filho por trabalhos e lições de casa bem-feitos?

❑ Sim ❑ Não 25. Você ajuda seu filho a estudar para as provas fazendo perguntas sobre o material aprendido?

Fonte: *Seven Steps to Homework Success*, de Sydney Zentall e Sam Goldstein. Usado com permissão do editor e dos autores.

12

A Aliança entre os Pais e a Escola

PERGUNTA

Temos um filho de 8 anos. Nós mudamos de cidade neste verão e ele começará em uma nova escola em fevereiro. O ano passado, ele teve alguns problemas de relacionamento com alguns colegas de classe. Nosso filho se frustra facilmente se as coisas não saem do jeito dele, e se torna ainda mais mandão que o habitual. Eu quis discutir esse problema com sua nova professora antes do ano letivo começar para que ela ficasse preparada para lidar com isso. Mas meu marido argumentou que talvez o problema não surgisse com o novo grupo de amigos, e, se expuséssemos nosso filho à professora desse jeito, ela poderia vê-lo como uma criança-problema antes mesmo de conhecê-lo. Alguma idéia sobre o melhor modo de agir?

Resposta

A idéia de um "novo início" atrai todos nós. Gostamos de acreditar que se nossa relação com os outros ou nosso desempenho na escola ou no trabalho tivesse um novo início, sem que as pessoas conhecessem a nossa história, isso seria benéfico. Porém, não conhecemos nenhuma pesquisa que tenha colocado essa teoria à prova. Nós concordamos que, em algumas situações na escola, a colisão de personalidades entre um aluno e um professor pode influenciar o professor contra o aluno e vice-versa. Nesse cenário, outros professores que observam os problemas dessa criança podem reagir de imediato mais negativamente a ela quando essa for sua aluna de fato.

De acordo com nossa experiência, "são necessários dois para se dançar um tango". O que queremos dizer é que, na maioria das situações, a criança traz com ela um conjunto de estratégias de confrontação e alguns comportamentos que já foram moldados por suas experiências anteriores. Assim, um novo início realmente não é tão novo assim. Dependendo das circunstâncias, é mais fácil tomar a decisão de informar os professores, particularmente quando as crianças experimentaram problemas significativos com o desempenho acadêmico ou de comportamento. Quando os problemas da criança parecem menos severos e quando os pais acreditam que um conjunto infeliz de circunstâncias é que contribuiu significativamente para esses problemas, então a decisão de informar um novo professor sobre o passado se torna uma questão discutível.

Pais e professores devem se esforçar para formar uma parceria de trabalho e respeito, a qual melhorará o processo de educação e, assim, ajudará as crianças a desenvolver uma mentalidade resiliente.

Porém, acreditamos que, na maioria das situações, os professores devem ser informados, especialmente se as informações compartilhadas facilitarem um melhor entendimento da personalidade da criança. Pais e professores devem se esforçar para formar uma parceria de trabalho e respeito, a qual melhorará o processo de educação e, assim, ajudará as crianças a desenvolver uma mentalidade resiliente. Pais e professores são parceiros. Para uma parceria ter êxito, deve haver confiança mútua de seus membros. Os pais devem ser ativos e respeitosos em suas interações com os professores, passando informações importantes para aqueles que são confiáveis. Isso cria uma relação baseada no respeito mútuo em vez da culpa ou vergonha. Devemos nos lembrar, como pais, de que, independentemente das dificuldades que nossas crianças possam ter na escola, seus funcionários são nossos aliados, não nossos adversários. Os pedagogos devem ver os pais da mesma maneira.

Será importante você trabalhar próxima dos professores de seu filho, particularmente porque ele tem um histórico de problemas na escola. Achamos que a maioria dos professores é sincera e atenciosa e que escolheu e permanece na profissão porque gosta de ensinar e tem amor pelas crianças. Sugerimos que você se comunique, sim, com a professora antes das aulas começarem. Deixe-a saber que sua meta esse ano é ajudar seu filho a desenvolver um autocontrole melhor, particularmente em situações sociais frustrantes. Busque sua opinião. Ela já trabalhou com alunos que tiveram esse problema antes? Ela tem alguma idéia que possa ser colocada em prática, mesmo no início do ano escolar? Estabeleça um modo de se comunicar com a professora de seu filho ao longo do ano. O perigo de não a informar de suas dificuldades é que os problemas do seu menino podem emergir de uma hora para outra, definindo, assim, um tom mais negativo durante o ano antes de a professora ter a oportunidade para colocar as coisas no seu devido lugar.

Também sugerimos que você converse com seu filho, focalizando primeiro seus pontos fortes, as coisas que ele faz bem e as áreas nas quais tem sucesso na escola. Então, defina as metas e as estratégias relacionadas a ajudá-lo a desenvolver técnicas mais efetivas para controlar a frustração e a raiva. Nós acreditamos que seria útil seu filho comparecer a uma reunião com você e a professora dele para discutir seus pontos fortes, suas fraquezas e metas. Dessa forma, seu filho será um participante ativo e motivado, e a professora controlará o comportamento dele durante as primeiras semanas de aula, fornecendo ajuda quando necessário e mantendo-a informada desse processo.

PERGUNTA

Tive problemas de aprendizagem na escola. Eu me lembro de sempre receber meu boletim em pânico e de me preocupar com o que os professores diriam a meus pais nas reuniões de classe. Não só isso; por causa de meus problemas escolares, meus pais eram chamados na escola com freqüência. Agora, já adulto, acho as reuniões entre pais e professores terríveis, e, quando entro em uma escola, muitas recordações desagradáveis me vêm à mente. Apesar de até o momento os professores só terem falado bem dos meus filhos, temo que, se eles começarem a ter problemas na escola, minha ansiedade interferirá em minha capacidade de ajudar ou trabalhar lado a lado com seus professores para propor soluções de sucesso. Eu gostaria de superar essa ansiedade. O que posso fazer?

Resposta

Seus sentimentos são compartilhados por muitos pais que tiveram problemas na escola. As lembranças de seu histórico escolar podem e afetarão não apenas como você se sente quando entra em uma escola, mas também suas relações com os professores de seus filhos. Alguns pais experimentam os mesmos sentimentos sobre os quais você nos falou: quando um professor discute algumas dificuldades que a criança está tendo, eles sentem imediatamente que o professor os está julgando severamente ou que pensam que eles não estão fazendo o bastante para ajudar. Outros temem que, se um professor não entende seu filho, julgamentos negativos podem afetar sua confiança e sua auto-estima. Finalmente, por ficar ansioso durante as reuniões, pode se sentir inseguro para fazer perguntas razoáveis ou afirmar suas opiniões.

A comunicação efetiva é a chave para planejar programas de sucesso.

Por todas essas razões, é importante que você desenvolva uma linha efetiva de comunicação com os professores. Reconhecemos que, com tantos sentimentos negativos sobre a escola, pode não ser fácil iniciar uma comunicação, mas acreditamos que, se isso for feito lentamente e de maneira refletida, pode servir para aliviar sua ansiedade. A comunicação efetiva é a chave para planejar programas de sucesso. Além de recados e telefonemas, as reuniões cara a cara são os meios primários pelos quais pais e professores podem se comunicar efetivamente. Com freqüência, elas são a única oportunidade para que discussões mais inclusivas aconteçam. Para diminuir sua ansiedade e para tirar o máximo proveito das reuniões de pais e professores, nós sugerimos o seguinte:

- Chegue na hora e respeite os limites de tempo.
- Esteja preparado. Informe-se previamente sobre quem comparecerá à reunião, ordene suas idéias, leve amostras do trabalho de seu filho e anote perguntas que você gostaria de fazer.
- Comece a reunião com um comentário positivo. Algo de que seu filho goste na escola. Faça questão de expressar sua avaliação pelos esforços dos professores.
- Seja um bom ouvinte. Certifique-se de que você entendeu o que está sendo dito. Não hesite em fazer perguntas.
- Seja honesto. Mesmo se você se sentir na defensiva, lembre-se de que você é o defensor primário de seu filho.
- Mantenha seu foco e suas preocupações sobre o desempenho de seu filho e não sobre o desempenho do professor. Peça sugestões específicas e, também, pergunte como você pode ajudar em casa.
- Antes do término da reunião, deve haver um resumo do que foi discutido, qualquer recomendação que tenha sido feita e o melhor modo para você oferecer e receber avaliações sobre as intervenções planejadas. É útil programar a próxima reunião nesse momento.
- O mais importante a ser lembrado é que todos querem fazer o melhor por seu filho.

PERGUNTA

Nossa filha acabou de entrar no ensino médio. Ela nunca gostou muito da escola, mas, esse ano, as coisas estão piores. Ela sempre reclama que nós "pegamos no seu pé" por causa da lição de casa. Então, lhe dissemos logo no começo do ano que não faríamos perguntas sobre a escola ou sobre a lição de casa, mas que seria sua responsabilidade garantir que seus trabalhos fossem concluídos. Nós acabamos de receber suas primeiras notas — todas bem baixas por causa de lições de casa e trabalhos incompletos, além de problemas de insubordinação com os professores. O que devemos fazer diante dessa situação?

Resposta

Para tentar responder a sua pergunta, há vários pontos nos quais desejamos tocar e também temos algumas dúvidas. É importante que você tenha certeza de que os crescentes problemas da sua filha não são o resultado de uma inaptidão de aprendizagem indefinida ou algum problema emocional. Você mencionou que ela nunca pareceu realmente gostar da escola. Será porque achava as aulas muito difíceis? Ela chegou a desenvolver uma ilha de competência na escola? Há alguma matéria com a qual ela sempre obteve sucesso? Se não, nós não podemos ajudar muito, apenas imaginar que o amor-próprio e a confiança dela relativos à escola são baixos.

Certamente o ensino médio é muito mais exigente com trabalhos e requer uma atitude mais responsável do aluno do que as séries anteriores. Se, na realidade, sua filha tem uma inaptidão de aprendizagem, é importante resolver essa questão antes de implementar uma estratégia para a lição de casa. Também desejamos saber sobre a qualidade dos seus trabalhos de classe e sua adequação. Se parecer abaixo do padrão, isso pode indicar que sua filha está lutando com uma inaptidão de aprendizagem ou algum outro problema além do fracasso na realização da lição de casa. Além do mais, será que sua filha tem dificuldade para manter o esforço em tarefas que ela percebe como repetitivas, inúteis ou desinteressantes? Por exemplo, algumas crianças têm problemas com as tarefas, pois não são verdadeiramente envolvidas por elas. Essas crianças sofrem para desenvolver o autocontrole e freqüentemente exibem comportamento impulsivo, desatento e hiperativo. Esse problema, às vezes diagnosticado como Transtorno de Déficit de Atenção e Hiperatividade, pode ser tratado efetivamente com uma combinação de estratégia educacional, construção de habilidade, e, às vezes, medicamento.

No caso de sua filha, nós sugerimos que, desse ponto em diante, você se torne proativa e adote uma abordagem de resolução de problemas. Você pode dizer a sua filha que sabe que ela não quer sua interferência e que ela deseja ir bem na escola, mas que, às vezes, certos problemas afetam o sucesso. Discuta com ela e os seus professores a possibilidade de empreender um teste para avaliar se realmente existe qualquer problema de aprendizagem. Se uma inabilidade específica ou um problema for identificado, certifique-se de discuti-lo. Depois disso, então é importante você se sentar com sua filha e trabalhar em um plano de ação relativo à escola e à lição de casa. Esse processo deve incluir os seguintes passos:

1. Certifique-se de que você e sua filha entendem a natureza dos pontos fortes e fracos da área acadêmica de sua filha. As matérias que exigem mais de suas vulnerabilidades acadêmicas precisarão de tempo adicional como também de um possível monitoramento e apoio.
2. Decida qual tipo de ajuda sua filha gostaria de obter de você e como essa ajuda será fornecida.
3. Discuta as conseqüências no caso de uma das partes não cumprir com o acordo.
4. Considere estratégias que possam ajudar sua filha a se tornar mais eficaz na conclusão de suas lições. Peça para sua filha algumas sugestões úteis. Nós continuamos a ter uma agradável surpresa com o número de alunos que podem articular aquilo de que eles precisam para melhorar seu desempenho na escola. Certifique-se de que qualquer estratégia escolhida seja guiada pela meta de desenvolver uma mentalidade confiante e segura.
5. Finalmente, não se esqueça de usar empatia em seus diálogos com sua filha. De acordo com sua descrição, suspeitamos de que ela esteja ainda mais frustrada que você sobre seu desempenho escolar, mas se sente incapaz ou amedrontada para comunicar suas preocupações. Diga-lhe que você entende que ela gostaria de ter sucesso, mas que está enfrentando problemas. Convença-a de que vocês duas trabalharão juntas para resolver esse problema.

PERGUNTA

Nossa filha está na terceira série. Ela sempre amou a escola e os professores, mas, esse ano, ela realmente tem verdadeiro pavor da professora. Acorda todas as manhãs com dores de estômago e de cabeça, reclamando que a professora fala muito alto e parece sempre estar brava. Nossa filha é uma criança sensível, e, pelo jeito, a professora é muito negativa. Não estamos sabendo como lidar com a situação. Nossa filha pediu para não falarmos nada, pois acredita que a professora ficará brava com ela. Não queremos que isso aconteça nem queremos ser vistos como pais insistentes. Mas também não queremos ver nossa filha tão infeliz com a escola. O que deveríamos dizer tanto para ela quanto para a professora?

Resposta

Sua pergunta abrange muitas questões. Não é fácil para os pais observarem seus filhos acordando com dores e se sentindo infelizes na escola. Obviamente, algo deveria ser feito, mas qualquer intervenção iniciada terá mais sucesso se entendermos o que pode estar acontecendo.

Para começar, imaginamos em que você se baseou quando mencionou que "a professora é muito negativa". Você tem informações adicionais sobre seu estilo, suas estratégias pedagógicas ou avaliação de outros pais? Também mencionou que sua filha é "uma criança sensível". Uma de suas primeiras metas será entender quanto da dificuldade na escola resulta da sensibilidade de sua filha *versus* o comportamento da professora. Queremos ter certeza de que você entende que não estamos dizendo que as observações de sua filha estão erradas. Entretanto, quando as crianças são temperamentalmente sensíveis, com freqüência têm um limite emocional muito baixo. Tensões secundárias, mesmo um adulto demonstrando um erro de uma maneira encorajadora, podem ser percebidas como atitudes severas e críticas. Também, tais crianças muitas vezes são hipersensíveis a som, e sentem a voz do professor alta, enquanto as outras crianças não.

Vamos primeiro falar da questão da sensibilidade de sua filha. Ela se preocupa excessivamente? Parece ansiosa ou oprimida em situações nas quais outras crianças agem sem dificuldade? Sua filha experimentou problemas de separação quando entrou na escola? Muitas crianças ansiosas têm sintomas somáticos como dores de estômago e de cabeça em resposta às suas preocupações. Em situações assim, tais crianças acham que a escola, em particular o professor, é a fonte de suas inquietações. Infelizmente, é comum essas crianças se recusarem a ir para a escola como um modo de evitar uma situação estressante.

Achamos interessante que sua filha não queira que você fale com a professora, percebendo que isso pode provocar mais raiva nela. Esse paradoxo é uma característica freqüente em crianças ansiosas. Sem querer parecer muito técnico, elas percebem que, se o estímulo que provoca a ansiedade é confrontado, nesse caso a professora, isso aumentará e não diminuirá a tensão. Se nossa descrição parece exata para sua filha, sugerimos que você procure ajuda com o psicólogo da escola ou um pediatra. Embora possa haver uma base biológica que contribui para que algumas crianças sejam mais vulneráveis a esse tipo de sensibilidade que outras, há intervenções terapêuticas que podem ensinar as crianças a pensar de maneira diferente e usar uma variedade de idéias para mudar seu comportamento.

Com respeito à professora, acreditamos que é importante que você seja empática com o desejo de sua filha quanto a não falar com ela, mas diga que você acha que é muito importante fazer isso. Você pode discutir com seu filho como falar com a professora sem parecer acusadora ou crítica. Embora sua filha possa ficar preocupada quando você falar com a professora, esse é um encontro que precisa acontecer. Além disso, é um modo de você reunir dados adicionais. Como já dissemos, de que maneira os outros pais vêem essa professora e seu estilo? Outras crianças estão tendo problemas ou essa professora parece ser atenciosa com todos? Será que o comportamento dela não é visto de maneira exagerada por sua filha? De acordo com nossa experiência, quando os pais falam com um professor sobre as preocupações de seus filhos, mas o fazem de um modo não-acusador, com uma abordagem de resolução de problema, estratégias efetivas podem ser colocadas em ação. Por exemplo, nós conhecemos uma professora que falou para um aluno que ela estava contente por seus pais terem lhe dito que os alunos reclamavam de seu tom de voz muito alto. Ela disse ao menino que prestaria mais atenção a isso, e, se ainda falasse alto demais, ela gostaria de saber direto dele. Depois disso, a relação dos alunos com a professora ficou muito mais positiva.

PERGUNTA

Nosso filho está na segunda série. Ele é grande para sua idade, mas sempre foi socialmente imaturo e apresentou dificuldades para aprender a ler desde o começo. Nós tivemos uma reunião na escola e ficamos chocados com a notícia de que seria melhor se ele fosse reprovado, apesar de ter média para passar. Meu marido e eu ficamos tão surpresos que não sabíamos ao certo que perguntas fazer naquele momento. No caminho de volta para casa, pensávamos quanto essa notícia diminuiria ainda mais a já tão baixa auto-estima de nosso filho. Na reunião, sua professora disse que ele não poderia alcançar as outras crianças e ficaria cada vez mais para trás de sua turma e que, sendo assim, seria preciso mais um ano para poder amadurecer academicamente. Meu marido até pensou em matriculá-lo em uma escola particular, porém não podemos arcar com os custos. Nós temos outra reunião na escola em duas semanas. Que tipo de perguntas devemos fazer para nos sentir mais seguros sobre nossa decisão?

Resposta

A questão da reprovação é muito complicada e requer informação e reflexão. Embora a reprovação geralmente seja sugerida quando parece que uma criança precisa de mais um ano para amadurecer, de acordo com nossa experiência, isso não é apenas uma questão de maturidade. Tem a ver, também, com os tipos de lutas sociais e de aprendizagem pelos quais a criança está passando, além da falta de um reforço extra e individual por parte da escola. A reprovação com freqüência tem sido uma estratégia ineficaz quando a criança requer mais que simplesmente um ano acadêmico e não conta com apoio. Nós sugerimos que você faça as seguintes perguntas:

1. **Ao repetir a segunda série, meu filho iniciará o ano desempenhando academicamente em um nível médio em comparação aos outros alunos?** Esta é uma questão importante. Ao entrar de novo na segunda série, seu filho poderá experimentar pela primeira vez a habilidade para trabalhar em um nível consistente com os outros alunos da classe. Essa é uma importante experiência de construção de confiança e segurança.
2. **Desse ponto em diante, meu filho poderá continuar a acompanhar sua turma em um ritmo normal?** Pense em uma corrida de cavalos na qual o seu cavalo está correndo 10% mais lento do que os outros. Depois de uma milha, você está apenas um décimo de milha atrás. Porém, depois que cem milhas, você está dez milhas atrás. O ritmo de progresso da maioria das crianças permanece bastante constante ao longo da vida acadêmica. Assim, se os professores não puderem explicar o porquê do ritmo de seu filho até o momento e estão inseguros para prever como ele se desenvolverá desse ponto em diante, você tem razão em se preocupar. Afinal, agora ele pode estar quase no mesmo ritmo que os demais, porém, lá pela quinta série talvez ele vá estar bem atrasado de novo. Uma reprovação a cada três anos simplesmente não é um meio viável de ajudar as crianças a se beneficiarem de suas experiências escolares. Outra solução deveria ser questionada — como um reforço nas férias, por exemplo.
3. **Meu filho vai precisar de ajuda especial ao repetir a segunda série?** Se a escola responder que ele não vai precisar e acreditar que ele pode manter o ritmo desse ponto em diante, a repetência do ano letivo pode ser uma opção viável a considerar. As limitadas pesquisas sobre reprovação demonstram que um pequeno grupo de crianças verdadeiramente se beneficia disso e é capaz de manter o ritmo quando cursa um ano adicional para desenvolver suas habilidades básicas. Em geral, é algo que acontece nas duas primeiras séries do ensino fundamental. Além desse ponto, a repetição do ano letivo parece servir como um pouco mais do que um castigo.
4. **Como seu filho se sente sobre a reprovação?** Essa pode não ser uma pergunta a ser feita aos professores, mas é algo para

você pensar. De acordo com nossa experiência, algumas crianças dão boas-vindas a essa nova oportunidade e não precisam ser "convencidas" disso. Porém, a maioria das crianças se sente oprimida, aflita e envergonhada com a reprovação.

5. **Você comentou que seu filho é "socialmente imaturo".** Não sabemos exatamente o que isso significa no seu caso. Se ele conseguiu fazer amigos nessa turma da segunda série, então a reprovação vai ser responsável pela perda desses colegas. Agora, se ele tem dificuldades com as relações de amizade, e isso prejudicou de alguma forma seu desenvolvimento nos estudos, então, em vez de repetir de ano, ele poderia se beneficiar mais com um tratamento psicológico em grupo.
6. **Quais são as alternativas?** É importante você perguntar à direção quais são as alternativas além da reprovação. Se seu filho passar para a terceira série, ele terá aulas de reforço nas férias dadas pela escola ou você teria que contratar um professor particular? Fazer um tratamento psicológico em grupo poderia ser benéfico com ou sem a reprovação? Ao considerar as alternativas, pense também na sugestão de seu marido de uma escola particular. Essa idéia é atraente, apesar das suas dificuldades financeiras, porque pode dar a seu filho uma chance para "recomeçar" em outro lugar. Por outro lado, muitas escolas particulares separam os alunos em classes de acordo com suas notas (os de média mais alta ficam na turma A, e aqueles com as piores médias, na turma D, por exemplo) e isso pode não ser a melhor saída para seu filho.

Depois de considerar as respostas a todas essas perguntas, você poderá tomar uma decisão mais segura sobre a reprovação.

Embora a reprovação geralmente seja sugerida quando parece que uma criança precisa de mais um ano para amadurecer, de acordo com nossa experiência, isso não é apenas uma questão de maturidade. Tem a ver, também, com os tipos de lutas sociais e de aprendizagem pelos quais a criança está passando, além da falta de um reforço extra e individual por parte da escola

---

PERGUNTA

Em um de seus workshops, vocês defenderam que os alunos devem ser envolvidos na criação das regras da classe e as conseqüências ao quebrá-las. Acho que um dos motivos de tantos problemas de disciplina na sociedade e nas escolas é porque damos controle demais às crianças. Os professores é quem deveriam passar para suas classes quais são as regras, as expectativas e suas conseqüências, e as crianças teriam apenas que as seguir. Qual o propósito dos alunos decidirem as regras? Esse não é o papel do professor ou de qualquer adulto?

Resposta

É responsabilidade, sim, do professor definir e orientar a disciplina. Porém, isso não significa que os alunos não devam ser envolvidos em algum nível no processo disciplinar, especialmente se lembramos que a disciplina pode ser mais bem entendida como um processo pedagógico. Nosso trabalho e pesquisa nos convenceram de que as práticas disciplinares das escolas devem ser guiadas pelas metas de criar ambientes seguros, ao mesmo tempo em que desenvolvem a autodisciplina e o autocontrole nos alunos. Para alcançar tais metas, acreditamos que os professores precisam discutir a questão das regras e suas conseqüências com os alunos. Certamente algumas regras são não-negociáveis. Essas incluem questões relacionadas à segurança, ao bem-estar e ao tratamento dispensado às outras pessoas.

Porém, depois que as regras não-negociáveis são discutidas, os alunos podem ser envolvidos nas respostas às seguintes perguntas: "De quais regras você acha que precisamos nessa classe para que a aula corra tranqüilamente e para que os alunos aprendam melhor?", "Qual é o modo mais eficiente de lembrarmos as regras sem que pareça que estamos 'pegando no pé' um do outro?", "Quais deveriam ser as conseqüências, caso alguém esqueça uma das regras?" Ao responder sozinho a essas perguntas, o professor mantém sua autoridade, claro, mas, ao envolver os alunos, ele passa a ajudá-los a entender que há razões para as regras e suas conseqüências. Tal exercício promove a autodisciplina e o autocontrole. E isso não dá "controle demais às crianças", como você afirma, mas as ensina a ter mais responsabilidade e poder sobre as situações.

PERGUNTA

Em seus workshops, vocês falaram sobre criar um ambiente escolar positivo que nutra a auto-estima e a motivação. Como mãe e professora, eu realmente luto com as notas, e vejo como, para alguns alunos, essas parecem diminuir sua auto-estima. Algumas crianças, apesar de seus esforços, não conseguem ser boas alunas nem tirar notas altas. Os anos passam e elas nunca ouvem seus nomes em reuniões nas quais os professores exaltam o desempenho de seus melhores alunos e lhes entregam até prêmios por suas notas. Em ocasiões assim, posso ver os rostos dessas crianças que dificilmente serão premiadas. Também sinto que alguns alunos só se importam com as notas altas e nada mais. Como reconhecer o desempenho desses alunos sem diminuir o amor-próprio ou a resiliência daqueles que, apesar dos esforços, só tiram notas baixas ou medianas? Também, o que podemos fazer para aumentar a auto-estima acadêmica e a motivação desses alunos?

Resposta

Acreditamos que todo aluno possui pelo menos uma habilidade ou ilha de competência que pode ser destacada ou premiada pelos professores. Agora, se as escolas apenas reconhecem o desempenho acadêmico, então muitos alunos ficarão realmente de fora nessa disputa. Como você demonstra, a excelência acadêmica não fará parte da experiência de todas as crianças. Para algumas, certamente serão as atividades extracurriculares, como nos esportes ou em um grupo de teatro, o caminho para elas demonstrarem seus pontos fortes. Não defendemos que as premiações pela excelência acadêmica sejam eliminadas, mas acreditamos que prêmios adicionais (não somente aqueles trivialmente criados, em que todos ganhem alguma coisa) também deveriam ser cogitados.

A questão dos boletins escolares que não desencorajam os alunos com notas médias ou até abaixo da média é importante. Falamos com muitos pedagogos que questionam a confiança medida pelas notas, mas lamentam que elas sejam necessárias como a forma de avaliação adotada. Idealmente, os boletins escolares deveriam refletir mais do que as notas; deveriam incluir um texto do progresso do aluno e de suas áreas fortes e fracas. Mas percebemos que isso envolveria tempo extra por parte dos professores, e sabemos como eles já são ocupados. Porém, deveríamos continuar procurando modos para não colocarmos em um boletim escolar apenas as forças acadêmicas, mas também os pontos fortes em uma variedade de áreas dos alunos; deveríamos também tentar descrever as dificuldades acadêmicas dentro de uma estrutura que articulasse os tipos de ajuda exigidos para que cada aluno tivesse um desempenho melhor. Essa não é uma tarefa fácil, mas, em uma sociedade que enfatiza o respeito pela diversidade, o ideal seria mesmo desenvolver modos de avaliar os alunos que capturassem os pontos fortes únicos de cada um deles.

PERGUNTA

Como professora do ensino médio, adorei a declaração do Dr. Julius Segal sobre os professores serem os adultos importantes e carismáticos nas vidas dos alunos, e desempenharem um papel importante na construção da resiliência. Mas quero saber como posso ser um adulto carismático e fazer uma diferença nas vidas de meus alunos quando tenho mais de 150 deles em minhas diferentes turmas. Alguma sugestão?

Resposta

Entendemos que ser um adulto carismático na vida de um aluno é geralmente mais desafiador para um professor do ensino médio do que para um professor do ensino fundamental. Os professores do ensino médio, comparados aos professores do ensino fundamental, interagem com muito mais alunos diariamente, tendo menos tempo disponível para cada um deles. Porém, ficamos impressionados em ver como alguns professores do ensino médio ainda conseguem desenvolver uma relação pessoal com seus alunos, uma relação da qual os alunos, segundo as palavras de Segal, "reúnem forças".

É importante lembrar que geralmente são as coisas simples que causam um impacto duradouro. Por exemplo, professores que memorizam os nomes de seus alunos, cumprimentando-os com um sorriso, que se mostram disponíveis e acessíveis, que têm senso de humor, que tratam as opiniões dos alunos com respeito, discutindo os erros como experiências com as quais aprender, esses é que têm todas as descrições oferecidas por alunos como características de professores atenciosos e carismáticos. Nós acreditamos que tais comportamentos podem ser exibidos mesmo quando um professor tem 150 alunos.

Conhecemos um professor do ensino médio que todo ano, no primeiro dia de aula, diz às suas turmas: "Não tenho chance de conhecer vocês tanto quanto gostaria apenas na sala de aula; assim, durante o ano, planejo conversar algumas vezes com vocês na hora do intervalo para saber como estão se saindo". Esse professor disse que isso lhe tomava 7 ou 8 minutos por dia em uma conversa informal, e os benefícios eram sempre notáveis tanto no comportamento quanto no desempenho acadêmico de seus alunos. Esses ficam tão impressionados com tal ato de carinho do professor que, ano após ano, ele é nomeado pelos alunos como o melhor professor da escola. Ele é um exemplo maravilhoso de como ser um adulto carismático para mais de 150 alunos por ano, fazendo uma diferença para sempre em suas vidas.

13

A História de Todd

O Processo da Resiliência

Quando decidimos escrever este livro no formato de perguntas e respostas, primeiro pensamos muito em como fornecer um capítulo final assim, que transmitisse aos leitores o verdadeiro poder e a potência da resiliência na vida de todos nós. Decidimos que não seria suficiente lembrar os leitores de que a resiliência é importante apenas por ser capaz de transmitir um senso de otimismo, propriedade ou controle pessoal. Em todos os nossos trabalhos, enfatizamos a importância suprema de criar crianças confiantes e seguras para assegurar sucesso futuro para todos os indivíduos e para a cultura coletiva. Esperamos, por meio das informações que fornecemos aqui, orientar e enfatizar o papel de destaque que todo adulto pode desempenhar na vida de uma criança, acreditando nela e lhe dando oportunidades para reforçar suas ilhas de competência e sentimentos de amor-próprio.

Foi nos Estados Unidos, durante as filmagens de nosso documentário, "Tough Times/Resilient Kids" (Tempos Difíceis/Crianças Resilientes), que o material para fechar este livro surgiu. Como parte desse documentário, o veterano jornalista americano Mike Schneider, antigo âncora do "Weekend Today", da NBC, e âncora de notícias do "Good Morning America", da ABC, teve a oportunidade de entrevistar Todd Rose e sua família. Trechos curtos dessas entrevistas aparecem no documentário, sendo que, neste capítulo, estão as transcrições dessas entrevistas, que foram editadas para constar aqui.

Sam Goldstein conheceu Todd 13 anos atrás quando ele tinha 14 anos de idade. Na sétima série, apesar de bom intelecto e fortes habilidades acadêmicas, Todd tinha um histórico escolar desastroso. Seus problemas com o desenvolvimento do autocontrole o levaram à falta de atenção contínua na escola e a ter um comportamento freqüentemente rude e impulsivo — características do Transtorno de Déficit de Atenção e Hiperatividade. Nos anos que se seguiram, a vida de Todd exemplificou o poder e o processo da resiliência. Embora sua jornada até a vida adulta tenha sido repleta de idas e vindas, as qualidades da resiliência que descrevemos como reflexos da mentalidade de pais capazes de nutri-la e da mentalidade de crianças que a demonstram são exemplificadas na história dessa família. Nós, agora, o deixamos com as palavras dos membros dessa família; palavras que esperamos que não só inspirem, mas guiem cada um de vocês e seus filhos.

Mike: Quando você olha para a sua infância, Todd, que palavra ou palavras você usaria para descrever a si mesmo?

Todd: Eu pensei muito nisso. E diria turbulento. Uso essa palavra porque é ao mesmo tempo hiperativa e um pouco destrutiva.

Mike: Quando você se deu conta, interiormente, dessa turbulência? Havia algo que você sentia que não conseguiria controlar?

Todd: Não necessariamente. É uma coisa interessante, porque, na maior parte da minha vida, nunca percebi que agia ou me comportava de uma maneira diferente de qualquer outra pessoa. Eu simplesmente não entendia por que as pessoas não gostavam de mim e não me queriam por perto. Você acredita que está se comportando como todo mundo e, assim, demora algum tempo para perceber a situação. Acho que realmente não me dei conta disso até os meus 19 ou 20 anos, quando comecei a perceber que talvez precisasse refletir sobre como eu agia, me comportava e pensava.

Eu nunca percebi que agia ou me comportava de uma maneira diferente de qualquer outra pessoa.

Mike: Quando você era mais jovem, sabia que as pessoas podiam não gostar de você ou que você talvez tivesse alguns problemas com figuras de autoridade?

Todd: Certamente. Era interessante porque eu queria muito ser como todas as crianças, ter amigos e coisas assim. Você sente um pouco de animosidade das outras pessoas. Mas realmente não sabe o porquê, e acaba pensando que o problema é delas. Era difícil entender por que elas não gostavam de mim; afinal, eu era como qualquer outra pessoa. Nunca fui muito bom para perceber certas dicas que indicavam que meu comportamento era do tipo arredio e desafiador.

Mike: Pense em seus 9 ou 10 anos. Quando você se levantava todas as manhãs, o que tinha em mente para fazer?

Todd: Se fosse no início do calendário escolar, eu realmente tinha um forte desejo de freqüentar a escola. Todos os anos eu falava para mim mesmo que aquele seria o semestre no qual eu faria de tudo para me sair bem. "Eu vou me comportar melhor e cumprir com minhas obrigações." Sempre gostei de fazer acordos comigo mesmo. "Certo, eu vou fazer amigos hoje." Mas, durante o curso de um dia ou do semestre, tudo isso se desfazia e eu simplesmente lançava minhas mãos para cima e recomeçava do zero.

Eu queria tanto que as pessoas gostassem de mim, e só pensava em ter uma infância normal, mas, na maior parte do tempo, não foi isso que consegui.

Mike: Como isso o fazia se sentir?

Todd: Era muito difícil. Era devastador dentro de mim. Eu queria tanto que as pessoas gostassem de mim, e só pensava em ter uma infância normal, mas, na maior parte do tempo, não foi isso que consegui. Eu não sei, é difícil explicar.

Mike: Você usa a palavra *normal*. Você sentia que não era normal?

Todd: Sim. Mas, como uma criança pequena, não percebia que não era normal. Aí, em algum momento, eu percebi que algo era diferente em mim. E isso foi uma coisa difícil de enfrentar. "Ei, há algo diferente em mim. Eu tenho que tomar algum remédio para ficar igual a todo mundo." Esse é um ajuste e tanto.

Mike: Você usou a palavra *destrutiva* há pouco. Você quebrava coisas? Roubava? Brigava com as outras crianças?

Todd: Oh, sim, sim, sim. É estranho... Eu olho para trás e não consigo explicar por que eu fazia isso. Quando eu era mais jovem, roubava, sim. E estava sempre entrando em brigas, nas quais normalmente perdia. Eu não era a maior criança da turma. Como eu roubava as coisas, tinha que viver mentindo para encobrir os fatos, mesmo quando era mais fácil contar a verdade. Eu olho para trás e imagino: no que será que eu pensava? Não sei a resposta.

Mike: Tenho certeza de que seu pai e sua mãe tentaram corrigi-lo. Como você reagia a isso? Como interagia com seus pais?

Todd: Só agora é que vejo o que estavam tentando fazer. Eles focalizavam mais as questões em longo prazo, mas, às vezes, como criança, você não pensa muito além do dia de hoje e, assim, fica difícil ver as coisas da perspectiva deles. Eu me concentrava nos meus desejos: queria ter amigos e queria fazer isso e aquilo. Todos esses objetivos eram de curto prazo. Meus pais estavam tentando construir meu caráter e fortalecer minha resiliência para que, quando chegasse o momento certo, quando eu percebesse que precisaria fazer algo diferente, eu tivesse essas bases bem sedimentadas.

Mike: Se você não se importar, pode me dar um exemplo de um ponto crítico em suas vidas? Deve ter havido uma hora em que você e seus pais começaram a ter problemas. O que causou isso? O que aconteceu? Dê-me o real senso do que era estar na sua pele naquela idade com seus pais em sua casa.

Todd: Eu lhe diria que provavelmente a situação culminou com a grande frustração de meus pais ao tentarem me mostrar o valor da educação, percebendo que isso não me tocava. Todos os semestres, promessas, promessas, e então só médias baixas no boletim e muitas dificuldades, até mesmo com expulsões e coisas parecidas. Eu lembro quando o diretor da minha escola, no último ano do ensino médio, me falou que achava melhor eu sair da escola, pois não conseguiria me formar com a minha turma. Isso foi uma coisa muito frustrante para todos; afinal, aquele era o momento pelo qual eu estava esperando há tempos: terminar a escola e trilhar meu caminho. Isso já não era mais uma opção, e as coisas estavam parecendo um pouco vazias. Além do mais, eu tinha minhas próprias idéias, certo? Ainda pensava que essas situações não eram causadas por mim. Todos os outros tinham culpa, não eu.

Mike: A culpa deles, a culpa dos outros, por que o mundo está contra mim?

Todd: Sim, é isso que você diz a si mesmo. Eu passei por alguns times de futebol e basquete no ensino médio e fui expulso de todos, sem exceção. Eles enxergavam meu comportamento destrutivo, mas eu simplesmente achava que tínhamos perspectivas diferentes. Eu não estabelecia metas em longo prazo. Metas em longo prazo para mim significavam a semana seguinte. O jogo de basquete da semana que vem — isso era uma meta em longo prazo. Eles tinham uma perspectiva de vida para mim, mas eu não, e, assim, quando isso tudo explodiu, foi muito estressante para todos.

Mike: Houve um momento em que... em termos de um incidente real... você e seus pais acabaram tendo uma briga séria?

Todd: Não, você sabe que nunca *brigamos ferozmente* por causa dos meus problemas. Aí é que está. Não era raiva. Era mais decepção e coisas semelhantes. Tentamos muitas abordagens, e é interessante porque realmente nunca houve raiva entre nós. Era mais só decepção. Eu nunca tive um período no qual tenha me sentido bem.

Mike: Quando lhe disseram que você não se formaria, o que aconteceu na sua vida naquele momento?

Todd: Em minha mente eu nem percebi que não tinha um projeto em longo prazo e que precisava me formar. Eu tinha uma namorada, que hoje é minha esposa, e ainda não tinha tirado o diploma do ensino médio. Eu trabalhava como repositor em uma loja, ganhando um salário mínimo. Nisso, descobrimos que estávamos prestes a ter uma família. Aí foi como chegar ao fundo do poço, porque, até então, eu não tinha tido muito êxito em coisa alguma e, assim, não havia muita razão para pensar que esse fato mudaria. Havia somente muita frustração. Meus pais tinham se esforçado tanto para eu ser alguém, e eu simplesmente parecia nunca ter correspondido aos seus sacrifícios.

Meus pais tinham se esforçado tanto para eu ser alguém, e eu simplesmente parecia nunca ter correspondido aos seus sacrifícios.

Mike: Quando as coisas começaram a mudar?

Todd: De fato posso lhe dizer o momento exato em que isso aconteceu — é bem fácil. Eu tinha 19 anos quando minha esposa e eu tivemos nosso primeiro filho, Austin. Eu lembro que estávamos no hospital, e lembro como se fosse ontem. Minha esposa estava acordada no quarto, e eles trouxeram nosso filho e perguntaram se eu queria segurá-lo. Eu disse que sim. Não sabia o que pensar — era todo tipo de pressão —, aí me sentei em uma cadeira e percebi, só naquele momento, que não se tratava de mim. As coisas precisavam mudar porque havia uma mulher e agora uma criança que dependiam totalmente do resultado da minha vida, e esse era um peso excessivo para mim. Ainda levou uns 9 meses a um ano para eu ter um rendimento decente; sabe, é fácil mudar nossos pensamentos, porém mudar nossos comportamentos é um pouco diferente. Mas essa foi a hora da verdade para mim.

Mike: Parece que você se deu conta naquele momento de que a sua vida e seu comportamento afetavam mais alguém de um modo profundo.

Todd: Enquanto eu crescia, realmente não pensava muito nisso. Não me preocupava tanto com o meu comportamento. Eu realmente não refletia sobre minha vida; não pensava em assumir responsabilidade por ela, simplesmente isso não parecia ter qualquer conseqüência para mim. Eu podia lidar com o desapontamento das pessoas; bem, eu me acostumei a isso — principalmente porque todo mundo sempre estava desapontado comigo. Mas é um sentimento incrível quando você tem alguém que diz: “Olha, eu acredito em você, está bem?” Eu acredito que você fará tudo certo por nós. É um sentimento forte, e foi a primeira vez que eu senti uma responsabilidade desse tamanho.

É um sentimento incrível quando você tem alguém que diz: "Olha, eu acredito em você, está bem?"

Mike: Bem, o que aconteceu depois de você ter seu filho nos braços?

Todd: Ali, sentado com ele no colo, percebi que as coisas precisavam mudar. Eu não poderia ganhar tão pouco para sempre. Aquilo realmente não faria bem para nossa família, e eu pensei que precisava voltar à escola. Foi interessante, porque as pessoas perguntaram por que eu havia escolhido voltar para a escola depois de uma experiência acadêmica tão horrível. Isso foi estranho; eu realmente não tinha uma resposta para dar. Percebi que, depois de todas as frustrações e lutas pelas quais eu e meus pais tínhamos passado, o que restara fora o exemplo que eles me deram. Olhei para minha mãe e para meu pai, me lembrei de todos os esforços que sempre fizeram para que eu estudasse e me formasse, e não houve dúvida em minha mente que era isso o que eu precisava fazer. Foi bastante estranho, mas disse a eles que voltaria para a escola.

Mike: Como foi sua volta? Você tinha sido convidado a sair, não?

Todd: Sim, sim, foi exatamente isso o que eu pensei. Mas aí decidi voltar a estudar por meio de um curso supletivo e assim me formei no ensino médio.

Mike: Orgulhoso de você?

Todd: Muito, e não foi uma prova tão difícil. Então eu disse: "Certo, e agora, o que faço daqui para frente?" Eu tentei entrar em várias faculdades e não consegui. Nenhuma faculdade boa quer um repetente, com curso supletivo e notas baixas. Até que consegui entrar em uma universidade em Ogden, Estado de Weber, mas me informaram que eu teria que ter aulas extras à noite para acompanhar melhor as aulas. Eu disse que não haveria problema e que isso seria ótimo. Na verdade, minha esposa tomou a dianteira e fez minha matrícula. Eu pensava em dizer a ela todo dia que voltaria a estudar seriamente, mas achava que ela diria: "Oh, sim, você me falou isso no semestre passado". Mas não... ela acreditou em mim e me matriculou. Foi ela que realmente iniciou todo esse processo da faculdade.

Mike: Quando você se viu em uma sala de aula, na faculdade, como foi?

Todd: Sabe de uma coisa? É interessante porque havia muita desconfiança de minha parte. Eu não tinha nenhuma expectativa sobre mim. E realmente não achava que alguém pudesse ter qualquer expectativa, exceto que todos estavam contentes porque, pelo menos, eu estava me esforçando. Assim, os elogios eram do tipo "vamos-esperar-para-ver-o-que-acontece" quanto à minha atitude e a deles também. Mas uma coisa importante que eu me lembro foi o fato de que ninguém sabia quem eu era lá. Isso foi importante, porque, nas outras escolas, os professores me conheciam, certo? Tudo que eu fazia, bom ou não, todos já ficavam sabendo e davam palpites. De algum modo, isso afetou meu desempenho e os tipos de interações que tive. Mas ninguém na faculdade sabia quem eu era.

Mike: Um recomeço?

Todd: Sim! Em minha mente, decidi que eu queria fazer uma mudança. Achava que era disso que eu realmente precisava.

Ninguém me conhecia ali. Eu poderia ser quem eu quisesse, o que era um grande negócio para mim.

Mike: O que aconteceu quando você teve que fazer todas as coisas que provavelmente você odiava no ensino médio, como leituras, tarefas e provas? Você se preparou?

Todd: Sim.

Mike: Isso simplesmente aconteceu?

Todd: Não, de jeito nenhum. Eu acho que um dos resultados de você realmente não se esforçar o suficiente na escola durante sua vida é que acaba com maus hábitos de estudo. Eu literalmente odiava ler. Durante toda a minha vida, isso foi difícil, fora o fato de eu não gostar, o que é bastante diferente hoje. O engraçado é que tive uma matéria de economia que era bem difícil, e o professor costumava dizer que ninguém iria bem na prova. Ele era muito arrogante, o que foi bom para mim, pois eu era competitivo. No começo, isso não tinha nada a ver com vontade de aprender; era mais vontade de mostrar para ele que eu era capaz. Dessa forma, estava indo bem nessa matéria. Também comecei a ter aulas de psicologia, e interagi superbem com a professora. Nós tínhamos um relacionamento bom até que eu não entreguei um determinado trabalho no prazo, o qual eu prometera fazer logo. Aí, ela veio até mim e perguntou: "Há algum problema? O que aconteceu?" Eu não sabia o que responder... Na verdade, dei uma desculpa; falei que a impressora estava com problemas, você sabe? E ela disse para eu dar um jeito e entregar o trabalho o mais rápido possível. "Minha sala é essa, traga o trabalho amanhã", ela completou. Eu pensei: "Oh, meu Deus, ela realmente vai 'pegar no meu pé' por causa desse trabalho", e acabei fazendo tudo para o dia seguinte. Assim, dizer que de repente eu tinha me tornado um ótimo aluno é irreal. Esse foi um processo que levou muito tempo.

Mike: Você sentiu o peso negativo da bagagem de seu legado do ensino médio ou de sua reputação?

Todd: Certo, "peso" é uma boa palavra para isso. De fato, houve momentos no início que eu entrava em classes nas quais havia algumas pessoas da minha última escola e eu, de fato, me afastava delas porque sabia que havia um senso dentro de mim que dizia que, assim que eu me deparasse com uma situação crítica, sentiria um desejo e uma necessidade de agir de um determinado modo. Eu não conseguia explicar. Isso me remetia ao meu passado. Daí, eu tentei ficar longe das classes nas quais eu conhecia pessoas e isso foi bom para mim.

Mike: Conte-me um pouco sobre o trabalho que você fez com o Dr. Sam Goldstein. No processo de mudança — de quem você era para quem é agora —, foi preciso algum trabalho?

Todd: Sim, seguramente. Meu trabalho com o Dr. Goldstein aconteceu em dois níveis. Primeiro foi um bom diagnóstico, para poder dizer o que estava afetando minha vida. Na verdade, eu ainda tenho o relatório de diagnóstico de quatorze páginas. Até hoje eu o leio, já destaquei coisas nele e fiz comentários. Para mim, isso foi, de fato, a coisa número um que me distanciou tanto assim da escola. Eu disse: "Olha, eu quero saber o que está afetando minha vida".

Mike: Em que época você foi diagnosticado?

Todd: Eu estava na sétima série. Assim, durante a maior parte da minha vida, até então, eu simplesmente tinha sido considerado um menino mau. Esse era o tipo de percepção que vinha à tona. Você é uma criança má, você não tenta melhorar, você não quer ter sucesso. De fato, essa é a questão e há coisas que podemos fazer sobre isso, coisas que ajudam. As pessoas queriam falar comigo todo o tempo sobre o que eu estava fazendo, e eu simplesmente comecei a perceber que ninguém realmente tinha entendido o que era esse tal de distúrbio de atenção. Eu sentia que o Dr. Goldstein entendia isso durante nossas conversas. Eu me lembro de suas primeiras palavras para mim. Nós entramos em seu consultório. Eu me lembro disso muito vividamente. Ele disse, rindo: "Vamos deixar para trás o que há de errado com o resto do mundo... e vamos descobrir o que há de errado com você." Eu me lembro bem. Isso tranqüilizou o clima, e eu pude me desarmar da minha postura defensiva. Afinal, no início, eu era defensivo; não queria ir a um psicólogo e discutir esse tipo de coisa. Eu me lembro de pensar que daria uma chance a essa pessoa porque ela não descobriria o que se passava comigo. Novamente eu não achava que pudesse haver alguma coisa de errado comigo. Assim, achei que poderia me abrir um pouco mais com o Dr. Goldstein. Foi o primeiro passo.

Mas, provavelmente, o mais importante para mim foi que, à medida que eu progredia na faculdade, meu desempenho ia melhorando — pela primeira vez na vida. Aí, a idéia de realmente fazer uma pós-graduação passou a ocupar minha mente. Esse era um pensamento um pouco tolo, na verdade. Era uma espécie de piada. Eu descobri que gostava de psicologia e do estudo do cérebro, e enviei uma carta ao Dr. Goldstein, uma carta bastante vaga. Eu nem mesmo li as perguntas que fiz — e provavelmente não precisava fazer essas perguntas tolas —, mas falei que estava interessado no assunto e que não sabia como prosseguir. Eu não esperava uma resposta dele. Mas, logo depois, recebi uma carta bem detalhada com tudo que eu deveria fazer, e a guardei. Uma das maiores coisas que afetou meu caminho, que me levou aonde estou hoje, foi a habilidade para pesquisar — algo no qual o Dr. Goldstein disse para eu investir. Esse conselho abriu meus olhos. E, quando fui convidado a participar de uma pesquisa, não achei que fosse capaz de aproveitar, de fato, aquela oportunidade, pois o volume de trabalho era muito grande. Porém, no fundo, eu sabia que seria um passo importante para mim.

Mike: Parece quase impossível, para alguém com "distúrbio" de atenção, focalizar qualquer coisa em geral, muito menos uma pesquisa. Isso parece novamente como a imagem no espelho, o lado reverso, de fato.

Todd: Eis aí outro processo. Quando eu era mais jovem, quando tomava os medicamentos, as pessoas notavam que eu conseguia me concentrar. Só que, na realidade, eu não queria tomar aqueles remédios. Eu queria ser igual a todo mundo. Assim, acabava não tomando nada. Isso provavelmente foi uma das piores escolhas que eu já fiz. Seus pais não podem ficar o dia todo controlando isso para você, muitas vezes é por sua conta (rindo)... E aí eu dava um jeito de não tomar as pílulas. Quando entrei na faculdade, percebi algo no primeiro ano e disse a mim mesmo que eu não poderia me enganar mais. Isso realmente me ajudou, e eu consegui me concentrar e aprender de forma legítima. Voltei ao meu médico e comecei a tomar a medicação novamente, o que foi um grande primeiro passo, pois isso me deixou no mesmo nível dos outros alunos. Eu sei que há muitas opiniões discrepantes sobre o assunto, mas foi certamente a primeira coisa importante para mim, afinal, eu já podia me manter atento a uma tarefa, completar minhas obrigações fora da sala de aula e até mesmo começar a pensar em coisas em longo prazo. Foi interessante.

Mike: No seu período na faculdade, quando lhe ocorreu que não apenas você poderia sobreviver em um ambiente de faculdade, como também poderia ter sucesso e considerar a possibilidade de continuar seus estudos? Quando isso ficou claro para você?

Todd: Demorou um bom tempo. Fui deixando para depois as matérias realmente difíceis. A cada semestre, eu começava mais uma delas, pois achava que, em algum ponto, eu descobriria que essa era uma razão para eu estar indo tão bem, e isso era estranho para mim.

Mike: Você achava as matérias muito fáceis?

Todd: Sim, e muitas pessoas também pensavam assim. Eu ouvia muitos comentários. Até mesmo meus pais diziam: "Todd só tira notas boas, mas vamos ver o que vai acontecer quando ele começar a ter aulas de matérias consideradas de grande dificuldade". Ouvir isso foi bom, porque, por muito tempo, minha motivação, como eu comentei, era muito externa. "Tudo bem, certo... vou mostrar para eles", eu pensava. Mas, lá no fundo, eu achava que minha inteligência, em algum ponto, encontraria uma parede de tijolo e haveria uma matéria que simplesmente me daria um chute no traseiro e me faria voltar à realidade. Assim, aos poucos, fui tendo matérias cada vez mais difíceis, e eu dizia a mim mesmo: "Certo, essa matéria de anatomia vai ser a tal, ou a matéria de estatística vai ser a tal". Eu tinha sido tão fraco em matemática por tanto tempo, que cheguei a pensar que estatística seria a matéria que me colocaria para fora da faculdade. Porém, superei todas as minhas dificuldades e até fui convidado a ser professor-assistente do semestre seguinte. Assim, naquele ponto, eu pensei: "Sabe de uma coisa? Eu acho que posso fazer isso." Mas o teste que eu teria que fazer para entrar na pós-graduação não me saía da cabeça. Eu nunca tinha ido muito bem em testes. Apesar de continuar a dizer para mim mesmo que podia fazer aquilo, intimamente eu achava que aquele teste seria o meu fim.

Mike: E o que aconteceu?

Todd: Bem, eu tinha desenvolvido bons hábitos de estudo e passei por um curso para me preparar para esse teste. Até fiquei doente de tanto estudar. Esse era um desses testes de satisfação imediata; fiquei sabendo da nota assim que acabei o teste. Tudo computadorizado. Notas instantâneas (rindo). Consegui passar e estava orgulhoso, isso eu posso lhe dizer.

Mike: Qual foi sua nota?

Todd: Um pouco acima da média. E, definitivamente, não fiquei triste; prefiro colocar as coisas desse modo.

Mike: Então você descobriu que cursaria pós-graduação...

Todd: De fato, eu nunca pensei nisso. Meus professores me falavam que eu me sairia bem, mas não tinha tanta certeza. Mesmo assim, procurei informações sobre o curso em várias faculdades, sem saber o que esperar. Três delas menos conhecidas, nas quais eu me sentiria bem confiante em cursar — sem deixar de procurar outras três dos sonhos, nas quais eu adoraria estudar, se pudesse; afinal, não custava nada tentar.

Mike: Quais eram?

Todd: Califórnia Berkeley, Columbia e Harvard.

Mike: Como você se saiu?

Todd: Eu entrei em Berkeley e Harvard, e fui finalista na Columbia.

Mike: Aqui está, uma criança que desistiu do ensino médio agora com ingresso garantido em Harvard. Como foi?

Todd: Bem, foi engraçado porque Harvard é o desejo da maioria dos alunos. Eu quero dizer... (rindo)... todo mundo quer entrar em Harvard. Mas pensei: "Isso vale a pena? Devo me matricular? Tenho uma família agora. De onde vou tirar o dinheiro do curso?" No fim, decidi encarar. Eu tinha lido muitos trabalhos de um psicólogo, o Dr. Curt Fisher, de

Harvard, e eu queria trabalhar com ele. Como não queria levantar falsas esperanças, fui atrás de cartas de recomendação. O Dr. Goldstein forneceu uma carta excelente para mim. Essas foram as coisas que fizeram uma enorme diferença. As pessoas queriam me ajudar de qualquer maneira. Para quem tinha feito uma faculdade sem muito prestígio, aquilo era bastante entusiasmador. Talvez eu me tornasse um médico, um psicólogo, afinal.

Dias depois, recebi uma ligação do Dr. Curt Fisher, mas eu não estava em casa. Ele ligou e falou com minha esposa. Quando cheguei, estavam todos na varanda me esperando para dar a boa notícia. Ela estava tão entusiasmada; então disse: "Curt Fisher ligou. Ele disse que você conseguiu a vaga." Eu não sabia se isso significava a vaga no curso de pós-graduação, curso especial... Entenda, eu não sabia o que esperar nem o que pensar. Fiquei estupefato.

Na verdade, a coisa que me passou pela cabeça foi que eles cometeram um erro. Eu pensei que eu fosse ligar e eles diriam algo como: "Todd Rose? Não, era Tom Jones, sentimos muito." Mas o doutor tinha deixado o número de telefone da casa dele — Curt Fisher — e pedira para eu ligar de volta. Assim, eu liguei e fiquei ali sentado, na sala de casa — imagine, essa era uma pessoa cujo trabalho eu li e no qual eu tinha e tenho muito interesse. Não tinha absolutamente nada para dizer... Eu simplesmente fiquei lá sentado, pensando. Aí, ele disse: "Bem, por que você não me envia um e-mail para acertarmos tudo?", e eu respondi: "Certo, adeus", e desliguei o telefone, exclamando: "Oh, Deus, isso não foi muito bom". Eu quis ligar para todo mundo, para todas as pessoas, você sabe, minha família. Estava no lugar em que realmente queria estar, finalmente. Às vezes, mesmo agora, quando as coisas estão difíceis e há algumas matérias complicadas, eu percebo como tive sorte por ter tido essa chance.

Mike: Nós estamos falando aqui de sorte, mas também de trabalho duro e realização, de confiança e segurança que você conseguiu demonstrar. Por que acha que teve essa resiliência toda? Você a desenvolveu? Você mencionou a palavra *processo*.

Todd: *Processo* é uma grande palavra para isso. E estou realmente interessado em resiliência, pois tenho visto muitas crianças atualmente que precisariam desenvolvê-la também. Quando isso tudo aconteceu, a ida para Harvard, recebi muitas cartas de famílias que estavam enfrentando problemas. E percebi que não havia muita diferença entre mim e essas crianças, pois quando as vejo e falo com seus pais, logo noto que eu era uma criança como elas. Esse era eu, exatamente. Assim, eu pensei, o que aconteceu comigo? Foi sorte, foi chance, o quê? Eu penso que *resiliência* é o termo que melhor define tudo isso, e, mesmo assim, é difícil explicar. É o que eu acho. Meus pais eram inteligentes o bastante para olhar para a perspectiva em longo prazo e para perceber que estavam enfrentando batalhas diárias com seu filho, o que é frustrante e pode ser difícil, mas, no final, sabiam que deveria haver uma base à qual a criança pudesse recorrer, e foi assim que aconteceu comigo. A coisa engraçada é que, apesar de tê-los desapontado muito, eles nunca desistiram de mim. Eu tive essa experiência ao longo de minha juventude, disso me lembro bem.

É engraçado porque eu me lembro de um incidente muito específico que eu tive com minha avó. Acredito que todo mundo deva ter uma pessoa que enlouqueça por ela, não importa o que aconteça. Eu me lembro de ter sido expulso da escola por lançar uma bomba de fedor (rindo). As pessoas sabiam que tinha sido eu; pelo menos a classe se divertia quando eu estava lá. Meus pais se sentiram frustrados. E tinham que se sentir assim. Eu me lembro de que nós não tínhamos muito dinheiro nessa época, e a moda era um tipo de short de elastano. Eu não sei por que, mas estou feliz por não ter nenhuma foto daquele período. Minha avó, que também não tinha muito dinheiro, chegou em casa naquela noite com uma bermuda daquelas e disse que era um presente para mim. Não porque ela estivesse orgulhosa do que eu tinha feito, mas porque ela me amava — e isso parecia contrariar tudo o que eu tinha aprendido até então sobre não recompensar o mau comportamento, mas eu me lembro disso com carinho. Essa pessoa me amava.

E percebi que não havia muita diferença entre mim e essas crianças, pois quando as vejo e falo com seus pais, logo noto que eu era uma criança como elas.

Mike: Como pai, você tenta se lembrar disso com suas crianças? Quando elas o colocam à prova, como a maioria das crianças sempre faz com seus pais, você tenta tirar proveito disso, sabendo muito bem que provavelmente não será capaz de fazê-lo até se tornar um avô?

Todd: Essa é uma coisa muito interessante porque representa um equilíbrio e tanto. Essas crianças e eu passamos por tantas coisas, as quais algumas delas foram minha culpa e outras não. Seus pais lutam por você o tempo todo, e eu acho que eles chegam a um ponto em que você simplesmente quer sair, olhar e dizer: "Eu vou ser tão bom para vocês e deixá-los conseguir tudo o que querem de mim porque sei que estão tendo muitas dificuldades".

Mas, como pai, você tem que ser forte. Por sorte, meus pais sabiam que havia um equilíbrio. O importante é passar seu amor e dar uma base ao seu filho que o ajudará a superar os problemas em longo prazo.

Para mim, é isso que a resiliência é e era: saber que eu era amado, que cuidavam de mim, mas também ter ciência de que ninguém passaria a mão na minha cabeça por qualquer coisa que eu fizesse. Meus pais precisavam ser duros comigo, e foi isso o que eu pensei sentado ali no hospital, com meu filho nos braços, chegando à conclusão de que algo tinha que mudar. Eu penso nas crianças que vivem em situações semelhantes a minha, mas sem o apoio familiar. Felizmente, em minha família, a educação foi e é uma prioridade muito grande. Meu pai superou alguns problemas terríveis para tirar o seu diploma e, assim, acreditei que eu também poderia superar. Eu vi o que aconteceu com as nossas vidas, quando crianças, porque ele foi para a escola, uma escola noturna, enquanto trabalhava período integral. Assim, para mim, isso não era uma coisa difícil. Esses exemplos foram muito importantes — e ainda são. Durante o curso de uma vida inteira, eles constroem seu caráter e sua resiliência. Eu não sei por que tive sorte o bastante ou qualquer outra coisa para poder mudar minha vida, mas estou feliz por ter conseguido.

Mike: Como você tenta e aplica isso agora que você se tornou um psicólogo? Como você continua a agir como pai?

Todd: Eu estou muito mais atento a como os eventos diários afetam a perspectiva global de uma criança sobre sua vida e atitude diante das coisas. Eu tento ver o crescimento como um processo. Os erros são experiências com as quais aprender. Quando você é criança, é muito difícil quando tudo o que você faz é fracassar. O fato é que nunca realmente me esforcei para ir bem na escola porque, sendo honesto, no fundo de minha mente, eu sabia que se eu me esforçasse e fracassasse, não me restaria mais nada. Todo mundo dizia; "Você tem que pelo menos tentar ir melhor". E eu dizia: "Tem razão, se eu tentasse...", mas o fato é que eu não tentava porque ainda podia esperar mais um tempo para fazer isso. Nesse aspecto, eu não fracassei, e me lembro disso. Eu quero ensinar às minhas crianças que há oportunidades para aprender. Todo mundo comete erros e fracassos, mas você tem que poder dizer: "OK, o que posso aprender com essa experiência?" Essa é uma lição importante que os pais podem ensinar aos filhos.

Mike: É interessante o modo como você define *fracasso*. É possível definir esse termo como quase qualquer coisa, mas você escolhe definir fracasso como uma não-tentativa, assim, qualquer outra coisa que você faça será algo menor do que um fracasso.

Todd: Sim, acho que expressei muitos fracassos quando criança. Você acaba pensando que precisa ser perfeito: "Eu vou me comprometer a ser melhor", e eu fiz isso. Todo ano eu queria mudar. Muitas crianças que estavam na minha situação ainda estão lutando, mas a maioria delas sabe que quer ser diferente. É um processo muito difícil. O fato de ter esse apoio estrutural das pessoas ao seu redor, que estarão com você por toda a vida, é que é tão importante. É engraçado, não havia nenhuma razão para o Dr. Goldstein se corresponder comigo. Nós nos correspondemos durante anos. Felizmente, penso que ele viu que eu estava bastante interessado. Assim, não apenas ter o apoio da família é importante, mas também de alguém na sua área de interesse. É impressionante o que isso faz por sua auto-estima.

Mike: Muitas pessoas não entendem o processo que envolve o fato de se tentar realizar projetos e, mesmo com afinco e persistência, acaba fracassando. Todo esse empenho não é percebido pelas pessoas que estão de fora, e portanto não é entendido.

Todd: Sim, afinal, comportamentos assim só demonstram atitudes como a não-tentativa, a preguiça e a falta de cuidado e atenção. Isso está bem longe da verdade. Diariamente, eu travava uma batalha interna comigo mesmo. Eu fazia as coisas, e, à medida que crescia, percebia que era realmente bobo, você sabe. Depois, a sua auto-estima está tão frágil que você não admite isso, e acaba querendo lutar contra o mundo todo. Mas eu me lembro de uma situação engraçada, mas que é uma boa história que eu guardo na memória... porque muitos de meus problemas na escola foram culpa minha. Isto é, a culpa não era bem minha, mas eu tive responsabilidade sobre ela. Eu não era o tipo de pessoa que a escola perseguia à toa, sem motivos. Eu me lembro de estar em uma aula de inglês. A única coisa de que eu gostava, mesmo quando meu desempenho era ruim, era escrever. Eu amava escrever poesia. Isso simplesmente era fácil para mim. Realmente gostava muito de escrever.

Bem, eu estava na sétima série, na aula de inglês, e o professor disse que nós teríamos que escrever uma poesia. Eu pensei: "Oba, isso é algo que eu sei que posso fazer". Essa tarefa não apenas valeria nota, mas a melhor poesia seria lida para toda a classe. Na sétima série, isso era um grande negócio para mim. Assim, fui para casa e passei bastante tempo escrevendo um poema sobre salto em esqui; meus pais foram minhas testemunhas. Quando acabei, pensei: "É um poema e tanto" (rindo). No dia seguinte, entreguei o trabalho todo orgulhoso. De fato, eu era do tipo que gostava de me vangloriar, *convencido* provavelmente seria uma boa palavra, do tipo que fica assustado por dentro, mas não quer demonstrar. Eu ganharia a melhor nota, afinal tinha escrito uma poesia e tanto. Uma semana depois, o resultado: não apenas meu poema não era o melhor, como tirei um zero. E pensei: "Deus, minha poesia não teve valor algum". E perguntei para meu professor o porquê da minha nota, a que ele respondeu: "Você não poderia ter escrito aquele poema. Não é seu." Fui para casa me sentindo devastado porque eu havia me esforçado tanto para nada. Eu não quis criar caso porque o maior prejudicado poderia ser eu, pois havia uma avaliação durante o curso do semestre que informava se o aluno realmente estava ou não se esforçando para melhorar seu desempenho e seu comportamento. Mas meus pais foram chamados e eles disseram que estavam em casa quando eu escrevi a poesia. O professor nunca cedeu. O fracasso acabou sendo meu.

Eu me lembro de caminhar para fora da escola já pensando em desistir, em largar tudo. Eu realmente queria isso. Como eu disse, não pretendia criar um caso, mas me lembro do seguinte pensamento em minha cabeça: "O que eu tenho que fazer?"

Eu me lembro de caminhar para fora da escola já pensando em desistir, em largar tudo.

Mike: Mesmo quando se esforçava, eles não acreditavam em você...

Todd: Em minha cabeça eu já tinha mudado, certo? Eu queria um desempenho melhor e eu esperava que o resto do mundo enxergasse isso. Quem lesse meus pensamentos me daria todas as chances do mundo.

Mike: Você já pensou em procurar aquele professor e simplesmente escrever uma pequena carta para ele no papel timbrado de Harvard?

Todd: (Rindo) Você sabe que isso é engraçado porque um dos outros processos interessantes pelos quais eu passei, como eu disse, desejando fazer o melhor, foi externo. Eu queria me mostrar para as outras pessoas, certo? Eu queria provar que elas estavam erradas, e comecei a tentar dar o meu melhor. Mas, durante o período dos meus estudos universitários, isso se tornou uma coisa interna, e, nesse momento, eu não me preocupei mais com o que as outras pessoas poderiam pensar. Eu amo tanto aprender que vejo aí um valor inerente, além de ganhar dinheiro ou coisas assim. Minha experiência foi infeliz, claro, mas eu não gostaria de ter feito as coisas de maneira diferente, pois isso não me conduziria à pessoa que eu sou e como eu penso hoje. Assim, eu simplesmente guardo isso como parte de minha história e, esperançosamente, haverá um dia em que poderei usar esse episódio para ajudar outros pais e crianças que estão sofrendo com os mesmos problemas que eu tive.

Mike: Lyda e Larry, ao escutarem Todd hoje, vocês devem sentir muito orgulho dele. Os pais sempre têm sonhos para suas crianças e, então, em algum lugar ao longo do caminho, às vezes, todos nós desejamos saber se nossos sonhos excederam o alcance de nossos filhos. Deve ter havido momentos durante a jornada em que vocês começaram a pensar que não haveria jeito dessa criança chegar em algum lugar que tornasse a vida dela pelo menos perto do que vocês tinham imaginado para ela. Fale-nos sobre alguns desses momentos.

Lyda: Talvez não soe verdadeiro, mas eu sempre tive fé nele e isso pode ser, talvez, apenas instinto de mãe. Lá no fundo, eu sabia do que ele era capaz. O que eu fiz foi esperar até que ele percebesse seu potencial.

Mike: Ele superou tudo aquilo, não?

Lyda: Sim. Tivemos muitas decepções no caminho, claro. Em minha mente, tentei não projetar metas em longo prazo para meus filhos, porque você precisa deixá-los se desenvolver. Eu sabia que ele tinha essa força dentro dele. A minha posição provavelmente é diferente da do meu marido.

Mike: Um tipo de ato de equilíbrio. Larry, você teve a mesma confiança ou suas dúvidas eram mais profundas?

Larry: Eu não acredito que os pais desistam de seus filhos, mas houve muitas vezes em que questionei se Todd realmente conseguiria realizar algo em sua vida. Sim, eu tive muitas dúvidas. E não sabia se ele conseguiria superar todas as adversidades.

Mike: Quando você passa por dúvidas como pai, quem você culpa? Seu filho? Você mesmo? A vida? O quê?

Larry: Pessoalmente, eu não acho que já tenha tentado culpar alguém ou alguma coisa. Para começar, Todd foi nosso primeiro filho. Nós não tínhamos a menor experiência. Pensávamos que todas as crianças eram daquele modo. Somente depois que tivemos nossos outros filhos é que percebemos que Todd era diferente, mas também percebemos que ele era inteligente. Lyda tinha muito mais fé do que eu no seu futuro, mas, como disse antes, pensei que ele seria um criminoso inteligente e não um aluno inteligente.

Mike: Quando isso começou? Ao entrar na escola? Com os boletins escolares, que mostravam que as realizações de Todd estavam abaixo do potencial dele? Ou os transtornos nas aulas? Como vocês se deram conta do seu "problema" pela primeira vez?

Lyda: Todd já tinha problemas de comportamento na pré-escola. Eles fizeram alguns testes e descobriram que ele estava acima da média. Depois, à medida que ele avançava nos estudos, talvez lá pela terceira série, os professores começaram a reclamar de seu desempenho e comportamento. Na sexta série, o problema já estava enorme, com seus colegas, com nossos vizinhos e com todos os membros de nossa família.

Todo mundo queria nos culpar como pais ou nos dizer o que estávamos fazendo de errado. Essa é a parte difícil de ter um filho que não se ajusta às normas da sociedade.

Mike: Que tipo de problemas? Brigas? Discussões?

Lyda: Todd era muito impulsivo. Ele reagia a tudo e se descontrolava. Todo mundo queria nos culpar como pais ou nos dizer o que estávamos fazendo de errado. Essa é a parte difícil de ter um filho que não se ajusta às normas da sociedade.

Mike: Você tendia a sentir essa situação como pessoal?

Lyda: Definitivamente sim.

Mike: Você sentia que decepcionava sua criança? Que não era uma boa mãe?

Lyda: Sim, especialmente quando todo mundo lhe diz o que você deveria estar fazendo.

Mike: O que eles lhes diziam?

Lyda: Que nós precisávamos ser mais rígidos. Nós simplesmente não éramos rígidos o bastante e, é por isso que Todd ficava tão descontrolado. Entretanto, se nós fôssemos rígidos, eles diriam que talvez estivéssemos sendo excessivamente rígidos com a criança. Assim, é preciso entrar em acordo com você e confiar em tudo em que acredita, e foi isso que nós acabamos fazendo finalmente. Nós calamos a boca das pessoas que não sabiam com o que estávamos lidando.

Mike: Quanto tempo levou para você chegar ao ponto em que sentiu confiança suficiente em você ou quando atingiu o limite de sua tolerância para escutar as outras pessoas lhe dizendo o que deveria ter feito?

Lyda: Eu acho que foi quando Todd estava nas últimas séries do ensino fundamental.

Larry: Nós tínhamos muitas pessoas — amigos, vizinhos, parentes — tentando nos dar conselhos. Elas eram sinceras, mas, até que você conviva com uma criança que tem problemas, não consegue nem mesmo entender o que está acontecendo. Nós continuamos tentando de tudo para ajudá-lo.

Lyda: Você tem que seguir seus instintos, pois você conhece seu filho. Isto é, eu o conheço desde o dia em que o trouxe para casa. Eu sei quais são seus verdadeiros potenciais. Você simplesmente trabalha para tentar construir autoconfiança e um senso de amor. Essa foi a nossa intenção.

Mike: Assim você tentou envolvê-lo em atividades extracurriculares, não?

Lyda: Sim, qualquer coisa na qual ele se destacasse, nós o apoiávamos 100%.

Mike: Conte-me um pouco sobre isso. Quais foram essas atividades e quais foram os resultados finais?

Lyda: Ele amava basquete e jogou em um time do clube, o que não era grande coisa, mas nós estávamos em todos os jogos para apoiá-lo. Nós compramos para ele o melhor tênis de basquete e realmente apoiávamos qualquer coisa na qual Todd se sobressaía para que pudesse se sentir bem com ele mesmo em alguma área.

Mike: Ele persistiu com isso?

Lyda: Sim. Ele fez parte de vários times nas escolas em que freqüentou, mas, por causa de suas notas baixas, ele acabava tendo que sair.

Mike: De todos eles?

Lyda: Sim. O sistema escolar da época era bastante frustrante para nós; eles não estavam dispostos a trabalhar conosco ou entender o problema de nosso filho.

Mike: Participar das reuniões de pais e mestres deve ter sido uma experiência e tanto. Fale-me sobre isso.

Larry: Oh! Nós éramos chamados freqüentemente para certas reuniões sobre o nosso filho, sabe?

Lyda: Mas eu também aprendi a me desligar desses problemas, porque, caso contrário, eu chegaria em casa desejando jogar toda a minha carga negativa em meu filho. Mas não, como geralmente essas reuniões terminavam com a declaração dos professores de que a única matéria que Todd não apresentava problemas e ia realmente bem era artes, era isso o que eu falava para ele quando chegava em casa.

Mike: Você procurava vitórias?

Lyda: Eu procurava qualquer coisa. Por muito tempo nós escutamos todo mundo, e nos sentíamos cada vez mais fracassados. Eu chegava em casa e só queria atacar Todd verbalmente. "Seu professor disse isso, isso e isso... O que há de errado com você?" Aí nós fomos mudando aos poucos essas reações, à medida que ele crescia.

Larry: Entretanto, havia vários tipos de professores. Alguns eram muito bons e entendiam que havia um problema. Alguns tinham dificuldades para lidar com Todd porque ele era muito impulsivo e destruidor. O problema era sua personalidade e o modo como ele se comportava. Assim, nós tentávamos ser pacientes com os professores, explicando os problemas e as dificuldades de nosso filho, e esperávamos que eles também fossem pacientes e trabalhassem a favor dele.

Lyda: Alguns fizeram isso, outros não.

Larry: Sim. Alguns foram bastante difíceis.

Mike: Quando você decidiu que precisava de ajuda profissional com Todd? Como esse processo funcionou?

Lyda: Ele estava na sétima série. Eu pensei, ele não pode ir para o ensino médio. Ele simplesmente não conseguirá. Foi quando decidimos buscar ajuda.

Mike: E o que aconteceu? Fale-me sobre esse processo.

Lyda: Nós procuramos nosso médico. Uma coisa que eu ainda aprecio é que ele fez um diagnóstico real. Disse que não colocaria a criança sob qualquer medicação a menos que consultássemos um psicólogo, para nos certificarmos do diagnóstico. Esse provavelmente foi um momento bem decisivo em nossas vidas: enviar nosso filho ao Dr. Goldstein. E eu agradeço muito por isso, porque ele realmente nos deu uma base forte a partir da qual pudemos começar a trabalhar.

Larry: Eu estava um pouco menos entusiasmado do que Lyda sobre isso porque pensava: "Ótimo, outra conta de médico para pagar sem ver os resultados". Depois, anos mais tarde, ao perceber quanto foi valiosa a contribuição desse médico particular, e tudo o que ele significou para nós como família e para Todd, vi que valeu a pena. Foi algo significativo mesmo.

Mike: Fale-me sobre sua primeira sessão. Eu presumo que vocês três se encontraram juntos com o Dr. Goldstein e trocaram algumas idéias. Quando vocês voltaram para casa depois disso, o que vocês disseram um ao outro? Vocês estavam esperançosos?

Lyda: Eu me senti aliviada porque alguém realmente havia entendido o nosso problema. Muitos médicos são ótimos para diagnosticar, mas não têm a base inclusiva para lidar com isso. E também fiquei aliviada porque o Dr. Goldstein parecia ter essa base. Foi ótimo para mim. Porém, talvez eu esperasse um pouco mais da medicação e também percebi que precisava ser mais realista.

Larry: Claro, nós não sabíamos a freqüência com que ele estava tomando os medicamentos. Às vezes, ele tomava, às vezes, não.

Lyda: E eles são adolescentes...

Mike: Você esperava um tipo de cura? Temos o nome do problema, portanto, agora temos a cura?

Lyda: Sim. Nós pensamos assim: "Temos esse médico, que é tão inteligente, e vamos colocar nosso filho sob medicação; assim, ele vai se transformar em uma criança normal". Isso não foi justo com Todd. Mas é assim que você se sente como mãe. Você se desespera. De verdade.

Mike: Então como passou por isso? Quero dizer, como passou pelos primeiros meses com o medicamento e algumas sessões, quando começou a notar mudanças e como elas se manifestaram?

Larry: Eu posso dizer que nos primeiros meses houve uma mudança drástica no comportamento de Todd. Um impacto positivo, mas não durou muito tempo. Ele voltou depressa aos seus velhos hábitos.

Lyda: Possivelmente porque nós esperamos até que ele crescesse e desenvolvesse grande parte do problema. Hoje eu sou uma defensora da intervenção precoce.

Mike: Houve melhorias para ele, claro. Mas, obviamente, durante o ensino médio, vocês tiveram algumas experiências negativas...

Lyda: Quando ele estava indo para o ensino médio decidiu que realmente não precisava mais tomar os medicamentos. Você não consegue discutir com um filho de 15 anos. Você não os pode forçar a nada.

Mike: Você consegue discutir, mas não os obrigar a fazer isso...

Lyda: É impossível mesmo. Ainda mais que Todd pensava que conseguiria fazer as coisas sem medicamento.

Mike: Por que você acha que as crianças, em geral, fazem isso? Mais especificamente, por que acha que o Todd cismou que não ia mais tomar os medicamentos?

Lyda: Quando crescem, as crianças querem fazer parte de uma multidão e ser como todo mundo. Tomar uma pílula as colocam de lado, porque não se acham "normais". Você sabe, Todd não se ajustava dentro da normalidade. Isso deve ser realmente frustrante.

Mike: Você, alguma vez, chegou a ponto de se lamentar por ele?

Lyda: Oh, eu já passei muitos momentos chorando. À noite, eu chorava até pegar no sono. É muito doloroso, como mãe, ver seu filho assim, porque você quer que ele alcance seu potencial pleno e, desde o começo, as pessoas sempre limitaram Todd. Aliás, ele limitava a si mesmo. É muito doloroso. Esse é um processo doloroso.

Mike: Eu presumo, de certo modo, que há muita culpa envolvida nisso tudo também. Vocês se culpam por alguma coisa?

Lyda: Talvez, na ocasião.

Larry: Eu sei que hoje, que estou mais velho, eu teria feito as coisas de maneira diferente. Na época, minha solução para esse problema foi a disciplina muito rígida, estruturada. Havia alguns resultados positivos nisso, mas não tenho certeza se essa foi a melhor solução para tentar resolver o problema de Todd. Hoje, pensando no passado, provavelmente não teria sido tão rígido com Todd; estruturado, sim, mas não rígido. Eu não sei o que os livros dizem para os pais fazerem nesses casos, mas Lyda sempre trabalhou o outro lado, a coisa do amor maternal. Talvez esse tenha sido um bom equilíbrio. Eu não sei.

Lyda: Quando eu falo com os pais, eu lhes digo que façam o melhor que puderem e que não olhem para trás. Esse é o melhor conselho. Basta olhar para frente e fazer o melhor em qualquer momento.

Mike: Quando Todd foi convidado a sair da escola, porque acabaria não se formando naquele ano, eu presumo que vocês foram comunicados pela diretoria. O que aconteceu?

Larry: Decidimos que o melhor seria mesmo Todd sair da escola. Provavelmente o teríamos mantido lá se ele tivesse alguma chance de se formar, mas não era o caso — a tendência era mais para a bagunça e para a diversão. Era hora de Todd arrumar um trabalho e seguir seu próprio caminho. E ainda hoje acho que essa foi uma boa decisão, pois ele não estava fazendo nada na escola.

Lyda: As conseqüências existiram. A escola nunca foi um lugar para a pessoa ir e causar problemas. É um lugar para se aprender. E eu estava cansada. Não queria lutar mais. Eu tinha lutado contra todo mundo por tanto tempo que foi quase um alívio poder dizer para ele sair da escola, se virar sozinho e ver o que poderia fazer.

Mike: Vamos avançar um pouco para a decisão dele de cursar o ensino superior. O que vocês pensaram disso?

Lyda: Ótimo.

Larry: Foi maravilhoso vê-lo fazendo algo assim. Entretanto, devo admitir, eu duvidei de que Todd pudesse lidar com isso.

Mike: Como ele lhe contou ou como você se deu conta do fato de que, de repente, esse rapaz com um histórico escolar tão problemático estava pensando em cursos universitários, pelo menos aparentemente?

Larry: Eu acho que isso aconteceu aos poucos. Não foi um grande anúncio. Ele falava disso de vez em quando, que gostaria de estudar mais. Nós sempre dizíamos, sim, sim, prossiga com sua idéia. Vários anos se passaram entre a saída do ensino médio e o início efetivo dos estudos. Vários anos e muitos empregos. Isso aconteceu lentamente.

Lyda: Nós lhe demos muitos conselhos porque também tínhamos cursado a universidade e nos formado. Então, dizíamos que isso era ótimo e que ele deveria fazer assim, assim e assim. Mas ficamos com um pé atrás e cruzamos os dedos, simplesmente.

Mike: Foi nesse ponto que acabaram as expectativas? Vocês simplesmente disseram: "Vamos esperar para ver?"

Lyda: Sim, apenas deixá-lo aprender da maneira que ele poderia sozinho.

Mike: Quando ele começou a florescer, suponho que vocês tenham ficado estarrecidos, ou *encantados* talvez seja uma palavra melhor...

Larry: Ambas.

Lyda: Eu sabia que ele era inteligente. Sempre soube que ele era brilhante. Assim, foi bom ver que Todd também conseguiu sentir isso dentro dele.

Larry: Eu também sabia que ele era inteligente, mas tinha dúvidas de que pudesse se concentrar e realmente lidar com tudo o que estava acontecendo. Há uma grande diferença entre um curso do nível do ensino médio e um curso de nível universitário. Eu pensei que fosse quase impossível Todd ir até o fim com isso. Eu tive dúvidas por muito tempo. Na verdade, durante os primeiros três semestres, eu sentia que suas notas eram boas mais por causa do conteúdo das matérias.

Mike: Por serem matérias básicas e mais fáceis?

Lyda: Manipulação de professores.

Larry: Eu cursei exatas e considerei algumas matérias bem difíceis. Como Todd começou com um curso de humanas, achei que deveria ser tudo mais fácil, afinal, Todd estava tirando notas altas. Quando ele começar a ter aulas de estatística, eu pensei, vai ser o fim. Achei que esse seria o teste definitivo para o Todd. Se ele conseguisse acompanhar as aulas de estatística, seria a glória. E ele terminou como professor-assistente! Esse foi definitivamente o momento em que eu soube que Todd tinha vencido.

Mike: Isso o tornou uma pessoa mais confiante?

Larry: Eu já era confiante. Só fui convencido de uma vez por todas disso.

Mike: Agora o próximo passo é a pós-graduação...

Lyda: Maravilha.

Mike: O que passou na cabeça de vocês quando souberam que ele ia estudar em Harvard?

Larry: Bem, em primeiro lugar, era normal, pelo menos quando jovem, Todd se vangloriar e aí tentar realizar alguma coisa. No caso de Harvard, não... ele estava muito reservado. Ele dizia: "Vou tentar, mas não tenho muita esperança de que vou conseguir uma vaga lá". Eu o elogio por isso. Acho que ele sabia que era capaz de conseguir, sim, pois tinha as notas necessárias e boas referências, mas ficou na sua. E eu fiquei realmente surpreso com sua atitude.

Mike: Como foi a sua reação, Lyda?

Lyda: Ele me ligou no celular para me avisar que tinha conseguido a vaga em Havard. Eu estava dirigindo e era ele quem dizia: "Mãe, não posso acreditar, não posso acreditar!"

Mike: Eu acho que esse tipo de notícia, para os pais, fecha um grande ciclo repleto de...

Lyda: Emoções!

Mike: Vocês estão surpresos em ouvir que Todd sentia a força e o apoio de vocês?

Lyda: Sim. Porque não dá para saber ou sentir que você está indo bem, no caminho certo. São tantas batalhas diárias contra tudo e durante a vida inteira do seu filho. Isso foi realmente surpreendente.

Larry: Você sente como se estivesse se equilibrando no limite do fracasso completo em uma situação dessa, assim é surpreendente ouvir essa declaração de Todd. É muito recompensador.

Mike: Vou dizer algo que parece ter sido muito importante... Vocês realmente trabalharam e ainda trabalham como uma equipe, não?

Larry: Sim; sozinho, não consigo nem imaginar como teria lidado ou como lidaria hoje com essa situação, contudo, sei que muitos pais agem assim.

Mike: Isso deve criar tensões enormes em todos os relacionamentos.

Lyda: Isso aconteceu conosco também. Eu me frustrava, mas preferia não gritar nem ouvir gritos porque era algo que me fazia sentir pior. Mas você precisa ter uma disciplina e manter as conseqüências para lidar com o comportamento dos filhos. É um ato de malabarista. Você simplesmente descobre o que é melhor para você.

Mike: E não dá para pensar apenas na criança ou apenas nos pais. Envolve a família inteira, é isso?

Lyda: Sim, é uma combinação de todos.

Mike: Como foi para a família passar por isso? Vocês se descobriram pessoas melhores do que podiam um dia ter considerado?

Larry: Definitivamente.

Mike: Vocês acham que estão mais unidos por causa disso?

Lyda: Nós estamos mais unidos, sim, e acho que as outras crianças podem olhar para Todd e para tudo que ele conseguiu realizar e usar seus feitos em suas próprias vidas — mesmo, claro, enfrentando situações diferentes das que ele enfrentou. Se Todd conseguiu fazer isso, então eles seguramente conseguem. Também, ficamos mais tolerantes. Eu acho que isso nos ajudou e ainda ajuda a olhar para nossos outros filhos e para os filhos das demais pessoas com uma visão diferente.

Larry: Ver o sucesso de Todd realmente ajuda as outras crianças. Elas olham para onde a vida dele estava caminhando e para onde ele estava indo e agora vislumbram o resultado de uma reviravolta completa. Isso certamente pode ser uma influência positiva em suas vidas.

Vocês devem acreditar em vocês... e em seu filho.

Mike: O que você diria aos outros pais que estão passando por problemas nesse momento? Para aqueles pais cujos filhos não alcançaram o momento decisivo da mudança em suas vidas.

Lyda: Tenham paciência. Vocês devem acreditar em vocês... e em seu filho. Sigam pela estrada como ela se apresentar. É mais fácil se vocês não travarem tantas lutas pelo caminho. Vocês precisam chegar em algum lugar em que as crianças possam se sentir bem com elas mesmas. Isso é importante e difícil ao mesmo tempo, pois é extremamente exaustivo para um pai e/ou mãe ver um filho sofrendo.

Larry: E nunca deixem as crianças perceberem que vocês estão a ponto de desistir — porque essa vontade vem. Não se rendam. Se isso acontecer, acho que elas perdem toda a esperança que ainda resta dentro delas. Vocês têm que manter sempre um brilho sobre as crianças para que elas acreditem em vocês como pai e mãe. Confiem nelas e pensem que elas podem fazer as coisas porque, no fim, são capazes.

Leitura Recomendada

BROOKS, R. e GOLDSTEIN, S. *Criando Filhos Seguros e Confiantes*. M. Books Editora Ltda., São Paulo, 2004.

GOLDSTEIN, S., HAGAR, K., e BROOKS, R. *Seven Steps to Help Children Worry Less*. Plantation, FL: Specialty Press, 2002.

HEININGER, J. E. e WEISS, S. K. *From Chaos to Calm: Effective Parenting of Challenging Children with ADHD e Other Behavioral Problems*. Pedigree Books, Nova York, 2001.

INGERSOLL, B. D. e GOLDSTEIN, S. *Lonely, Sad, e Angry: How to Help Your Unhappy Child*. Plantation, FL: Specialty Press, 2001.

SHURE, M. *Raising a Thinking Child*. Pocket Books, Nova York, 1996.

__________. *Raising a Thinking Preteen*. Henry Holt, Nova York, 2000.

ZENTALL, S. e GOLDSTEIN, S. *Seven Steps to Homework Success: A Family Guide for Solving Common Homework Problems*. Plantation, FL: Specialty Press, 1999.

Índice Remissivo

Pais & Filhos

A FAMÍLIA EM 1º LUGAR

Pais Muito Especiais
ISBN 85-89384-24-1
80 páginas
"Pais Muito Especiais" de Milton M. de Assumpção Filho e Natalia C. Mira de Assumpção apresenta 180 sugestões de ações que expressam amor e carinho e podem ser usadas no dia-a-dia. O livro reúne depoimentos e ricas histórias de vida de amigos que abriram seus corações e dividiram com os autores momentos inesquecíveis entre filhos e pais, bem como lembranças da infância. Como não obedecem a nenhuma regra ou ordem, as frases, dispostas aleatoriamente, permitem que o livro seja lido a partir de qualquer página.

Amar sem Mimar
ISBN 85-89384-11-x
256 páginas
Este livro oferece 100 dicas para que os pais, livres de culpa e de maneira prática, possam criar seus filhos, estabelecendo limites com amor e carinho, porém sem mimar ou ser indulgente. Com estilo prático e divertido, a escritora Nancy Samalin compartilha suas 100 melhores dicas para criar filhos maravilhosos com amor incondicional sem ser um pai ou uma mãe que não sai "do pé" deles.

A Resposta é Não
ISBN 85-89384-10-1
256 páginas
Se você tem dificuldade para dizer "não" aos seus filhos, pode contar agora com uma nova ajuda. O livro, de Cynthia Whitham, trata de 26 situações que afetam pais de crianças de 2 a 12 anos.
Neste livro, a autora fornece as ferramentas para os pais que têm dificuldades de dizer "não". Da hora de dormir aos animais de estimação, da maquiagem à música, da lição de casa às roupas de grife, e tudo aquilo que os filhos acham que precisam.

Livro de Referência para a Depressão Infantil
ISBN 85-89384-09-8
280 páginas
Escrito pelo professor dr. Jeffrey A. Miller, este livro mostra como os pais podem diagnosticar os sintomas da depressão infantil e as conseqüências deste problema, como ansiedade e uso de drogas ilegais. A obra também aborda os métodos de tratamento, incluindo psicoterapia, remédios e mudanças de comportamento, além de estratégias para ajudar os pais a lidar com a questão.

A Vida Secreta da Criança com Dislexia

ISBN 85-89384-12-8

232 páginas

Este livro, do psicólogo educacional Robert Frank, que é portador de dislexia, é um manual para os pais identificarem e aprenderem como a criança portadora desse distúrbio de aprendizagem pensa e sente e o que podem fazer para ajudar os filhos a se tornarem adultos bem-sucedidos. Hoje, casado e pai de dois filhos, argumenta que a criança com dislexia muitas vezes é confundida como uma criança pouco inteligente, preguiçosa e que finge não entender.

Soluções para Noites Sem Choro

ISBN 85-89384-10-1

224 páginas

Desenvolvido pela orientadora educacional Elizabeth Pantley, este livro mostra ser perfeitamente possível acabar com o desespero dos pais que não dormem porque o bebê não pára de chorar. O livro apresenta programa inédito de 10 passos para os pais atingirem a meta de garantir uma boa noite de sono para toda a família. A autora mostra que é possível ajudar o bebê a adormecer e dormir tranqüilamente.

Sinais - A Linguagem do Bebê

ISBN 85-89384-18-7

194 páginas

Você sabia que os bebês sabem muito mais sobre linguagem do que pensamos? E que muito antes de serem capazes de falar, eles podem comunicar-se por meios de sinais e gestos? Os Sinais Infantis são fáceis de aprender e ajudam muito a entender a mente do bebê. Segundo as especialistas,Linda Acredolo e Susan Goodwyn, todos os bebês têm potencial para aprender Sinais Infantis simples e fáceis de lembrar. Com isso, os pais não precisam mais ficar ansiosos, esperando o dia em que seu bebê possa lhes dizer o que sente, precisa e pensa.

Como Educar Crianças de Temperamento Forte

ISBN 85-89384-17-9

280 páginas

Um verdadeiro passo a passo, este livro de Rex Forehand e Nicholas Long é destinado a ajudar pais que têm dificuldade em lidar com os problemas de teimosia, desobediência, irritação e hiperatividade dos filhos que estão sempre exigindo atenção.

O livro inclui, ainda, um capítulo sobre TDAH –Transtorno de Déficit de Atenção / Hiperatividade, conhecido também como DDA – Distúrbio do Déficit de Atenção.

8 Regras Simples para Marcar um Encontro com Sua Filha Adolescente
ISBN 85-89384-21-7
236 páginas
Este livro vai ensinar aos pais de filhas adolescentes, de maneira leve e engraçada, como conversar com sua filha – quando isto parece impossível – mesmo que seja através da porta do quarto dela, como impor uma certa autoridade – mesmo que às vezes não funcione e, ainda, como ter acesso ao banheiro, ao chuveiro e, principalmente, ao telefone de sua casa. Aprenda a sair de frases como "Todo mundo vai, menos eu", "Um minuto depois de fazer 18 anos, vou embora desta casa!"

Criando Filhos Seguros e Confiantes
ISBN: 85-89384-39-X
336 páginas
Dois terapeutas renomados, Robert Brooks e Sam Goldstein, sintetizam um grande volume de informações científicas sobre o conceito da segurança e da confiança neste livro, tornando-o de fácil entendimento. Explicam como muitos pais, apesar das melhores intenções, minam a capacidade de segurança e confiança de seus filhos, e oferecem estratégias efetivas para identificar e eliminar esses problemas.

Filhas são Filhas - Criando filhas confiantes e corajosas
ISBN 85-98384-25-x
292 páginas
Em um texto importante e abrangente, a autora JoAnn Deak identifica e mostra os caminhos para grande parte dos problemas que envolvem a criação e a educação das meninas. *Filhas são Filhas* apresenta um guia compreensível dos vários desafios emocionais e físicos que as garotas de 6 a 16 anos enfrentam no mundo conturbado e mutante de hoje.

Conversando sobre Divórcio
ISBN 85-89384-20-9
202 páginas
Este livro, de Vicki Lansky, não é um livro de conselhos, mas um guia cheio de situações, exemplos, e idéias, com o objetivo de tornar o processo de separação menos doloroso. Dividido em sete capítulos, aborda a decisão de separar-se, questões de dinheiro, problemas legais, guarda dos filhos, como os filhos vão encarar a situação, até quando você se casa de novo.

Eliminando Provocações - Fortalecendo e ajudando seu filho a resolver problemas de provocações, gozações e apelidos ridículos

ISBN 85-89384-28-4

292 páginas

Este livro, de Judy Freedman, foi elaborado com o substrato fornecido por dezessete anos de experiência como coordenadora educacional. Seu programa ensina crianças e pais a efetivamente lidar com o problema da provocação e a desenvolver técnicas de defesa que duram a vida toda.

Cuidando do Bebê até que sua Mulher Chegue em Casa

ISBN 85-89384-23-3

152 páginas

Walter Roark garante que, sempre que a mãe não está em casa, os bebês reagem de maneira estranha, choram, esperneiam, fazem cocô, mudam de cor e espremem-se. Inspirado em sua filha, Meghan, escreveu este livro para ajudar os pais a cuidar adequadamente de seu filho e mantê-lo a salvo até que sua mulher chegue em casa.

Conversando com Meninos

ISBN 85-89384-26-8

266 páginas

O livro, de Mary Polce-Lynch, fornece dados e instruções objetivas de como criar meninos emocionalmente expressivos, competentes, fortes e ao mesmo tempo sensíveis, em uma cultura maluca que teima em transformá-los em pessoas desprovidas de sentimentos.

O Livro da Valorização da Família

ISBN 85-89384-32-2

190 páginas

Este livro, de Linda e Richard Eyre, contém nove "leis naturais" simples, porém poderosas, sobre o cuidado; leis que podem proteger e melhorar as famílias e dar aos filhos sentimentos de valor e de estima. Elas são os princípios fundamentais por meio dos quais podemos efetivamente cuidar de nossos filhos e transformar nossas casas em lares.

Diários da Anorexia
ISBN 85-89384-33-0
234 páginas
Este livro, de Tara Rio, Linda Rio, com conselhos de Craig Johnson, leva você para dentro do mundo intrigante de transtornos alimentares entre adolescentes. Testemunhe a história real nos diários íntimos que revelam os momentos mais sombrios da família Rio – e as maiores vitórias.

Como Estabelecer Limites
ISBN 85-89384-30-6
278 páginas
Em *Como Estabelecer Limites*, de Elizabeth C. Vinton, os pais podem examinar como devem guiar e dirigir o comportamento de suas crianças e ainda deixar espaço para que elas façam as próprias escolhas e tomem suas decisões. Todos os pais sabem que não são perfeitos, errar é humano. Muitos erros serão cometidos, mas é necessário se ajustar e ser humilde o suficiente para mudar rumos e promover acertos.

Guia Prático da Mamãe de Primeira Vez
ISBN: 85-89384-40-3
298 páginas
Debra Gilbert Rosenberg e Mary Susan Miller apresentam neste livro soluções para facilitar a transição para a maternidade, abordando o nascimento e os vínculos afetivos, a volta ao trabalho, a dor na amamentação, o relacionamento com o marido. Você terá respostas para essas dúvidas e muito mais neste excelente guia para a mamãe de primeira viagem.

As Regras da Amizade – Como Ajudar seu Filho a Fazer Amigos
ISBN: 85-89384-43-8
300 páginas
"Ninguém quer brincar comigo" e "Ninguém gosta de mim" são frases que doem quando os filhos dizem ao chegar da escola ou de algum outro lugar. Neste livro, as autoras Natalie Madorsky Elman, Ph.D e Eileen Kennedy-Moore, Ph.D, se baseiam em pesquisas e estudos clínicos para descrever nove protótipos de crianças com problemas de amizade: a Criança Tímida, a Alma Sensível, Vulnerável, Sonhadora, Pequena Adulta, Líder e assim por diante.

Pais de Crianças Especiais

ISBN: 85-89384-49-7

212 páginas

Este livro, editado por Donald J. Meyer, é uma corajosa coleção de textos de pais que foram convidados a falar sobre a experiência de ter um filho especial e quanto isso mudou a vida deles. Dezenove pais olharam com introspecção e honestidade para este assunto profundamente emotivo, e ofereceram uma perspectiva raramente ouvida sobre a criação de filhos com necessidades especiais.

Criando Filhos Gêmeos

ISBN: 85-89384-53-5

330 páginas

Este livro, de Patricia Malmstrom e Janet Poland, traz as alegrias e os desafios de educar gêmeos e outros múltiplos. Este desafio emocionante requer estratégias especiais. Desde comprar equipamentos acessíveis até lidar com horários agitados de refeições e as demandas do dia-a-dia escolar, os pais precisam estar munidos com o máximo possível de informações práticas.

TDA/TDAH - Transtorno de Déficit de Atenção e Hiperatividade

ISBN: 85-89384-48-9

260 páginas

Este guia do Dr. Thomas W. Phelan oferece a pais, professores, médicos e profissionais de saúde mental as mais recentes informações sobre o TDA/TDAH. Numa linguagem direta e fácil de entender, este livro descreve: os sintomas básicos do TDA/TDAH e seus efeitos na escola, trabalho, casa e relacionamentos pessoais; as diferenças entre o Tipo Combinado (TDAH) e o Tipo Desatento (TDA); nove indicadores que ajudam a predizer o futuro; as diferenças entre garotos e garotas com TDA/TDAH; por que a TDA/TDAH muitas vezes não é diagnosticada por profissionais qualificados; co-morbidade com TDA/TDAH; os tratamentos mais recentes; aconselhamento, intervenções escolares, gerenciamento de comportamento e treinamento de habilidades sociais.

Adolescentes e Pais

ISBN: 85-89384-55-1

250 páginas

Este livro, de Roger McIntire, aborda as relações entre os adolescentes e os adultos e suas respectivas dificuldades de comunicação e interação em várias circunstâncias e condições educacionais. É recomendado tanto para educadores e profissionais da área de psicologia quanto para estudantes de cursos universitários e pais comprometidos com o aprendizado e a utilização de técnicas educacionais na busca da melhoria da relação com jovens adolescentes.

cole aqui

CADASTRO DO LEITOR

- Vamos informar-lhe sobre nossos lançamentos e atividades
- Favor preencher todos os campos

Nome Completo (não abreviar):

Endereço para Correspondência:

Bairro: Cidade: UF: Cep: –

Telefone: Celular: E-mail: Sexo: F ☐ M ☐

Escolaridade:
☐ 1º Grau ☐ 2º Grau ☐ 3º Grau ☐ Pós-Graduação
☐ MBA ☐ Mestrado ☐ Doutorado ☐ Outros (especificar): ____________

Obra: **Criando e Educando Filhos – Robert Brooks, Ph.D. e Sam Goldstein, Ph.D.**

Classificação: **Pais e Filhos / Parenting / Psicologia**

Outras áreas de interesse: ____________

Quantos livros compra por mês?: ______ por ano? ______

Profissão: ____________

Cargo: ____________

Enviar para os faxes: **(11) 3079-8067/(11) 3079-3147**

ou e-mail: **vendas@mbooks.com.br**

Como teve conhecimento do livro?

☐ Jornal / Revista. Qual? ____________
☐ Indicação. Quem? ____________
☐ Internet (especificar *site*): ____________
☐ Mala-Direta: ____________
☐ Visitando livraria. Qual? ____________
☐ Outros (especificar): ____________

M.BOOKS

M. Books do Brasil Editora Ltda.

Av. Brigadeiro Faria Lima, 1993 - 5º andar - Cj 51
01452-001 - São Paulo - SP Telefones: (11) 3168-8242/(11) 3168-9420
Fax: (11) 3079-3147 - E-mail: vendas@mbooks.com.br

dobre aqui

Carta
Resposta
7212018100/DR/SPM
M. BOOKS
CORREIOS

CARTA RESPOSTA
NÃO É NECESSÁRIO SELAR

O selo será pago por

M. BOOKS DO BRASIL EDITORA LTDA.

04533-970 São Paulo-SP

dobre aqui

End.: ....

Rem.: ....